KB273595

세움북스는 기독교 가치관으로 교회와 성도를 건강하게 세우는 바른 책을 만들어 갑니다.

함께 배우고 성장하는 기독교 핵심 교리 공부

모든 세대 소요리문답 스터디(상)

초 판 1쇄 인쇄 2025년 7월 10일
발행 2025년 7월 15일

지은이 ㅣ 조약돌
펴낸이 ㅣ 강인구

펴낸곳 ㅣ 세움북스
등 록 ㅣ 제2014-000144호
주 소 ㅣ 서울시 종로구 대학로 19 한국기독교회관 1010호
전 화 ㅣ 02-3144-3500
이메일 ㅣ cdgn@daum.net

디자인 ㅣ 참디자인

ISBN 979-11-93996-51-5 (03230)
979-11-93996-53-9 (세트)

Westminster Shorter Catechism **STUDY**

함께 배우고 성장하는 기독교 핵심 교리 공부

모든 세대 소요리문답

조약돌

스터디

상

세움북스

추천사

요리문답은 신앙의 단단한 뼈대를 세우는 지름길이며, 이 책은 그 여정을 따뜻하게 인도합니다. 성경에 뿌리내린 문답을 친절한 안내와 함께 반복하다 보면, 누구나 견고한 신앙고백의 주인공이 될 것입니다. 모든 세대가 함께하는 신앙 교육을 꿈꾸는 교회와 가정에 이 책을 추천합니다.

‖ **강현석 목사** (가정의힘 연구소장)

개인적으로는 매 챕터마다 '복습하기'코너를 통해 직전에 다루었던 내용들을 한 번 더 짚어 보고, 각 부가 끝나는 지점에 '인터 미션'을 통해 해당 주제에 대해 다시 정리하는 반복 과정이 매우 좋았습니다. 반복에 반복을 거듭하다 보면 소요리문답을 작성한 목적대로 우리가 믿고 고백하는 바를 바르게 알고, 성경을 올바르게 이해하는 안목과 적용까지 이어질 수 있기 때문입니다.

‖ **송진영 목사** (『그리스도의 삼중직』 저자)

익숙한 맛입니다. 그래서 친근합니다. 그러나 전달 방식은 심플합니다. 소요리문답을 가르치다 보면, 문답을 현장에서 어떻게 적용시킬 것인가에 대한 고민을 하게 되는데, 그 고민에 대한 답을 내려줍니다. 유치하거나 어렵거나 하기 마련인데, 내용에 충실하면서 실제적인 적용으로 이끌어 줍니다. 이 책이 웨스트민스터 소요리문답을 가르치고자 하는, 그리고 배우고자 하는 성도들에게 단비와 같은 교재가 되리라 믿습니다.

‖ **이호세 목사** (대학청년부 담당)

서문

하나님의 말씀을 배우고 공부하는 일은 가정과 교회에 필수적입니다. 이런 면에서 우리는 평생 하나님의 말씀을 배우는 학생입니다. 하지만 성경을 깊이 있게 이해한다는 것은 쉽지 않은 과제입니다. 이에 우리 신앙의 선배들은 성경의 핵심을 간결하게 요약하여 구원에 필요한 지식을 체계적으로 암기할 수 있는 문답 형태로 만들었습니다. 이것이 바로 '요리(要理, 중요한 교리)문답'입니다. 요리문답(Catechism)이라는 말은 '구두로 가르치다'라는 그리스어 '카테케오(κατηχέω)'에서 유래했습니다. 이 단어에서 파생된 단어 '카테코(κατέχω)'는 '소유하다' 혹은 '숙달하다'라는 뜻입니다. 즉, 하나님의 백성은 자기가 하나님의 '소유'라는 것을 배워서 알 뿐만 아니라, 아는 것을 '숙달'하여 진정으로 자기 신앙을 '소유'해야 합니다. 따라서 우리는 요리문답을 순차적으로 학습함으로써, 성경을 올바르게 이해하는 안목과 적용하는 방법을 기를 수 있습니다.

이 책은 이러한 목적을 위해 가장 널리 사랑받고 인정받는 요리문답인 웨스트민스터 소요리문답을 기반으로 하여 공과교재의 형태로 만들었습니다. 교회의 청소년, 청년, 장년층이 다양한 모임에서 실제적으로 활용할 수 있도록 설계했습니다. 소요리문답이 최초에 작성된 목적은 신앙의 내용을 암기함에 있습니다. 묻고 답하는 과정을 수없이 반복하면서 자연스럽게 암기하도록 한 것입니다. 이 과정을 위해서 문답을 반복적으로 읽고, 쓰고, 암송하는 노력이 필요합니다.

하지만 조사 하나까지 모조리 외우는 식의 단순한 기계적 암기를 하기보다 각 개념을 정확히 이해하고 문답 간의 유기적 관계를 파악하는 것이 더욱 중요합니다. 이러한 과정을 통해 요리문답의 모든 개념이 성경에 깊이 뿌리내리고 있음을 자연스럽게 깨달을 수 있으며, 하나님 중심적인 질문을 하는 방법을 배우게 됩니다. 성경을 보는 눈이 열리게 됩니다. 이렇게 요리문답을 통해 성경을 배워 나갈 때, 그 지식은 단순히 머리로 아는 지식에 그치지 않고 우리의 마음을 변화시키는 살아 있는 진리가 될 것입니다.

이 책의 구성

다음의 구성을 참고하여 본서를 활용하기 바랍니다.

기도하기 

항상 기도로 책을 열고, 기도로 책을 덮길 바랍니다. 배울 내용을 위해서, 배운 내용을 위해서 기도하길 바랍니다. 함께 공부하기 위해서 기도하고, 성령님께서 성경을 바르게 깨닫게 해 주시길 기도하고, 배운 내용을 삶에 적절하게 적용할 수 있도록 기도하길 바랍니다. 그리고 공부를 인도하는 인도자를 위해서도 잊지 않고 기도하길 바랍니다.

복습하기 

각 과의 도입부에서는 이전 학습 내용을 핵심 개념 중심으로 간략히 요약합니다. 이어서 요리문답의 핵심 단어를 활용한 빈칸 채우기 활동을 제공합니다. 이러한 구성은 학습자가 이전에 배운 중요 개념을 효과적으로 복습하고, 반드시 기억해야 할 핵심 내용을 명확히 인식하도록 돕습니다. 이 과정을 통해 학습의 연속성을 유지하고, 새로운 내용을 학습하기 전에 기존 지식을 강화함으로써 더 깊이 있는 이해와 장기 기억을 촉진합니다.

들어가기 

각 과의 시작 부분에서는 앞으로 학습할 내용에 대한 간략한 개요를 제공합니다. 이어서 개방형 퀴즈나 사고를 자극하는 질문들을 통해 학습을 준비합니다. 이러한 '몸풀기' 과정은 학습자가 앞으로 배울 요리문답의 핵심 주제에 관해 미리 생각해 볼 수 있는 기회를 제공합니다. 이 방식은 학습 내용에 대한 호기심을 불러일으키고, 앞으로의 학습에 대한 기대감을 높이며, 더 깊은 이해와 적용을 위한 토대를 마련합니다.

묻고 답하기

한 과마다 한두 개의 문답을 우리말과 영어로 제시했습니다. 웨스트민스터 소요리문답이 본래 영어로 작성되었기에, 원문의 의미를 정확하게 파악할 수 있도록 가능한 한 직역에 가깝게 새로 번역했습니다. 가능하다면 학습자 여러분이 영어 원문을 직접 번역해 보길 바랍니다. 이는 언어 능력 향상뿐만 아니라 신학적 개념을 더 깊이 이해하는 데 도움이 될 것입니다. 또한 각 문답의 개념을 분석하고 실제 삶에 적용해 보십시오. 이를 통해 요리문답의 실용적 가치를 체험할 수 있습니다. 요리문답 작성자들이 왜 특정 개념을 선택하여 표현했는지 고민해 보십시오. 이 과정에서 성경을 참고하며 깊이 있게 묵상하는 시간을 가져 보길 바랍니다. 이러한 접근 방식은 요리문답을 단순히 암기하는 수준에서 그치지 않고, 보다 깊은 의미를 이해하고 실제적으로 적용하는 데 큰 도움이 될 것입니다. 이를 통해 여러분의 신앙이 더욱 견고해지고 풍성해질 수 있기를 바랍니다.

핵심 개념 정리 

요리문답은 성경을 기반으로 만들어졌습니다. 각 문답에는 그 근거가 되는 성경 구절을 신중히 선정하여 그중 핵심 단어는 빈칸 채우기로 제시했습니다. 이를 토대로 각 문답이 가르치는 핵심 개념을 체계적으로 정리했습니다. 필자의 접근 방식이 유일하거나 완벽한 것은 아니지만, 문답의 모든 세부 내용을 가능한 한 선정된 성경 구절을 바탕으로 설명하고자 노력했습니다. 그리고 현대를 살아가는 우리에게 필요한 질문도 적절하게 배열했습니다. 17세기에 만들어진 요리문답이 오늘 우리 시대에 똑같은 진리를 제공하고 있다는 확신을 갖길 바랍니다. 또한, 이해를 돕기 위해서 중요한 신학적 · 성경적 용어에 대한 설명도 함께 제공했습니다. 학습 효과를 최대화하기 위해서 이와 같이 정리된 '핵심 개념'을 중심으로 암기할 것을 권장합니다. 이러한 방식으로 학습하면, 요리문답의 내용을 더 깊이 이해하고 기억하는 데 큰 도움이 될 것입니다. 여러분의 신앙이 더욱 견고해지고, 성경에 대한 이해가 보다 깊어질 것입니다.

적용과 질문 

각 과의 핵심 내용을 바탕으로 두 가지 유형의 적용 질문을 제시했습니다. 하나는 간단하고 명확한 답변을 요구하는 질문입니다. 이는 학습한 내용의 기본적 이해를 확인하고 강화하는 데 도움이 됩니다. 다른 하나는 깊이 있는 생각과 나눔, 그리고 실제 삶에의 적용을 위한 질문입니다. 이를 통해 학습 내용을 개인의 경험과 연결하고, 실제 생활에 적용할 수 있는 방법을 모색할 수 있습니다. 각 모임의 특성과 상황에 맞게 이 질문들을 선택하고 조정하여 사용하기를 바랍니다. 이를 통해 요리문답 공부가 단순한 지식 습득에 멈추지 않고, 신앙의 실제적 성장으로 이어질 수 있기를 기대합니다.

마무리 

지금까지 각 과의 핵심 내용을 효과적으로 암기하고 학습할 수 있도록 다양한 방법을 제공했습니다. 꼭 기억해야 할 내용을 중심으로 정리하고, 빈칸 채우기, 도표 활용, 성경 구절 찾기 등의 다양한 학습 도구를 마련했습니다. 이는 요리문답 학습의 핵심인 암기를 돕기 위한 것입니다. 각 과의 마지막에는 마무리 글을 통해 지금까지 배운 내용을 핵심 단어를 중심으로 정리하고, 우리 삶의 문제를 해결할 방법을 제시했습니다. 다음 과에서 배울 내용을 미리 안내하여 학습의 연속성을 유지했습니다. 부디, 소요리문답 공부를 통해서 하나님을 더욱 뜨겁게 사랑하고, 이웃에게 그 사랑을 전하는 사람이 되길 바랍니다.

인터 미션 

『모든 세대 소요리문답 스터디』는 총 2권으로 구성됩니다. (상) 권은 1부에서 5부까지로 총 38문답을 다루고 있습니다. 각 부가 시작할 때마다 전체적인 그림을 그릴 수 있도록 안내했고, 각 부를 마치면 해당하는 문답을 마인드맵으로 정리하고, 전체 문답을 간단히 설명해 볼 수 있도록 하는 작업을 했습니다. 이 과정에서는 아래의 '도움받기' 책에서 소개된 다양한 마인드맵을 활용하셔도 좋습니다. 다만, 이 과정을 생략하면 안 됩니다. 꼭 여러 가지 방법으로 정리해서 복습하는 시간을 가지길 바랍니다.

도움받기

1. 황희상, 『특강 소요리문답 (상)』, 흑곰북스, 2011.

2. 정요석, 『소요리문답, 삶을 읽다 (상)』, 새물결플러스, 2015.

3. 토머스 보스턴, 『웨스트민스터 소교리문답 해설 1』, 부흥과개혁사, 2018.

4. 정두성, 『1647 소교리』, SFC 출판부, 2021.

5. 신호섭, 『웨스트민스터 소요리문답 강해』, 좋은씨앗, 2024.

이 책의
활용 방법

기본 활용 지침

- **시작과 마침** : 모든 모임은 기도로 시작하고 기도로 마칩니다.
- **교재 활용** : 교재의 각 단계를 충실히 따릅니다.

  (복습하기 → 들어가기 → 묻고 답하기 → 핵심 개념 정리 → 적용과 질문 → 마무리)
- **인터 미션 활용** : 각 부(Part)가 끝난 후 제공되는 인터 미션(중간 점검) 시간을 활용하여 내용을 정리하고 참여자들의 이해도를 점검합니다.
- **융통성** : 제시된 계획은 저자가 제시하는 하나의 가이드이며, 공부하는 그룹의 특성과 상황에 맞게 진도와 깊이를 조절할 수 있습니다. 특히 '적용과 질문' 시간은 그룹의 이해도나 분위기에 따라 시간 배분을 유연하게 합니다.
- **암송** : 소요리문답이 있는 중요한 목적 중 하나는 교리의 암송입니다. 필요에 따라 핵심적인 문답의 암송을 병행할 수 있습니다.

플랜 1: 깊이 있는 세례 교육(약 8개월)

- **목표** : 세례(입교)를 앞둔 이들에게 기독교의 핵심 교리를 체계적으로 가르쳐 신앙의 기초를 다집니다.
- **진행 방식** : 1주일에 교재의 1개 과(Lesson)를 학습합니다.
- **총 소요 기간** : 교재 1권은 총 31개의 과와 5개의 인터 미션으로 구성되어 있으므로, 총 32~37주(약 8~9개월) 소요됩니다.

주 차	학습 내용 (해당 문답)	주요 학습 내용 / 목표
제1부: 소요리문답의 시작 (제1–3문답)		
1주	1과 (제1문답)	사람의 제일 되는 목적을 이해 및 적용
2주	2과 (제2–3문답)	신앙과 삶의 규칙인 성경, 성경의 핵심 가르침
3주	인터 미션 1 (제1–3문답 복습)	1부 총정리, 질의응답 / 신앙의 기초 다지기
제2부: 하나님에 대한 믿음 (제4–12문답)		
4주	3과 (제4문답)	하나님은 어떤 분이신가? (하나님의 속성 1)
5주	3과 (제4문답)	하나님은 어떤 분이신가? (하나님의 속성 2)
6주	4과 (제5–6문답)	유일하신 하나님, 삼위일체 하나님
7주	5과 (제7–8문답)	하나님의 작정, 작정의 실행(창조와 섭리) 개요
8주	6과 (제9문답)	창조 사역 (일반 창조)
9주	7과 (제10문답)	사람에 대한 특별한 창조 (하나님의 형상)
10주	8과 (제11문답)	하나님의 섭리 (일반 섭리)
11주	9과 (제12문답)	사람에 대한 특별 섭리 (생명 언약)
12주	인터 미션 2 (제4–12문답 복습)	2부 총정리, 질의응답 / 하나님과 그분이 하신 일 알기
제3부: 죄와 비참의 상태로 타락 (제13–19문답)		
13주	10과 (제13문답)	첫 조상의 타락
14주	11과 (제14–15문답)	죄의 정의, 첫 조상의 구체적인 죄
15주	12과 (제16문답)	원죄: 아담 안에서의 타락 (죄의 전가)
16주	13과 (제17–18문답)	타락의 결과 1: 죄의 상태 (죄악됨)
17주	14과 (제19문답)	타락의 결과 2: 비참의 상태
18주	인터 미션 3 (제13–19문답 복습)	3부 총정리, 질의응답 / 구원의 필요성 확인
제4부: 구속자 그리스도께서 하신 일 (제20–28문답)		
19주	15과 (제20문답)	은혜 언약: 하나님의 구원 계획
20주	16과 (제21문답)	유일한 구속자 예수 그리스도
21주	17과 (제22문답)	그리스도의 성육신: 어떻게 사람이 되셨는가?
22주	18과 (제23문답)	그리스도의 직분 (선지자, 제사장, 왕)
23주	19과 (제24문답)	그리스도의 선지자 직분
24주	20과 (제25문답)	그리스도의 제사장 직분
25주	21과 (제26문답)	그리스도의 왕 직분
26주	22과 (제27문답)	그리스도의 낮아지심 (비하)
27주	23과 (제28문답)	그리스도의 높아지심 (승귀)

28주	인터 미션 4 (제20~28문답 복습)	4부 총정리, 질의응답 / 그리스도와 그분이 하신 일 알기
제5부: 그리스도께서 하신 일에 참여하는 방법 (제29~38문답)		
29주	24과 (제29~30문답)	구원의 적용 (성령님), 그리스도와의 연합
30주	25과 (제31~32문답)	효과적 부르심, 부르심 받은 자의 유익에 관한 개요
31주	26과 (제33문답)	유익 1: 의롭다 하심 (칭의)
32주	27과 (제34문답)	유익 2: 양자 삼으심 (입양)
33주	28과 (제35문답)	유익 3: 거룩하게 하심 (성화)
34주	29과 (제36문답)	이 세상에서 받는 다른 유익들 (사랑 확신, 평안, 기쁨, 은혜 증가 등)
35주	30과 (제37문답)	죽을 때 받는 유익 (영혼의 완전한 거룩과 영광)
36주	31과 (제38문답)	부활 때 받는 유익 (몸의 영광스러운 부활, 영원한 복)
37주	인터미션 5 (제29~38문답 복습)	5부 총정리 및 1권 전체 마무리, 질의응답 / 구원의 적용과 유익을 깨닫고 감사하기 / 36주 차에 통합 가능

• 활용 Tip

✔ 충분한 학습 시간: 매주 한 과만 학습하므로, 관련된 성경 구절을 찾아보면서 내용을 보다 깊이 묵상할 수 있으며, 토론할 시간을 충분히 확보하면 좋습니다.

✔ 인터 미션 주간 활용: 각 부가 끝난 후에 가지는 인터 미션 시간을 통해 해당 부의 전체 내용을 복습하고, 참여자들의 질문에 답하며, 마인드맵 그리기, 요약 발표, 관련 주제 특강 등 다양한 활동을 통해 학습 효과를 높일 수 있습니다.

✔ 삶의 적용 강조: 매주 학습한 내용을 바탕으로 '적용과 질문' 코너를 통해 구체적인 삶의 변화와 적용점을 나누고, 서로를 위해 기도하는 시간을 중요하게 여깁니다.

✔ 유연성: 총 37주로 계획되었으나, 교회력이나 그룹의 상황에 따라 인터 미션 주간을 생략하거나 통합하여 기간을 조절할 수 있습니다. (예: 마지막 인터 미션은 36주 차에 통합 진행 가능)

※ 위의 학습 계획은 『모든 세대 소요리문답 스터디(상)』의 내용을 가장 여유롭고 깊이 있게 공부할 수 있는 방법입니다. 약 8개월간 꾸준히 진행한다면, 참여자들은 기독교 핵심 교리에 대한 탄탄한 이해를 바탕으로 더욱 성숙한 신앙생활을 영위할 수 있습니다.

플랜 2: 수요 기도회, 주일 오후 예배 시 활용 계획
(약 10개월 / 40~45주 과정)

- **목표** : 성도들과 함께 꾸준히 웨스트민스터 소요리문답을 공부하며 신앙의 이해와 깊이를 더하고, 삶의 적용점을 찾습니다.
- **특징** : 충분한 시간을 가지고 각 문답을 깊이 있게 다룰 수 있으며, 관련된 성경 말씀을 더 폭넓게 살펴보고 삶의 나눔과 기도 시간을 가질 수 있습니다.
- **진행 방식** : 1주일에 1개의 문답을 다루는 것을 원칙으로 합니다(총 38문답 = 38주 소요)
- **활용 Tip**

  ✓ 인터 미션: 각 부(Part)가 끝난 후 인터 미션 시에는 해당 부분 전체를 복습하고, 자유로운 질의응답 또는 관련 주제 특강 및 설교를 진행할 수도 있습니다. (약 5주 추가 소요)
  ✓ 기타: 명절, 교회 행사 등으로 인한 휴강을 고려하면 약 40~45주(약 10개월)이 걸릴 수 있습니다.

플랜 3: 소그룹 성경공부 활용 계획
(3개월 / 6개월 / 10개월 과정)

- **목표** : 소그룹 환경에서 참여자들과의 깊은 교제와 나눔을 통해 소요리문답을 배우고 삶에 적용합니다.
- **특징** : 그룹의 특성(청년, 장년, 새가족 등)과 모임 시간에 맞춰 진도와 깊이를 자유롭게 조절할 수 있습니다. 나눔과 교제에 비중을 둘 수도 있습니다.

1. 소그룹 성경공부 활용 계획 (3개월 / 13주 과정)

- **목표** : 소그룹 환경에서 3개월 동안 『모든 세대 소요리문답 스터디(상)』의 핵심 내용을 배우고, 기본적인 이해를 바탕으로 삶의 적용점을 나누며 교제합니다.
- **특징** : 속성으로 진행되므로, 각 문답의 깊이 있는 탐구보다는 핵심 개념 이해와 그룹 나눔에 중점을 둡니다. 새신자 그룹이나 기독교 기본 교리를 빠르게 공부하기 원하는 그룹에 적합합니다.
- **진행 방식** : 매주 약 3개의 문답을 다룹니다. 인터 미션은 해당 주차 학습 내용에 포함하여 간단히 복습합니다.
- **주 차별 학습 계획표** :

주 차	학습 내용(해당 문답)	주요 학습 내용 / 활동
1주	1~2과 (제1~3문답)	사람의 제일 되는 목적과 신앙 / 삶의 유일한 규칙인 성경 이해 / 간단한 자기소개 및 학습 기대 나누기 포함
2주	3과 (제4문답)	하나님은 어떤 분이신가? (하나님의 주요 속성 개념 이해)
3주	4과 (제5~6문답)	유일하신 하나님, 삼위일체 하나님의 기본 개념 이해 / 인터 미션 1 내용 간단히 복습
4주	5~6과 (제7–9문답)	하나님의 작정과 그 실행(창조/섭리) 개요, 창조 사역 이해
5주	7~8과 (제10~11문답)	사람의 특별 창조(하나님의 형상), 하나님의 섭리(보존/통치) 이해
6주	9~10과 (제12~13문답)	특별 섭리(행위 언약), 첫 조상의 타락 과정 이해 / 인터 미션 2 내용 간단히 복습
7주	11~12과 (제14~16문답)	죄의 정의와 첫 죄, 원죄(죄의 전가) 개념 이해
8주	13~14과 (제17~19문답)	타락의 결과: 죄와 비참의 상태 이해 / 인터 미션 3 내용 간단히 복습
9주	15~17과 (제20–22문답)	은혜 언약, 유일한 구속자 예수 그리스도, 성육신 이해
10주	18~20과 (제23~25문답)	그리스도의 삼중직(개요, 선지자, 제사장) 이해
11주	21~23과 (제26~28문답)	그리스도의 왕 직분, 그리스도의 두 상태(낮아지심/높아지심) 이해 / 인터 미션 4 내용 간단히 복습
12주	24~26과 (제29~33문답)	구원의 적용(성령님/연합), 효과적 부르심과 유익(개요), 칭의 이해
13주	27~31과 (제34~38문답), 총정리	양자, 성화, 기타 유익, 죽을 때 · 부활 때 유익 개념 소개 및 1권 전체 요약 / 마무리 나눔 / 인터 미션 5 내용 간단히 포함

• **활용 Tip**

✅ 시간 배분: 매주 다루는 문답 수가 많으므로, 각 문답의 설명 시간은 간결하게 하고, 참여자들이 돌아가며 문답을 읽거나 핵심 내용을 요약하는 방식으로 진행하여 참여를 유도합니다.

✅ 핵심 집중: 각 과의 모든 내용을 상세히 다루기 어렵습니다. 인도자는 '핵심 개념 정리'와 가장 중요하다고 생각되는 '적용과 질문' 한두 개를 선별하여 집중적으로 나눕니다.

✅ 예습·복습 강조: 짧은 시간에 많은 내용을 다루므로, 참여자들이 미리 해당 과를 읽어 오거나, 모임 후 개인적으로 복습하고 묵상하는 것이 필수적입니다.

✅ 나눔 촉진: 소그룹의 장점을 살려, 딱딱한 강의식보다는 배운 내용이 자신의 삶과 어떤 관련이 있는지 짧게라도 나누는 시간을 꼭 갖습니다.

2. 소그룹 성경공부 활용 계획 (6개월 / 27주 과정)

• **목표** : 소그룹 환경에서 6개월 동안 『모든 세대 소요리문답 스터디(상)』 전체 내용을 체계적으로 학습하고, 교리와 삶의 적용에 대한 깊이 있는 나눔과 교제를 통해 신앙 성장을 도모합니다.

• **특징** : 앞의 10개월 과정보다는 조금 빠르지만, 3개월 과정보다는 여유롭게 진행됩니다. 각 문답의 의미를 충분히 살펴보고, 그룹 토론과 나눔 시간을 확보하는 데 중점을 둡니다. 기존 신자 그룹에 적합합니다.

• **진행 방식** : 평균적으로 한 주에 1~2개의 문답(약 1.5개 과)을 다룹니다. 각 부 (Part) 학습 후 인터 미션 주간을 두어 복습 및 정리를 강화합니다.

• **주 차별 학습 계획** :

주 차	학습 내용(해당 문답)	주요 학습 내용 / 활동
제1부: 소요리문답의 시작 (제1–3문답)		
1주	1과 (제1문답)	사람의 제일 되는 목적 이해 및 개인적인 목표와 연결하여 나누기
2주	2과 (제2–3문답)	성경의 역할과 핵심 가르침(믿음/행함) 이해 / 성경 읽기 습관 나누기
3주	인터 미션 1 (제1–3문답 복습)	1부 총정리, 질의응답, 토의 / 신앙의 기본 원리 재확인
제2부: 하나님에 대한 믿음 (제4–12문답)		
4주	3과 (제4문답)	하나님은 어떤 분이신가? (하나님의 속성 1)
5주	3과 (제4문답)	하나님은 어떤 분이신가? (하나님의 속성 2) 심화 학습 및 묵상
6주	4과 (제5–6문답)	유일하신 하나님, 삼위일체 교리 학습 및 관련 오해 바로잡기
7주	5과 (제7–8문답)	하나님의 작정과 그 실행(창조와 섭리) 개요 학습
8주	6~7과 (제9~10문답)	창조 사역(일반 창조, 사람에 대한 특별 창조) 심층 이해
9주	8~9과 (제11~12문답)	하나님의 섭리(일반 섭리 및 특별 섭리) 학습
10주	인터 미션 2 (제4–12문답 복습)	2부 총정리, 질의응답, 토의 / 하나님이 베풀어 주신 은혜에 감사하기
제3부: 죄와 비참의 상태로 타락 (제13–19문답)		
11주	10~11과 (제13~15문답)	타락 과정 및 죄의 정의, 첫 조상의 죄 분석
12주	12과 (제16문답)	원죄: 죄의 전가와 그 영향력 심층 이해
13주	13과 (제17–18문답)	타락의 결과 1: 죄의 상태 분석
14주	14과 (제19문답)	타락의 결과 2: 비참의 상태 분석
15주	인터 미션 3 (제13–19문답 복습)	3부 총정리, 질의응답, 토의 / 구원의 필요성 절감하며 나누기
제4부: 구속자 그리스도께서 하신 일 (제20–28문답)		
16주	15~16과 (제20~21문답)	은혜 언약과 유일한 구속자 예수 그리스도 학습
17주	17~18과 (제22~23문답)	그리스도의 성육신과 삼중직(개요) 이해
18주	19~20과 (제24~25문답)	그리스도의 선지자 직분과 제사장 직분 학습
19주	21~22과 (제26~27문답)	그리스도의 왕 직분과 낮아지심(비하) 학습
20주	23과 (제28문답)	그리스도의 높아지심(승귀) 학습
21주	인터 미션 4 (제20~28문답 복습)	4부 총정리, 질의응답, 토의 / 그리스도의 구속 사역에 감사와 찬양하기
제5부: 그리스도께서 하신 일에 참여하는 방법 (제29–38문답)		
22주	24~25과 (제29~32문답)	구원의 적용(성령님/연합), 효과적 부르심과 유익(개요) 학습

23주	26~27과 (제33~34문답)	구원의 유익 1, 2: 칭의와 양자 삼으심 심층 이해
24주	28~29과 (제35~36문답)	구원의 유익 3, 4: 성화와 이 세상의 다른 유익들 학습
25주	30~31과 (제37~38문답)	죽을 때와 부활 때 받는 유익 학습
26주	인터 미션 5 (제29~38문답 복습)	5부 총정리, 질의응답 / 우리가 누리고 있는 구원의 유익에 감사하기
27주	1권 전체 최종 복습 및 나눔	6개월간의 배움과 성장 나누기, 앞으로의 신앙생활 격려 및 기도

• 활용 Tip

- 균형 있는 진도: 한 주에 한두 개의 과를 다루므로, 각 과의 내용을 충분히 설명하고 관련 성경 구절을 찾아볼 시간을 가지면 좋습니다.

- 심화된 나눔: 3개월 과정보다 '적용과 질문'의 시간을 더 깊이 있게 활용할 수 있습니다. 개인적인 묵상과 경험을 나누고 서로의 삶에 적용하는 것을 격려합니다.

- 인터 미션 활용: 각 부 종료 후 인터 미션 시간을 통해 충분한 복습과 정리가 가능합니다. 퀴즈, 토론, 관련 영상 시청 등 다양한 활동을 겸하면 보다 유익한 시간이 될 것입니다.

- 참여자 준비: 예습을 권장하여 모임 시간을 보다 효과적으로 활용하고, 복습을 통해 배운 내용을 내재화하도록 돕습니다.

3. 소그룹 성경공부 활용 계획 (10개월 / 40~43주 과정)

- **진행 방식** : 위에서 소개한 플랜 2(수요 기도회/주일 오후)와 동일한 속도(1주 1문답 원칙)로 진행합니다.

- **특징** : 깊이 있는 교리 공부와 풍성한 삶의 나눔을 원하는 그룹에 가장 이상적입니다. 각 문답과 관련된 개인적인 경험, 고민, 기도 제목을 나누면서 서로를 격려하고 지지하는 공동체성을 강화할 수 있습니다. 교재 외 관련 서적이나 자료를 함께 활용하여 내용을 확장할 수도 있습니다.

차례

제1부
소요리문답의 시작
(제1-3문답)

웨스트민스터 소요리문답의 첫 세 가지 질문은 뒤에 이어지는 나머지 문항들의 토대가 됩니다. 이 질문들은 인간 삶의 본질적 의미와 우리가 그것에 어떻게 접근해야 하는지를 탐구합니다. 천천히 신중하게 의미를 되새기며 시작해 봅시다.

사람의 제일 되는 목적
(제1문답)

들어가기

자, 오늘부터 우리는 매우 흥미진진한 여행을 시작하려 합니다. 여러분은 한 번쯤 '나는 왜 이 세상에 존재하는 걸까?', '내 삶의 진정한 의미는 무엇일까?'하고 고민해 보신 적이 있나요? 이런 질문들은 우리 모두의 마음속 깊은 곳에 자리 잡고 있을 것입니다.

그래서, 이제 우리는 웨스트민스터 소요리문답의 첫 번째 질문을 통해 이 근본적인 의문에 대한 답을 찾아보려 합니다. "사람의 제일 되는 목적은 무엇입니까?" 이 질문, 정말 단순해 보이지만 우리 삶의 모든 것을 바꿀 힘을 가지고 있습니다. 이 질문은 마치 인생이라는 퍼즐의 전체 그림과도 같아요. 퍼즐 조각을 제대로 맞추려면, 우리 삶의 전체 그림을 제대로 봐야 하니까요. 우리가 왜 이 세상에 존재하는지, 어떻게 살아야 가장 풍성하고 의미 있는 삶을 살 수 있는지에 대한 해답을 찾을 수 있을 거예요.

여러분, 준비되셨나요? 이제부터 우리는 이 깊고 의미 있는 질문을 함께 탐구해 나갈 거예요. 마치 엄청난 보물을 찾아 떠나려는 모험가처럼, 우리의 존재 이유와 삶의 목적이라는 보물을 찾아 나서는 거죠!

자, 이제 천천히, 그리고 깊이 있게 이 문답을 살펴보면서, 우리 각자의 삶에 어떤 의미를 줄 수 있을지 함께 고민해 봅시다. 여러분의 인생을 변화시킬 수 있는 출발에 함께해 주셔서 정말 기쁩니다. 그럼, 시작해 볼까요?

묻고 답하기

제1문 사람의 계일 되는 목적은 무엇입니까?

What is the chief end of man?

답 사람의 제일 되는 목적은 하나님을 영화롭게 하는 것과[1] 그분을 영원토록 즐거워하는 것입니다.[2]

Man's chief end is to glorify God, and to enjoy Him for ever.

[1]고전 10:31; 롬 11:36; 계 4:11 [2]시 73:25-28; 벧전 1:8; 롬 15:13

1. 여러분은 각자의 인생에서 어떤 목표나 목적이 있나요? 떠오르는 것들을 적고, 가장 중요하다고 생각하는 것을 선택한 다음, 그 이유를 설명해 봅시다.

2. 세상에 속한 것들을 인생의 목적과 즐거움으로 삼고 있다면, 주의하세요. 그것은 언젠가 사라질 모래성과 같습니다. 돈, 건강, 즐거움 같은 것들은 우리에게 일시적인 만족감을 줄 수 있지만, 영원한 행복을 보장하지는 않습니다. 만약 이러한 것들이 사라진다면 우리는 어떻게 될까요? (힌트: ㅎ ㅁ)

3. 소요리문답 제1문답에서 '목적'이라는 단어 앞에 '제일 되는'이라는 말은 왜 붙어 있을까요?

설명 웨스트민스터 소요리문답 제1문답의 '제일 되는 목적'은 단순히 하나의 목표를 넘어, 인생 전체를 관통하는 나침반과 같습니다. 마치 건축가가 건물을 지을 때 설계도를 참고하듯, 우리의 삶도 하나님을 영화롭게 하고 그분을 즐기는 목표를 향해 나아가야 합니다. 우리는 매 순간 선택의 갈림길에 섭니다. 어떤 직업을 선택할지, 어떤 사람과 관계를 맺을지, 무엇을 하며 어떤 가치관을 가지고 살아갈지 등 수많은 결정을 내려야 합니다. 이러한 선택들은 모두 우리 삶의 방향에 영향을 미치며, 궁극적으로는 우리 삶의 의미를 결정합니다. 따라서 우리는 인생의 모든 결정을 내릴 때, 하나님을 향한 우리의 목적을 잊지 말아야 합니다. 사람의 궁

극적인, 최고의 목적은 하나입니다. 이 목적이 다른 목적을 위한 수단이 되어서는 안 됩니다. 하나님을 영화
롭게 하고 그분을 즐거워하는 것이 다른 것을 얻기 위한 수단이 되어서는 안 된다는 말입니다.

4. 사람의 주요하고 제일 되는 목적, 두 가지를 써 보세요.

□□□을 □□□□ 하는 것, 그분을 영원토록 □□□하는 것

하나님을 영화롭게 하는 것

1. '영화롭다'라는 말은 '더할 나위 없이 아름답고 존귀하며 빛나다'라는 뜻입니다. 그렇다면,
   하나님을 영화롭게 한다는 말은 어떤 뜻일까요? 하나님의 영광이 부족해서 우리의 노력으로
   하나님을 더 빛나게 해야 한다는 뜻일까요? 말씀의 빈칸을 채워 봅시다.

- 그런즉 너희가 먹든지 마시든지 무엇을 하든지 다 하나님의 (   )을 위하여 하라 (고전
  10:31)

- 이는 만물이 주에게서 나오고 주로 말미암고 주에게로 돌아감이라 그에게 (   )이
  세세에 있을지어다 아멘 (롬 11:36)

- 우리 주 하나님이여 (   )과 (   )와 (   )을 받으시는 것이 합당하오니 주께서 만물을
  지으신지라 만물이 주의 뜻대로 있었고 또 지으심을 받았나이다 하더라 (계 4:11)

설명 하나님은 스스로 영광으로 충만하신 분이십니다. 따라서 우리의 어떤 행위나 존재로써 그분의 영광을 더하
거나 덜할 수 없습니다. 창조주이시며 구원자이신 하나님은 이미 완전한 영광을 가지고 계십니다. 우리는 하
나님의 은혜를 누리며, 그분의 영광을 드러내는 삶을 살도록 부르심을 받았습니다.

2. 현대 사회는 개인의 자아실현과 성공을 강조합니다. 또한 많은 사람이 하나님을 영화롭게 하는 것보다 자신의 욕구 충족을 우선시합니다. 일부는 하나님을 섬기는 것이 개인의 자유를 제한하고 성장을 방해한다고 오해합니다. 이러한 시대적 분위기 속에서, 과연 하나님을 영화롭게 하는 것이 여전히 인생 최고의 목적이 될 수 있을까요?

설명⁺ 하나님께 영광을 돌리는 것은 자유를 잃는 것이 아니라, 진정한 자유를 발견하는 길입니다. 자아실현과 하나님을 향한 헌신은 결코 어긋나는 가치가 아닙니다. 오히려 하나님의 뜻 안에서 우리는 가장 완전한 자유를 경험하며, 우리가 지닌 고유한 재능과 잠재력을 마음껏 펼칠 수 있습니다. 모든 행위를 통해 하나님께 영광을 돌릴 때, 우리는 비로소 인간 본연의 모습을 되찾고, 삶의 참된 의미를 발견할 수 있습니다.

핵심 개념 정리 2

영원토록 하나님을 즐거워하는 것

1. 하나님을 즐거워한다는 것은 내가 하나님을 기쁘게 해 드리려 노력하는 것 이상의 의미가 있습니다. 그것은 하나님으로 인해 내가 기쁨을 얻고, 그분의 사랑과 은혜에 감사하며 만족하는 것을 의미합니다. 즉, 우리의 상황이나 감정에 상관없이, 항상 변함없이 우리를 사랑하시는 하나님께 대한 신뢰와 사랑으로 기뻐하는 것입니다. 이는 고난 중에도 희망을 잃지 않고, 어려움 속에서도 감사를 표현하며, 하나님과의 친밀한 관계를 소중히 여기는 것과 같습니다. 다음 구절에서 하나님을 즐거워하는 것이 무엇인지, 빈칸을 채워 봅시다.

- 하늘에서는 주 외에 누가 내게 있으리요 땅에서는 주 밖에 내가 사모할 이 없나이다 내 (   )와 (   )은 쇠약하나 하나님은 내 마음의 (   )이시요 영원한 (   )이시라 무릇 주를 멀리하는 자는 망하리니 음녀같이 주를 떠난 자를 주께서 다 멸하셨나이다 (시 73:25–27)

- 예수를 너희가 보지 못하였으나 사랑하는도다 이제도 보지 못하나 믿고 말할 수 없는 (   )스러운 (   )으로 (   )하니 (벧전 1:8)

- 소망의 하나님이 모든 (   )과 평강을 믿음 안에서 너희에게 (   )하게 하사 성령의 능력으로 소망이 넘치게 하시기를 원하노라 (롬 15:13)

 우리는 하나님의 도움 없이는 한순간도 살아갈 수 없습니다. 연약하고 부족한 우리를 창조하시고, 사망의 그
늘에서 건져 내신 강하고 풍성한 하나님께서 항상 함께하십니다. 그러므로 우리는 하나님을 떠나서는 아무
것도 할 수 없으며, 오직 그분 안에서만 참된 평안과 기쁨을 누릴 수 있습니다. 하나님과 가까이하는 삶이 가
장 큰 복입니다.

2. 요즘 사람들은 스마트폰, 맛있는 음식, 여행, 편안한 삶처럼 눈앞의 즐거움을 더 중요하게
   생각하고, 죽음 이후의 삶이나 하나님처럼 보이지 않는 것에 대해서는 잘 믿지 않습니다. 이런
   사람들에게 '영원한 행복의 즐거움을 하나님과 함께 누린다'라는 건 어떤 의미일까요?

● 비록 무화과나무가 무성하지 못하며 포도나무에 열매가 없으며 감람나무에 소출이
없으며 밭에 먹을 것이 없으며 우리에 양이 없으며 외양간에 소가 없을지라도 나는
여호와로 말미암아 (   )워하며 나의 구원의 하나님으로 말미암아 (   )하리로다
(합 3:17–18)

 우리가 하나님을 영원토록 즐거워해야 하는 이유는 간단합니다. 물질적인 것들로는 채울 수 없는 깊은 만족
과 행복을 하나님 안에서는 발견할 수 있기 때문입니다(시 73:25–28). 하나님과의 친밀한 교제를 통해 우리는
세상 어디에서도 찾을 수 없는 진정한 평안과 사랑, 기쁨을 경험합니다. 더 나아가, 하나님은 우리에게 영원한
생명을 약속하셨습니다. 이는 세상의 어떤 것으로도 바꿀 수 없는 소망이며, 우리 삶에 확신을 줍니다.

적용과 질문

1. 하나님을 영화롭게 하는 삶은 어떤 삶이며, 그 삶은 우리에게 어떤 의미를 가져다줄까요?

2. 당신의 공동체(가족, 교회)가 사람의 제일 되는 목적을 달성하려면, 어떻게 서로를 도와주어야
   할까요?

마무리

　여러분, 지금 우리는 인생의 갈림길에 서 있습니다. 한쪽은 세상이 제시하는 일시적 만족과 쾌락으로 가득 찬 길이고, 다른 한쪽은 영원한 목적과 깊은 기쁨으로 이어지는 길입니다. 웨스트민스터 소요리문답은 우리에게 후자의 길을 선택하라고 독려합니다.

　이 세상은 끊임없이 우리의 주의를 흩뜨리려 합니다. 물질적 성공, 순간의 즐거움, 타인의 인정 등. 이것들이 정말 우리 인생의 궁극적 목표일까요? 아니면 우리는 더 위대하고 영원한 무언가를 위해 창조되었을까요? 웨스트민스터 소요리문답은 우리에게 더 높은 곳을 바라보라고 외칩니다. 하나님을 영화롭게 하고 영원토록 그분을 즐거워하는 삶, 이것이 진정한 성공이며 완전한 만족의 길입니다. 이는 단순한 종교적 의무가 아닙니다. 이는 우리의 존재 이유이며, 가장 충만한 삶을 살 수 있는 비결입니다.

　여러분, 이제 선택의 시간입니다. 세상의 기준에 맞춰 살 것인가, 아니면 영원한 가치를 좇아 살 것인가? 하나님을 영화롭게 하며 살겠다는 결단은 결코 쉽지 않습니다. 그러나 그 길에는 이 세상이 줄 수 없는 깊은 만족과 기쁨이 있습니다.

　다음 과에서는 이 위대한 목표를 어떻게 실천할 수 있는지 함께 알아보려고 합니다. 그때까지 각자의 삶을 돌아보며 스스로에게 물어봅시다. "나는 정말 하나님을 영화롭게 하며 살고 있는가? 그분과의 관계에서 진정한 기쁨을 누리고 있는가?" 이 물음들이 여러분의 마음을 뒤흔들고, 더 높은 부르심을 향해 나아가는 발판이 되기를 바랍니다. 함께 이 도전적인 걸음을 시작합시다. 우리의 삶이 하나님의 영광으로 빛나고, 그분 안에서 영원한 기쁨을 발견하는 놀라운 모험이 되기를 기대합니다

하나님을 영화롭게 하고, 즐거워하는 방법
(제2-3문답)

복습하기

우리는 지난 과에서 웨스트민스터 소요리문답의 첫 번째 문답을 공부했습니다. 기억나시나요? 우리 삶의 가장 중요한 목적은 하나님을 영화롭게 하는 것입니다. 더 나아가, 하나님을 영화롭게 하는 일을 즐거워하는 사람이야말로 진정으로 하나님을 영화롭게 하는 사람입니다. 이제 우리가 배운 이 중요한 개념을 다시 한번 되새겨 봅시다. 문답의 핵심 단어들을 떠올리며, 아래의 빈칸을 채워 보세요. 이 과정을 통해 우리는 이 근본적인 진리를 더욱 깊이 새기고, 우리 삶의 목적을 다시 한번 확인할 수 있을 것입니다.

제1문 사람의 제일 되는 목적은 무엇입니까?

What is the chief end of man?

답 사람의 제일 되는 목적은 하나님을 (   )롭게 하는 것과[1] 그분을 (   )토록 (   )하는 것입니다.[2]

Man's chief end is to glorify God, and to enjoy Him for ever.

[1]고전 10:31; 롬 11:36; 계 4:11 [2]시 73:25-28; 벧전 1:8; 롬 15:13

들어가기

　오늘 우리는 우리의 삶에서 중요한 질문 중 하나, "어떻게 하면 하나님을 영화롭게 하고 즐거워할 수 있을까?"에 관하여 함께 탐구해 보려고 합니다. 여러분이 가장 존경하는 사람을 떠올려 보세요. 그분을 기쁘게 해 드리고 싶은데, 그 방법을 전혀 모르겠다면 어떨까요? 답답하고 혼란스럽겠죠? 우리와 하나님과의 관계도 비슷해요. 우리는 하나님을 기쁘시게 해 드리고 싶지만, 그 방법을 온전히 알지 못합니다.

　하지만 여기에 놀라운 소식이 있습니다! 하나님은 우리가 헤매지 않도록, 직접 자기 자신의 뜻을 알려 주셨습니다. 마치 어떤 제품을 잘 사용하도록 '설명서'를 주신 것처럼요. 그 하나님의 뜻을 담아 놓은 것이 바로 '성경'입니다. 성경은 단순히 제품의 설명서 정도가 아니에요. 성경은 창조주 하나님께서 우리에게 보내신 사랑의 편지이자, 삶의 안내서요, 하나님의 뜻입니다. 이 책을 통해 우리는 하나님의 마음을 엿볼 수 있고, 그분을 기쁘시게 하는 방법을 배울 수 있어요.

　자, 이제 우리는 이 놀라운 성경에 관하여 더 자세히 알아보겠습니다. 다음 문답을 함께 읽으면서, 마치 선물 상자를 열듯이 설렘과 기대감을 가지고 접근해 봅시다. 이 과정에서 우리는 하나님을 더 깊이 알게 되고, 우리 삶의 목적을 더 선명히 깨달을 수 있을 겁니다. 모두 준비되셨나요? 우리 앞에 펼쳐질 놀라운 발견을 기대하며, 천천히 그리고 깊이 있게 이 문답을 살펴봅시다!

묻고 답하기

제2문 하나님께서는 우리가 어떻게 하나님을 영화롭게 하고 즐거워할지를 알려 주시기 위해서 어떤 규칙을 주셨습니까?

What rule has God given to direct us how we may glorify and enjoy Him?

답 구약과 신약 성경에 담겨 있는 하나님의 말씀이 [1] 우리가 어떻게 하나님을 영화롭게 하고 즐거워할지를 알려 주시는 유일한 규칙입니다. [2]

The Word of God, which is contained in the Scriptures of the Old and New Testaments, is the only rule to direct us how we may glorify and enjoy Him

[1]딤후 3:16; 엡 2:20 [2]요일 1:3-4

1. 스포츠 경기에서 규칙의 역할에 관하여 한번 생각해 봅시다. 여러분이 좋아하는 스포츠를 떠올려 보세요. 그 경기에서 규칙은 어떤 역할을 할까요?

설명⁺ 규칙은 경기의 공정성을 유지하고, 모든 선수에게 동등한 기회를 제공합니다. 또한 경기의 흐름을 원활하게 하고, 선수들의 안전을 지키는 역할도 합니다. 만약 규칙이 없다면 어떻게 될까요? 아마도 경기는 혼란스러워지고 공정성을 잃게 될 것입니다. 선수들은 각자의 방식대로 행동하게 되어 경기의 본질이 흐려질 테고요. 이처럼 규칙은 스포츠 경기에서 매우 중요한 역할을 합니다. 우리의 삶에서도 일종의 '규칙'이 필요하지 않을까요? 이런 관점에서 성경의 역할에 관하여 함께 생각해 보면 어떨까요?

2. 우리 삶의 가장 중요한 목적, 즉 하나님을 영화롭게 하고 그분을 즐거워하는 방법을 우리는 어떻게 알 수 있을까요?

설명⁺ 하나님을 영화롭게 하고 그분을 즐거워하는 방법을 찾기 위해서는, 먼저 하나님의 뜻을 이해해야 합니다. 그렇다면 그 뜻을 어디서 찾을 수 있을까요? 이 질문에 대한 답은 우리의 신앙생활의 근간이 됩니다. 하나님을 알고, 그분의 뜻을 이해하며, 그분과의 관계 속에서 기쁨을 찾는 방법을 아는 것은 우리 인생의 목적과 방향을 결정짓는 중요한 요소입니다. 앞으로 우리는 함께 이 질문에 대해 깊이 생각해 보고, 그 답을 찾아가는 여정을 시작해 보려 합니다. 이 과정을 통해 우리는 더욱 풍성한 신앙생활을 경험할 수 있을 것입니다.

핵심 개념 정리 1

신구약 성경에 담긴 하나님의 말씀

1. 우리 인간은 스스로의 힘만으로는 하나님을 영화롭게 하는 방법을 온전히 알기 어렵습니다. 하나님에 관한 진정한 이해는 그분이 직접 우리에게 알려 주실 때만 가능합니다. 하나님께서 자기 자신에 관하여 친히 알려 주심을 '자기 계시(啓示)'라고 부릅니다. 하나님께서 우리에게 알려 주신 계시는 무엇입니까? 말씀의 빈칸을 채워 봅시다.

● 너희는 (   )들과 (   )들의 터 위에 세우심을 입은 자라 (   ) (   )께서 친히 모퉁잇돌이 되셨느니라 (엡 2:20)

● 우리가 보고 들은 바를 너희에게도 (   )함은 너희로 우리와 (   )이 있게 하려 함이니 우리의 (   )은 아버지와 그의 아들 예수 그리스도와 더불어 누림이라 우리가 이것을 씀은 우리의 기쁨이 충만하게 하려 함이라 (요일 1:3-4)

설명⁺ 하나님은 우리에게 매우 특별한 선물을 주셨습니다. 그것은 바로 우리가 '특별 계시'라고 부르는 '성경'입니다. 이는 우리의 양심이나 자연을 통해 간접적으로 느끼는 '일반 계시'와는 다르며, 더욱 직접적이고 명확한 하나님의 메시지입니다. 이 특별 계시인 성경은 하나님께서 직접 말씀하신 내용과 성경 저자들에게 꿈이나 환상을 통해 보여 주신 계시, 그리고 하나님의 중요한 행적들을 신중히 선별하여 기록한 내용을 담고 있습니다. 이렇게 다양한 방식으로 전달된 성경을 통해, 우리는 하나님의 뜻을 더욱 분명하게 이해할 수 있게 되었습니다. 성경은 마치 하나님께서 우리에게 보내신 '사랑의 편지'와 같아서, 우리는 이를 통해 하나님의 마음과 뜻을 깊이 알아갈 수 있습니다.

2. 하지만 어디를 봐도 성경은 사람이 쓴 책입니다. 그런데 왜 하나님의 말씀이라고 할까요?
   빈칸을 채워 보세요.

- 모든 성경은 (   )의 (   )으로 된 것으로 교훈과 책망과 바르게 함과 의로
  교육하기에 유익하니 이는 하나님의 사람으로 온전하게 하며 모든 선한 일을 행할 능력을
  갖추게 하려 함이라 (딤후 3:16–17)

설명⁺ 성경은 놀라운 책입니다. 약 1500년이라는 긴 시간 동안, 모세오경부터 요한계시록까지 다양한 배경의 약 40여 명의 저자들이 참여하여 완성되었습니다. 이들은 히브리어, 아람어, 헬라어 등 세 가지 언어를 사용했지만, 놀랍게도 일관성과 통일성을 유지했습니다. 이것이 가능했던 이유는 무엇일까요? 바로 성령 하나님의 영감 때문입니다. 저자들은 단순히 자기 생각을 적은 것이 아니라, 하나님의 지혜와 능력에 이끌려 글을 썼습니다. 성경이 지금의 형태를 갖추기까지는 신중한 과정이 있었습니다. 구약 성경 39권은 1세기경 얌니야 회의에서 이미 정경으로 권위를 인정받은 책임을 재확인하였고, 신약 성경 27권은 393년 히포 회의에서 정경임을 확인하였습니다. 최종적으로 397년 카르타고 회의에서 총 66권이 성경으로 공식 선포되었습니다. 이렇게 오랜 시간에 걸쳐 완성된 신구약 66권의 성경은 기록된 하나님의 말씀으로서 하나님의 뜻을 우리에게 전하는 소중한 통로입니다. 우리는 이 놀라운 성경을 통해 하나님을 영화롭게 하고 즐거워하는 방법을 더 깊이 이해할 수 있게 되었습니다.

이제 우리는 중요한 질문을 마주하게 됩니다. 이렇게 오랜 시간에 걸쳐 신중하게 작성되고 선별된 성경이 우리에게 주로 무엇을 가르치고 있을까요? 이 질문에 대한 답은 우리의 신앙생활에 큰 영향을 미칠 것입니다. 함께 이 질문에 대해 깊이 생각해 보면서, 다음 문답을 천천히, 그리고 큰 목소리로 읽어 봅시다. 소리 내어 읽는 것은 우리가 그 내용을 더 깊이 이해하고 기억하는 데 도움이 되기 때문입니다.

제3문 **성경은 주로 무엇을 가르칩니까?**

What do the Scriptures principally teach?

답 **성경은 주로 사람이 하나님에 관하여 무엇을 믿어야 하는지, 그리고 하나님께서 사람에게 요구하시는 의무가 무엇인지를 가르칩니다.** [1]

> The Scriptures principally teach what man is to believe concerning God, and what duty God requires of man.

①딤후 1:13; 3:14–16

핵심 개념 정리 2

믿음과 실천, 교리와 사랑

1. 성경이 핵심적으로 가르치는 내용은 무엇입니까?

성경이 주로 가르치는 것	( )이 ( )에 관하여	( )이 ( )에게
	무엇을 믿을까?	무엇을 요구하실까?
	믿음의 내용(교리)	행함의 내용(사랑)
	하나님의 본성·속성, 하나님께서 하신 일	하나님께서 사람에게 요구하시는 의무
	소요리문답 제1–38문답: (ㅁ ㅇ)	소요리문답 제39–107문답: (ㅅ ㅊ)

- 그러나 너는 (   ) (   )한 일에 거하라 너는 네가 누구에게서 배운 것을 알며 또 어려서부터 성경을 알았나니 성경은 능히 너로 하여금 그리스도 예수 안에 있는 (   )으로 말미암아 (   )에 이르는 지혜가 있게 하느니라 모든 성경은 하나님의 감동으로 된 것으로 교훈과 책망과 바르게 함과 의로 교육하기에 유익하니 이는 하나님의 사람으로 (   )하게 하며 모든 선한 일을 (   )할 능력을 갖추게 하려 함이라 (딤후 3:14–16)

- 너는 그리스도 예수 안에 있는 (   )과 (   )으로써 내게 들은 바 바른 (   )을 본받아 지키고 (딤후 1:13)

설명 웨스트민스터 소요리문답은 성경의 핵심 가르침을 두 가지 큰 주제로 나누어 설명합니다. 첫째, 성경은 우리가 하나님에 관하여 무엇을 믿어야 하는지를 가르칩니다. 이는 하나님의 본성 및 속성과 하나님께서 우리를 위해 행하신 일들에 관한 것으로, 소요리문답의 제1~38문답에서 다룹니다. 둘째, 성경은 하나님께서 우리에게 무엇을 요구하시는지를 가르칩니다. 이는 하나님께서 요구하시는 의무에 관한 것으로, 제39~107문답에서 설명합니다. 이렇게 '믿음, 교리'와 '행함, 사랑'이라는 두 가지 큰 주제를 통해, 우리는 성경의 가르침을 체계적으로 이해할 수 있습니다. 앞으로 우리는 이 두 가지 주제를 차례대로 자세히 살펴볼 것입니다.

적용과 질문

1. 당신의 일상생활에서 중요한 결정을 내릴 때, 당신은 성경의 가르침을 어떻게 적용하고 있나요? 구체적인 예를 들어볼 수 있을까요?

2. 현대 사회의 가치관과 성경의 가르침이 충돌한다면, 당신은 어떤 기준으로 판단하고 행동하실 건가요?

마무리

여러분, 우리는 지금 인생의 가장 중요한 질문들 앞에 서 있습니다. 왜 우리는 존재하는가? 어떻게 살아야 하는가? 이 혼란스러운 세상에서 우리는 어디서 진리를 찾을 수 있는가?

웨스트민스터 소요리문답은 이 질문들에 대한 대답을 명확히 제시합니다. 우리의 존재 목적은 단순히 생존하거나 일시적인 성공을 추구하는 것이 아닙니다. 우리는 하나님을 영화롭게 하고, 그분을 영원토록 즐거워하도록 창조되었습니다. 이것이 바로 우리 삶의 궁극적인 의미입니다. 그리고 이 위대한 목적을 달성하기 위한 유일한 길잡이가 바로 성경입니다. 수많은 철학과 이데올로기가 난무하는 이 시대에, 성경은 변치 않는 진리의 등대로 우리 앞에 서 있습니다.

이제 우리는 다음 질문에 답을 해야 합니다. 세상의 혼란스러운 소리에 귀 기울일 것인가? 아니면 영원한 진리의 말씀에 우리의 삶을 맡길 것인가? 하나님에 관하여 더 깊이 알아가는 일은 단순히 지식을 축적하는 것이 아닙니다. 이는 우리의 전 존재를 뒤흔들고 변화시킬 수 있는 혁명적인 일입니다.

여러분, 준비되셨나요? 안락한 무지의 상태를 벗어나, 살아 계신 하나님을 향한 모험을 떠날 준비가 되셨습니까? 이 여정은 쉽지 않을 것입니다. 우리의 고정관념과 편견, 그리고 세속적 가치관에 시험을 당하게 될 것입니다. 하지만 그 끝에는 이 세상 어느 것과도 비교할 수 없는 참된 기쁨이 기다리고 있습니다. 하나님과의 깊은 관계, 그리고 그 안에서 발견하는 참된 자아와 삶의 목적입니다.

함께 하나님을 아는 지식으로 자라 갑시다. 우리는 다음 과에서 제4문답을 통해 하나님의 본성과 속성을 탐구하며, 그분의 놀라운 사랑과 능력을 발견할 것입니다. 이 과정이 여러분의 삶을 완전히 변화시키는 전환점이 되기를 바랍니다. 자, 이제 우리의 마음과 생각을 활짝 열고, 영원한 진리를 향해 한 걸음 더 내디딥시다!

인터 미션 1

소요리문답의 시작(제1-3문답) 마인드맵

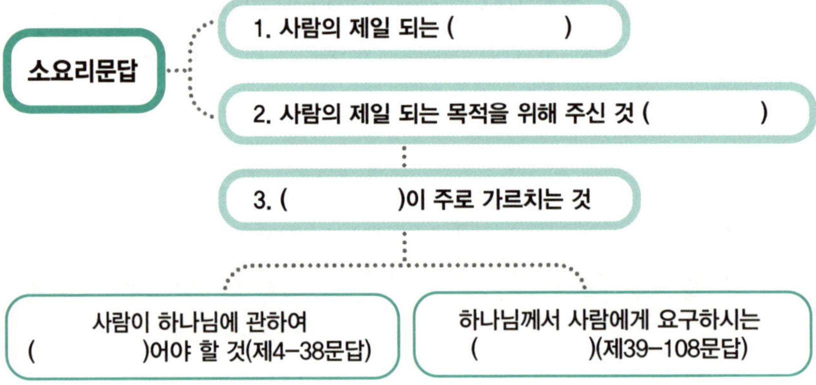

요약·설명해 보기

웨스트민스터 소요리문답은 인생의 목적지를 가장 먼저 가르쳐 줍니다. 성경의 모든 내용이 이것을 전제하고 있기 때문입니다. 사람의 제일 되는 (   )은 하나님을 (   )롭게 하고 영원토록 그분을 (   )하는 것입니다(제1문답). 우리의 인생이 이 목적을 이루기 위해서는 (   )약과 (   )약에 담겨 있는 (   )권의 하나님의 말씀을 유일한 (   )으로 삼아야 합니다(제2문답). 성경은 사람이 하나님에 관하여 무엇을 (   )어야 하는지에 관한 믿음의 내용과 하나님께서 사람에게 요구하시는 (   )가 무엇인지에 관한 행함의 내용을 담고 있습니다(제3문답). 그러므로 우리는 성경을 통해 하나님을 알며, 하나님께서 우리를 위해 하신 일을 알게 되고, 그에 대한 감사와 순종의 삶을 살 수 있게 됩니다.

제2부
하나님에 관한 믿음
(제4-12문답)

웨스트민스터 소요리문답의 첫 세 가지 문답은 사람의 존재 목적을 밝히지만, 그 초점은 사실 사람보다 하나님께 맞춰져 있습니다. 이어지는 아홉 가지 문답(제4-12문답)은 자연스럽게 하나님이 어떤 분이신지와 그분의 일하심이 무엇인지를 설명합니다.

하나님의 존재(제4~6문답)	하나님의 사역(제7~12문답)
1) 하나님의 속성(제4문답)	1) 작정(제7문답)
2) 한 분이신 하나님(제5문답)	2) 작정의 실행(제8문답)
3) 삼위일체 하나님(제6문답)	① 일반적인 창조(제9문답)
	② 특별한 창조(제10문답)
	③ 일반적인 섭리(제11문답)
	④ 특별한 섭리(제12문답)

하나님의 속성
(제4문답)

복습하기

우리는 지난 과에서 신구약 66권의 성경이 담고 있는 핵심 주제를 살펴보았습니다. 이 과정에서 우리는 중요한 진리를 발견했는데요. 하나님은 우리가 오직 그분만을 믿고 의지하며 사랑하고 행동하기를 원하신다는 것입니다.

이제 우리는 이 깨달음을 보다 깊이 있게 탐구할 차례입니다. 우리를 위해 끊임없이 일하시는 하나님을 더욱 잘 알아가는 것, 그리고 그분이 기뻐하시는 삶을 살아가는 것이 우리의 목표입니다. 이러한 이해를 바탕으로, 지난 과의 문답을 떠올리며 빈칸을 채워 봅시다.

제 2 문 하나님께서는 우리가 어떻게 하나님을 영화롭게 하고 즐거워할지를 알려 주시기 위해서 어떤 규칙을 주셨습니까?

What rule has God given to direct us how we may glorify and enjoy Him?

답 ( )약과 ( )약 (   )에 담겨 있는 하나님의 (   )이[1] 우리가 어떻게 하나님을 영화롭게 하고 즐거워할지를 알려 주시는 유일한 (   )입니다.[2]

The Word of God, which is contained in the Scriptures of the Old and New Testaments, is the only rule to direct us how we may glorify and enjoy Him

①딤후 3:16; 엡2:20 ②요일 1:3-4

제3문 **성경은 주로 무엇을 가르칩니까?**

What do the Scriptures principally teach?

답 성경은 주로 (   )이 하나님에 관하여 무엇을 (   )어야 하는지, 그리고 (   )께서 사람에게 요구하시는 의무가 무엇인지를 가르칩니다. ①

The Scriptures principally teach what man is to believe concerning God, and what duty God requires of man.

①딤후 1:13; 3:14-16

들어가기

오늘 우리는 정말 특별한 내용을 공부하려고 합니다. 우주에서 가장 놀랍고, 강력하며, 사랑이 넘치는 존재에 대해 알아가는 일입니다. 그 존재는 바로 하나님이십니다. 여러분 중 몇몇은 이미 하나님에 관하여 많이 알고 있다고 생각할 수 있습니다. 또 어떤 분들은 하나님에 관하여 더 알고 싶은 갈망으로 가득 차 있을 수도 있죠. 하지만 저는 여러분 모두에게 약속드릴 수 있습니다. 이 공부가 끝날 때쯤이면, 여러분은 이전에 결코 경험하지 못했던 방식으로 하나님을 보게 될 것입니다.

우리가 앞으로 알아갈 내용은 하나님이 이런저런 분이라는 단순한 사실들의 나열이 아닙니다. 이는 우리의 마음을 뒤흔들고, 삶을 변화시킬 수 있는 강력한 진리들입니다. 하나님의 놀라운 성품, 그분의 위대한 행위들, 우리를 향한 그분의 끝없는 사랑에 대해 배우게 될 것입니다.

여러분, 준비되셨나요? 자, 이제 우리의 목소리를 하나로 모아 이 진리들을 선포해 봅시다. 천천히, 또렷하게, 그리고 힘차게 읽어 주세요. 우리가 함께 소리 내어 읽을 때, 이 말씀이 우리의 마음 깊숙이 새겨질 것입니다. 자, 그러면 시작합니다!

묻고 답하기

제4문 **하나님은 어떤 분이십니까?**

What is God?

답 **하나님은 영이신데,[1] 그의 존재,[2] 지혜,[3] 능력,[4] 거룩,[5] 공의, 선하심, 그리고 진실하심이[6] 무한하시고[7] 영원하시며[8] 불변하십니다.[8] [9]**

God is a Spirit, infinite, eternal, and unchangeable, in his being, wisdom, power, holiness, justice, goodness, and truth.

[1]요 4:24 [2]출 3:14 [3]시 147:5 [4]계 4:8 [5]계 15:4 [6]출 34:6-7 [7]욥 11:7-9 [8]시 90:2 [9]약 1:17

1. 여러분은 하나님을 어떤 분이라고 생각하십니까? 다음의 괄호를 채워 보세요.

하나님은 마치 밤하늘의 별처럼 [   ] 하고 [   ] 하십니다.

2. 우리가 아는 하나님의 중요한 속성 중 하나는 무엇이라고 생각합니까?

(가) 사랑   (나) 분노   (다) 슬픔   (라) 질투

 웨스트민스터 소요리문답 제4문답은 매우 특별합니다. 이 문답은 "하나님은 누구(Who)십니까?"라고 묻지 않고, "하나님은 무엇(What)입니까?"라고 묻습니다. 질문 자체가 좀 이상하게 들릴 수 있지만, 이는 단순한 표현의 차이가 아닙니다. 이 질문은 하나님의 존재(Being) 자체보다는 그분의 속성(Attributes)에 초점을 맞추고 있습니다. 왜 문답의 작성자들은 이런 접근 방식을 택했을까요? 그 이유는 우리 인간의 한계에 있습니다. 우리는 하나님의 본질을 완전히 이해하기에는 너무나도 작고 유한한 존재입니다. 웨스트민스터 소요리문답의 작성자들은 이 사실을 겸손히 인정합니다. 대신, 우리는 하나님께서 자신을 드러내 보이시는 방식을 통해 그분을 알아갈 수 있습니다. 하나님께서 우리에게 보여 주시고 알려 주시는 만큼, 우리는 그분을 알 수 있습니다. 그래서 우리는 하나님의 속성, 즉 그분이 어떤 특성을 가지고 계신지를 살펴봄으로써 하나님을 이해하게 됩니다. 이러한 접근 방식은 우리에게 하나님을 알아가는 실제적인 방법을 제시합니다. 하나님의 속성을 통해, 우리는 그분의 성품, 능력, 그리고 우리를 향한 사랑을 조금씩 이해할 수 있게 됩니다.

핵심 개념 정리 1

하나님은 영이시다

1. 성경에서는 하나님을 다양한 방식으로 묘사하고 있습니다. 하나님은 분명 육체가 없는 영이신데, 때로는 하나님의 얼굴, 손, 귀, 눈과 같이 인간의 신체적 특징을 사용하여 하나님을 표현하기도 하고, 미워하시고, 후회하시며, 질투하신다는 등 인간적인 감정을 가진 것처럼 묘사하기도 합니다. 그러나 동시에 성경은 하나님이 피곤하지 않으시고 항상 깨어 계신다고 말씀합니다. 이러한 상반된 듯한 묘사들을 우리는 어떻게 이해해야 할까요?

 우리가 얼핏 보기에 모순되는 듯한 성경의 묘사들은 다음과 같이 이해하면 됩니다. 인간화된 표현은 신인동형론(神人同形論)적 표현으로서, 하나님을 인간의 신체나 감정을 가진 것처럼 묘사하는 문학적 장치입니다. 이는 무한하신 하나님을 유한한 인간의 언어로써 표현하려는 시도입니다. 마찬가지로 하나님의 '손'과 '눈'은 하나님의 능력과 전지하심을, '후회'와 '질투' 등은 하나님의 공의로움과 거룩하심을 비유적으로 나타낸 것입니다. 분명한 것은 하나님이 영이시기에 우리와 달리 육체나 형체가 없으시다는 것, 따라서 썩지 아니하시고 보이지 않으신다는 것입니다(딤전 1:17).

네가 하나님의 (   )을
어찌 능히 (   )하며
전능자를 어찌 능히 완전히
알겠느냐 하늘보다 높으시니
네가 무엇을 하겠으며
(   )보다 깊으시니 네가
어찌 알겠느냐 그의 크심은
땅보다 길고 바다보다 넓으니라
(욥 11:7-9)

산이 생기기 전, 땅과 세계도
주께서 조성하시기 전 곧
(   )부터 (   )까지
주는 하나님이시니이다
(시 90:2)

온갖 좋은 은사와 온전한
선물이 다 위로부터 빛들의
아버지께로부터 내려오나니
그는 (   )도 없으시고
(   )하는 그림자도
없으시니라 (약 1:17)

□□하심	□□하심	□□하심
infinite	eternal	unchangeable

하나님은 무한, 영원, 불변하시다

1. 하나님이 사람과 다르게 '무한', '영원', '불변'하시다는 말은 무슨 뜻을 담고 있을까요? 빈칸을
   채워 보세요.

하나님은 □(Spirit)이십니다

하나님은 영이시니 예배하는 자가 영과 진리로 예배할지니라(요 4:24)

설명 하나님의 속성 중 '무한', '영원', '불변'이라는 개념은 우리가 쉽게 이해하기 어려울 수 있는 표현입니다. 하지만 이 속성들은 하나님의 본질을 이해하는 데 매우 중요합니다. 하나님은 우리가 이 사실을 가장 먼저 깨닫기를 바라십니다. '무한'하다는 것은 어떤 한계나 제약도 없다는 뜻입니다. 하나님의 능력, 지혜, 사랑에는 끝이 없습니다. '영원'하다는 것은 시작도 끝도 없이 항상 그대로라는 의미입니다. 하나님은 시간에 구애받지 않으십니다. 영원 속에는 시간 차체가 아예 존재하지 않습니다. '불변'하다는 것은 변하지 않는다는 뜻입니다. 하나님의 본질과 약속은 언제나 한결같습니다. 이 속성들을 통해 우리는 하나님의 위대하심과 완전하심을 깨달을 수 있습니다. 그리고 우리를 향한 크신 사랑을 느낄 수 있습니다. 왜냐하면 무한, 영원, 불변하신 하나님이 유한, 시간, 변하는 인간과 교제하기 위해 맞추시기 때문입니다. 우리의 시간과 공간 안에 들어와 행동하시는 그 놀라운 사랑의 은혜가 보이나요?

2. 하나님이 영이시며 무한, 영원, 불변하신 분이시라는 사실은 우리가 하나님에 관한 잘못된 오류에 빠지지 않도록 도와줍니다. 신화에 나오는 '다신론', 자연에 존재하는 '범신론', 신이 없다고 하는 '무신론', 신의 존재 여부를 아는 것은 불가능하다는 '불가지론'은 각각 무엇이 문제일까요?

관점	주장	문제점
다신론	여러 신이 존재한다	유일하신 하나님이라는 개념과 충돌 ➡ 신들 간의 (ㄱ ㄷ)과 (ㅁ ㅅ) 발생
범신론	모든 것이 신이다	창조주와 피조물의 구분이 모호해짐 ➡ 선악의 (ㄱ ㅂ)이 어려움
무신론	신은 존재하지 않는다	우주와 생명의 기원 설명이 곤란 ➡ 절대적 (ㄷ ㄷ) 기준의 부재
불가지론	신의 존재 여부를 알 수 없다	하나님의 자기 계시를 무시 ➡ (ㅇ ㅈ) 진리 추구를 포기

설명⁺ 하나님에 관한 잘못된 이해는 크게 두 가지로 나눌 수 있습니다. 이 오해들은 우리의 세계관과 삶의 방식에 큰 영향을 미칩니다. 첫째로, 모든 것이 신이거나 여러 신들이 존재한다고 믿는 관점입니다. 이런 생각은 삼위일체 하나님께서 세상을 창조하시고 섭리하신다는 진리를 부인하게 만듭니다. 이에 따라 신들 간의 갈등과 모순이 발생하여 세상의 질서, 도덕, 선과 악, 사랑, 정의와 같은 가치들의 구분이 어려워집니다. 결과적으로 모든 진리를 상대적인 것으로 여기게 되고, 자신의 책임을 회피하려는 경향을 보이게 됩니다. 둘째로, 하나님을 우리의 삶과 무관한 존재로 여기는 관점입니다. 이는 하나님을 우리의 일상, 결정, 세계와 동떨어진 존재로 생각하게 만듭니다. 이러한 사고는 절대적 도덕 기준이 사라져 우리 삶의 모든 경험을 단순한 우연이나 행운의 결과로 치부하게 합니다. 결국, 물질만 중요하게 여기고 영적 진리 추구를 포기하게 만듭니다. 이러한 오해들을 바로잡는 일은 매우 중요합니다. 우리가 하나님을 올바르게 이해할 때, 삶의 의미와 목적을 발견하고 책임감 있는 태도로 살아갈 수 있습니다.

핵심 개념 정리 3

하나님의 ......이 무한, 영원, 불변하시다

1. 하나님은 우리에게 당신을 계시하실 때, 어떤 방식으로 알려 주셨나요? 각각 말로 해 보고, 빈칸을 채워 봅시다.

예) 하나님의 (   )가 무한, 영원, 불변하시다.

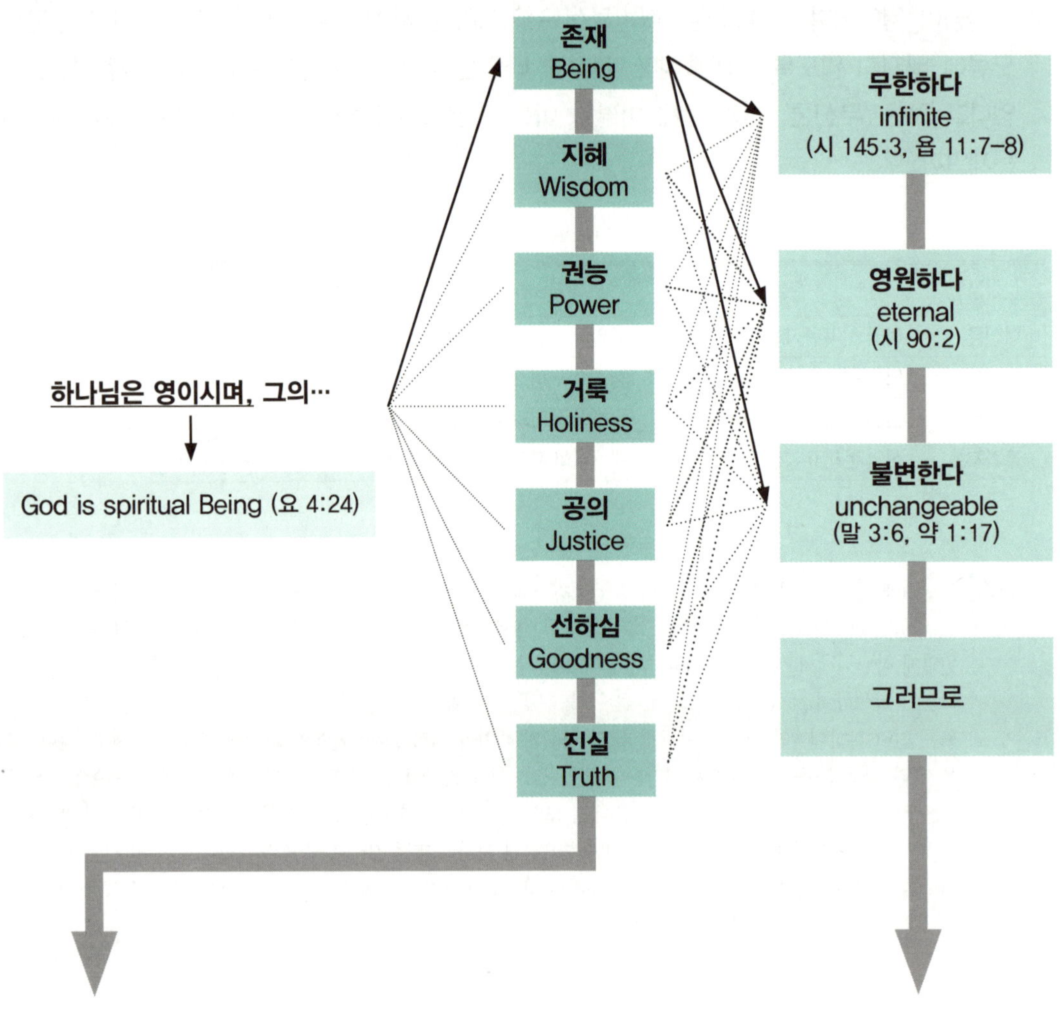

☐☐ (being)	하나님이 모세에게 이르시되 나는 스스로 있는 자이니라 또 이르시되 너는 이스라엘 자손에게 이같이 이르기를 스스로 있는 자가 나를 너희에게 보내셨다 하라 (출 3:14)
☐☐ (wisdom)	우리 주는 위대하시며 능력이 많으시며 그의 (　　　)가 무궁하시도다 (시 147:5) 주께서 내가 앉고 일어섬을 아시고 멀리서도 나의 생각을 밝히 아시오며 나의 모든 길과 내가 눕는 것을 살펴보셨으므로 나의 모든 행위를 익히 아시오니 여호와여 내 혀의 말을 알지 못하시는 것이 하나도 없으시니이다 (시 139:2-4)
☐☐ (power)	네 생물은 각각 여섯 날개를 가졌고 그 안과 주위에는 눈들이 가득하더라 그들이 밤낮 쉬지 않고 이르기를 거룩하다 거룩하다 거룩하다 주 하나님 곧 (　　　)하신 이여 전에도 계셨고 이제도 계시고 장차 오실 이시라 하고 (계 4:8) 나는 여호와요 모든 육체의 하나님이라 내게 할 수 없는 일이 있겠느냐 (렘 32:27)

□□ (holiness)	주여 누가 주의 이름을 두려워하지 아니하며 영화롭게 하지 아니하오리이까 오직 주만 (　　　　)하시니이다 주의 의로우신 일이 나타났으매 만국이 와서 주께 경배하리이다 하더라 (계 15:4) 여호와와 같이 (　　　　)하신 이가 없으시니 이는 주 밖에 다른 이가 없고 우리 하나님 같은 반석도 없으심이니이다 (삼상 2:2)
□□ (justice)	대저 여호와는 우리 (　　　　)장이시요 여호와는 우리에게 율법을 세우신 이요 여호와는 우리의 왕이시니 그가 우리를 구원하실 것임이라 (사 33:22)
□하심 (goodness)	여호와께서 그의 앞으로 지나시며 선포하시되 여호와라 여호와라 자비롭고 은혜롭고 노하기를 더디하고 인자와 진실이 많은 하나님이라 (　　　　)를 천대까지 베풀며 악과 과실과 죄를 (　　　　)하리라 그러나 벌을 면제하지는 아니하고 아버지의 악행을 자손 삼사 대까지 보응하리라 (출 34:6–7)
□□하심 (truth)	그는 반석이시니 그가 하신 일이 완전하고 그의 모든 길이 정의롭고 (　　　　)하고 거짓이 없으신 하나님이시니 공의로우시고 바르시도다 (신 32:4)

설명⁺ 우리가 하나님을 이해하려고 할 때, 종종 그 이해를 우리 자신의 제한된 용어로 표현하려고 합니다. 하나님의 사랑, 선하심, 지혜를 우리와 비슷한 것으로 생각하려는 유혹이 있습니다. 이런 오해는 하나님에 대해 잘못된 생각을 하는 사람들의 공통적인 특징으로, "하나님께서 피조물과는 차원이 다른, 지극히 높고 절대적인 분이라는 사실"을 인식하지 못하는 것입니다. 비록 우리가 하나님의 모습을 어느 정도 닮았다고 하더라도, 하나님은 우리와 완전히 다릅니다. 따라서 우리는 하나님을 다음과 같이 표현해야 합니다. 하나님의 존재하심은 무한하고, 영원하며, 불변합니다. 하나님의 지혜는 무한하고, 영원하며, 불변합니다. 마찬가지로 하나님의 능력, 거룩하심, 공의, 선하심, 진실하심도 무한하고, 영원하며, 불변합니다.

적용과 질문

1. 불확실성과 변화가 많은 현대 사회에서, 하나님의 불변하는 속성을 어떻게 당신의 '삶의 닻'으로 삼을 수 있을까요?

2. 친구들, 가족들과 함께 하나님의 다양한 속성들이 현대 사회의 문제들(예: 기후, 환경, 인권, 정의 등)에 어떻게 적용될 수 있을지 나누어 봅시다.

마무리

여러분, 우리는 세상에서 가장 위대한 진리를 마주했습니다. 하나님이 어떤 분이신지에 대한 이해는 단순한 지식이 아닙니다. 이는 우리의 삶을 송두리째 바꿀 수 있는 강력한 힘입니다.

우리는 제한된 세상에 살고 있습니다. 우리의 시간, 지식, 힘, 자원은 모두 유한합니다. 하지만 우리가 무한하고 영원하며 불변한 하나님의 사랑과 보살핌을 받고 있다는 사실을 알면, 삶의 불확실함과 도전에 직면할 수 있는 자신감을 얻게 됩니다. 이러한 이해는 세상과 우리 사이에 엄청난 차이를 만듭니다.

세상은 모든 것이 우리 능력에 달린 것처럼 인생의 어려움에 접근하는 경우가 너무나 많습니다. 그러나 하나님은 그분의 무한하고 영원하며 불변하는 지혜와 능력으로 우리가 그분만을 전적으로 의지하도록 우리를 초대하십니다.

오직 그분의 지혜와 능력을 신뢰하며 걱정과 불안에서 벗어납시다. 그분의 능력 안에서 안식을 누립시다. 불의하고 고통이 만연한 세상에서 하나님의 정의와 선하심을 바라봅시다. 이것이 변화된 삶, 즉 모든 면에서 하나님의 무한하고 영원하며 변하지 않는 성품을 반영하는 삶으로의 부르심입니다.

하나님을 아는 지식이 여러분의 삶 속에서 강력하게 역사하여, 여러분이 이 세상에서 하나님의 영광을 드러내는 살아 있는 증거가 되기를 소망합니다. 다음 과에서는 제5-6문답 삼위일체 하나님에 관하여 공부하도록 하겠습니다.

하나님은 어떤 분인가요

웨스트민스터 소요리문답 4.
류성민
G   D   C   G
하 나 님 은   어 떤 분 인 가   요
C   G/B   Am7   D
하 나 님 은   어 떤 분 인 가 요   하 나
Em   B/D#   Dm6   C#dim7
님 은 영 이 시 며 그 의 존 재 지 혜 권 능
C   G/B   Am7   D
거 룩 하 심 공 의   인 자 진 실 하 심 이   무 한
G   D/F#   Em7   C#dim7
하   시   고   무 궁   하   시   며
Am   C/D   Gsus4   G
불 변 하 신 분   이 십 니   다

삼위일체 하나님
(제5-6문답)

복습하기

우리는 지난 과에서 영으로서 계시는 하나님의 속성을 공부했습니다. 이후로 하나님을 더욱 깊이 경험하는 날 되었습니까? 영원히 변치 않는 하나님께서 주시는 안정감과 평안함을 누렸습니까? 하나님이 어떤 분이신가에 대한 지식이 늘어날수록 삶에 대한 자신감이 늘어날 것입니다. 기쁜 마음으로 지난 과에서 배운 문답을 떠 올리며 빈칸을 채워 봅시다.

제4문 하나님은 어떤 분이십니까?

What is God?

답 하나님은 (　)이신데,[1] 그의 존재,[2] 지혜,[3] 능력,[4] 거룩,[5] 공의, 선하심, 그리고 진실하심이[6] (　　)하시고[7] (　　)하시며[8] (　　)하십니다.[8] [9]

God is a Spirit, infinite, eternal, and unchangeable, in his being, wisdom, power, holiness, justice, goodness, and truth.

①요 4:24 ②출 3:14 ③시 147:5 ④계 4:8 ⑤계 15:4 ⑥출 34:6–7 ⑦욥 11:7–9 ⑧시 90:2 ⑨약 1:17

들어가기

오늘 우리가 다룰 주제는 교회 역사상 가장 심오하고 까다로운 내용 중 하나입니다. 삼위일체는 우리의 유한한 이성으로는 완전히 이해하기 어려운 신비로운 영역이지만, 그 안에 담긴 깊이와 아름다움은 우리의 상상을 뛰어넘습니다.

하나님은 우리가 그분에 관하여 알기를 원하셨고, 그래서 우리에게 이 놀라운 진리를 계시해 주셨습니다. 어렵다고 주저하지 말고, 오히려 하나님께서 우리에게 보여 주신 것에 대해 감사와 기대를 가지고 함께 탐구해 나가 봅시다.

오늘 우리는 '한 분이신 하나님'과 '삼위일체'라는 신비로운 개념에 관하여 이야기할 것입니다. 이 주제는 단순한 지식 이상의 것입니다. 하나님에 관한 우리의 이해가 깊어질수록, 우리 자신과 이 세상을 바라보는 관점도 놀랍게 변화될 것입니다. 웨스트민스터 소요리문답 제5문답과 제6문답을 통해, 우리는 하나님의 본질과 삼위일체의 신비에 한 걸음 더 가까이 다가갈 수 있습니다. 여러분의 마음과 생각을 활짝 열어 주세요.

자, 이제 다음 문답을 천천히, 또렷하게, 그리고 하나님께 대한 경외심을 가지고서 함께 읽어 볼까요? 이 내용들이 우리의 영혼에 깊이 새겨지기를 바랍니다.

묻고 답하기

제5문 하나님 한 분 외에 더 많은 하나님이 계십니까?

Are there more Gods than one?

답 살아 계시며 참되신 하나님은 오직 한 분뿐이십니다.[1]

There is but one only, the living and true God.

①신 6:4; 렘 10:10

1. 여러분이 생각하는 하나님에 관한 생각을 OX 퀴즈로 풀어 봅시다.

   ① 하나님은 여러 가지 모습으로 나타나실 수 있다. (　)
   ② 하나님은 전지전능하시다. (　)
   ③ 우주에는 하나님 외에도 다른 신들이 존재한다. (　)
   ④ 하나님은 우리를 사랑하신다. (　)

2. 만약 세상에 그리스-로마 신화의 신처럼, 하나님이 여럿 있다면 어떤 일이 일어날까요? 자유롭게 이야기해 봅시다.

핵심 개념 정리 1

살아 계신 하나님은 한 분뿐이시다

세상에는 하나님의 존재에 관한 다양한 견해들이 있습니다. 특히 우리가 사는 세상에는 유한하고 변하는 '신'들이 많기 때문입니다. 성경에도 하나님 외에 다양한 신이 등장합니다. 그러나 하나님은 세상의 신들과 무엇이 다를까요?

- 오직 여호와는 참하나님이시요 (   ) 계신 하나님이시요 영원한 왕이시라 그 진노하심에 땅이 진동하며 그 분노하심을 이방이 능히 당하지 못하느니라 (렘 10:10)

- 이스라엘아 들으라 우리 하나님 여호와는 오직 (   ) 여호와이시니 (신 6:4)

설명⁺ 하나님은 세상에 유일무이하게 존재하시는 분입니다. 그분은 인간이 상상하거나 창조한 신들과 달리 유일하게 살아 계신 참하나님이십니다. 세상의 신들은 태어났다고 여겨지지만, 하나님은 생겨난 적이 없으시며 오히려 모든 만물을 창조하신 분입니다. 또한 세상의 신들은 제한된 능력과 지식을 가져 우리와 비슷한 점이 많지만, 하나님은 완전한 지식을 가지고 계시며 모든 것을 하실 수 있는 전능한 분이십니다. 마지막으로 세상의 신들은 많은 결점과 악행을 저지르며, 인간과 같은 약점을 자주 드러내지만, 하나님은 완전한 공의로써 죄를 심판하시고 완벽하게 거룩하시며 도덕적으로 순결하십니다. 이러한 점들은 유일성, 영원성, 전능함, 창조주의 역할, 도덕적 완전성이 세상의 다른 신들과 구별되는 하나님만의 독특성을 보여 줍니다.

핵심 개념 정리 2:

참되신 하나님은 한 분뿐이시다

왜 우리는 참되신 하나님을 버리고 거짓된 우상 숭배에 빠지는 것일까요? 하나님만이 세상의 유일한 참된 신이라는 사실을 깨닫지 못하는 이유가 무엇일까요?

- 오직 여호와는 (   ) (   )이시요 살아 계신 하나님이시요 영원한 왕이시라 그 진노하심에 땅이 진동하며 그 분노하심을 이방이 능히 당하지 못하느니라 (렘 10:10)

- 어리석은 자는 그의 (   )에 이르기를 하나님이 (   ) 하는도다 그들은 (   )하고 그 행실이 가증하니 (   )을 행하는 자가 없도다 (시 14:1)

설명⁺ 우리가 참되신 하나님을 외면하고 거짓된 우상 숭배에 빠지는 이유는 사실 복합적입니다. 우리의 즉각적인 만족을 추구하는 욕구와 자기중심적인 욕망이 거짓된 우상을 참된 것으로 보이게 만들기 때문입니다. 우상은 종종 우리의 이기적인 욕심을 정당화해 주는 듯 느끼게 합니다. 더욱이 우리를 둘러싼 문화와 주변 환경이 하나님보다는 세속적 가치를 중시하도록 지속적으로 영향을 줍니다. 이는 결국 하나님만이 유일한 참된 신이요, 하나님의 말씀만이 진리라는 사실을 깨닫지 못하게 만듭니다. 우리는 스스로가 진리를 판단할 수 있다고 여기는 '교만'이라는 큰 장애물을 제거해야 합니다. 하나님의 참된 본성과 성품에 관한 오해에서 벗어나, 살아 계시고 참되신 하나님과의 깊은 교제만이 우리의 영광스러운 삶임을 깨달아야 합니다.

이제부터 우리는 하나님의 신비로운 존재 방식인 '삼위일체'를 공부하겠습니다. 웨스트민스터 소요리문답 제5문답은 살아 계시고 참되신 하나님은 오직 한 분뿐이심을 강조했습니다. 그런데 성경을 보면, 성부, 성자, 성령이 모두 하나님이라고 합니다. 그렇다면 하나님은 한 분이 아니라 세 분이라는 말일까요? 그렇지 않습니다. 제6문답은 이러한 오해를 바로잡고자 하나님은 한 분이시지만 삼위로 존재하신다고 설명합니다. 여기서 우리는 '위격'이라는 개념을 잘 이해해야 합니다. 이제 웨스트민스터 소요리문답 여섯 번째 문답을 함께 읽어 봅시다.

제6문 **하나님의 신격에는 몇 위가 있습니까?**

How many persons are there in the Godhead?

답 **하나님의 신격에는 삼위가 계시는데, 성부와 성자와 성령이십니다. 이 삼위는 한 하나님이시고, 본질이 같으시며, 동등한 능력과 영광을 가지십니다.**[1]

There are three persons in the Godhead; the Father, the Son, and the Holy Ghost; and these three are one God, the same in substance, equal in power and glory.

[1]요일 5:8; 마 28:19

*신격(Godhead): 하나의 동일한 '신적 실체(substance)' 혹은 '신적 본질(essence)'을 의미함.

삼위 하나님은 성부, 성자, 성령이시다

1. 삼위가 한 하나님이신 것을 '삼위일체(Trinity)'라고 합니다. 이 용어는 성경에 나오지 않습니다. 여러분은 이 말을 어떻게 이해하고 있습니까?

설명 '삼위'는 '세 위격'을 뜻하고, '일체'는 '하나의 본질'을 의미합니다. 여기서 '일체'의 '체'를 '몸'으로 이해하면 안 됩니다. 그렇게 받아들이면 하나님에 대한 오해가 생기고 이해는 더욱 어려워집니다. 삼위일체는 하나님이 본질적으로 한 분이시지만, 구별된 세 위격으로 존재하신다는 뜻입니다. 이 세 위격은 성부, 성자, 성령을 가리킵니다. 세 위격은 각각의 완전한 하나님이십니다. 하지만 세 분 하나님이 아닌 한 분 하나님이십니다.

▶▶ 단어 설명

위격(位格, persons)

'위격'(位格, persons)은 삼위일체 교리를 이해하는 데 있어 핵심적인 용어입니다. 이 단어는 한자로 '자리 위'와 '격식 격'을 사용하며, 사전적으로는 '지위와 품격'을 의미합니다. 이는 각 위격이 가진 고유한 위치와 특성을 암시합니다. '위격'이라는 용어는 라틴어 '페르소나(persona)'에서 유래했습니다. 페르소나는 원래 고대 로마 극장에서 배우들이 쓰던 가면을 뜻했지만, 점차 배우의 역할, 그리고 더 나아가 인간의 성품이나 역할을 나타내는 말로 발전했습니다. 주후 200년경 신학자 테르툴리아누스(Tertullianus, 터툴리안)가 삼위일체 교리를 설명하기 위해 이 용어를 신학적으로 도입했습니다. 이는 하나님의 세 가지 다른 '역할'또는 '표현 방식'을 설명하기 위한 시도였습니다. 오늘날 '위격'은 단순한 역할이나 표현 방식 이상을 의미합니다. 각 위격은 고유한 인격적 특성을 가진 실재로 이해되지만, 서로 분리된 존재가 아니라 하나의 신적 본질을 공유합니다. 삼위일체 교리에서 "하나님의 본질에 세 위격이 있다"라는 말은 한 하나님 안에 구별된 세 위격, 즉 성부, 성자, 성령이 존재함을 의미합니다. 각 위격은 동등하며, 같은 신적 본질을 공유하지만, 서로 구별되는 역할과 관계를 맺습니다. 이렇게 '위격'이라는 개념은 하나님의 단일성과 다양성을 동시에 표현하는 중요한 신학적 도구가 되었으며, 이를 통해 우리는 하나님의 복잡하고 풍성한 본성을 더 깊이 이해할 수 있게 되었습니다.

2. 우리가 삼위일체에 관하여 이해하는 방법은, 하나님께서 자신을 우리에게 드러내시는 방식인 성경 말씀을 통해 깨닫는 것입니다. 다음의 말씀에 빈칸을 채워 봅시다.

- 하나님이 이르시되 (   )의 형상을 따라 (   )의 모양대로 (   )가 사람을 만들고 그들로 바다의 물고기와 하늘의 새와 가축과 온 땅과 땅에 기는 모든 것을 다스리게 하자 하시고 (창 1:26)

- 주 예수 그리스도의 (   )와 하나님의 (   )과 성령의 (   )하심이 너희 무리와 함께 있을지어다 (고후 13:13)

- 그러므로 너희는 가서 모든 민족을 제자로 삼아 (   )와 (   )과 (   )의 이름으로 세례를 베풀고 (마 28:19)

설명⁺ '삼위일체'라는 말은 성경에 직접적으로 나오지는 않지만, 성경 전체에 걸쳐 나타나는 하나님의 본질에 관한 가르침을 종합하여 만들어진 개념입니다. 이는 무한하고 영원하며 변치 않는 하나님의 신비로운 본성을, 유한한 시간과 공간 속에서 살아가는 우리 인간이 이해할 수 있도록 표현하려는 노력의 결과입니다. 아우구스티누스와 칼뱅은 이러한 인간의 한계를 명확히 인식하고, "유한은 무한을 담을 수 없다"라는 유명한 말을 남겼습니다. 즉, 유한한 존재인 우리는 무한하신 하나님을 완벽하게 이해하거나 설명할 수 없다는 것을 의미합니다.

핵심 개념 정리 4

삼위 하나님은 본질이 같으시며 능력과 영광을 동등하게 가지신다

1. 신비한 삼위일체를 이해하는 가장 좋은 방법은 부정의 방식을 이용하는 것입니다. 삼위일체를 직접적으로 정의하기보다 잘못된 이해를 바로잡음으로써 더 명확히 이해하려는 방법입니다. 이렇게 하면 자연스럽게 이단의 주장을 분별할 수 있게 됩니다. 삼위일체를 잘못 이해하면 어떤 이단이 될까요?

- "'일체'라는 말은 '한 몸'이라는 뜻이다. 구약에서는 성부가 하나님으로 나타나셨고, 신약에서는 성자가 하나님으로 나타나셨으며, 오순절 이후에는 성령님이 하나님으로 나타나신 것이다." ➡ (   )

- "성부 하나님은 서열 중 최고이고, 성자 예수님이나 성령님은 그보다 아래야." ➡ (   )

- "성부, 성자, 성령은 서로 분리되어 세 분으로 독자적으로 나타나시는 거야." ➡ (   )

다음의 표는 가장 널리 인정받는 삼위일체 이해 방식을 나타냅니다. 먼저 가운데를 보시
면, 성부, 성자, 성령은 모두 하나님이십니다. 하지만 동시에 성부는 성자나 성령과 다른 위
격을 가지고 계시고, 성자는 성부나 성령과 다른 위격이시며, 성령은 성부나 성자와 다른 위
격이십니다. 즉, 하나님은 삼위로 계시지만 한 분 하나님이십니다.

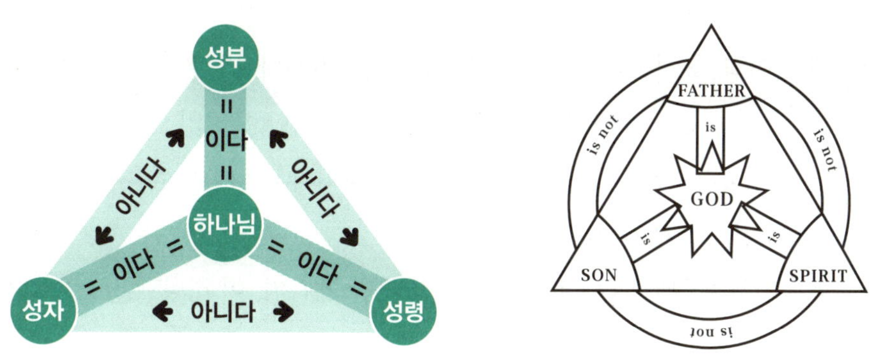

2. C. S. 루이스는 그의 책 『순전한 기독교』에서 삼위일체 하나님은 세 위격으로 존재하시되
본질적으로 하나임을 '춤추시는 하나님'으로 설명했습니다. 루이스는 춤을 통해 세 위격이 서로
조화롭게 움직이며, 역동적인 하나의 아름다운 하모니를 이룬다고 표현한 것입니다. 이 비유를
통해서 삼위일체 하나님의 무엇을 알 수 있을까요?

적용과 질문

1. 다양성을 존중받는 우리 사회에서 '오직 살아 계시고 참되신 하나님 한 분만'을 믿는다는 것은 어떤 의미를 가질까요?

2. 삼위 하나님이 함께 춤을 추시는 것처럼, 자신의 완벽한 사랑의 조화 속에서 누리는 충만한 기쁨으로 우리를 초대하신다는 설명이 당신에게 어떠한 의미로 다가오나요?

마무리

여러분, 제가 이 과를 시작할 때 드렸던 말씀을 기억하시나요? 우리가 '한 분이신 하나님'과 '삼위일체'라는 신비로운 개념을 공부하면 하나님에 대한 우리의 이해가 깊어지고, 우리 자신과 이 세상을 바라보는 관점도 놀랍게 변화될 것이라고 말씀드렸습니다. 어떠신가요? 여러분의 생각에 변화가 생기셨나요?

우리는 살아 계시며 참되신 하나님은 오직 한 분만 계시며, 이 하나님은 삼위일체로 존재하신다고 배웠습니다. 우리가 믿는 하나님은 단순히 개념적이거나 추상적인 존재가 아니라, 실제로 존재하시며 우리와 인격적으로 교제를 나누시는 분이십니다. 이러한 이해는 우리가 하나님을 더 깊이 사랑하고 삼위 하나님과의 친밀한 교제를 추구하는 삶으로 이어집니다.

이제 우리는 다음 과의 제7문답을 통해서 삼위일체 하나님께서 세상과 우리에게 그분의 뜻을 어떻게 나타내셨는지를 배우게 될 것입니다. 하나님은 우리가 알 수 없는 신비 속에 숨어 계시는 것이 아니라, 그분의 뜻을 작정으로 나타내심으로써 우리에게 다가오셨습니다. 자, 하나님의 일하심이 어떠한지 기대하며 함께 살펴보겠습니다.

하나님 한 분 외에

웨스트민스터 소요리문답 5.

류성민

하나님의 작정과 실행
(제7-8문답)

복습하기

우리는 지난 과에서 하나님이 무한하시고 영원하시며 절대 변하지 않으시는 살아 계신 분이심을 배웠습니다. 세상의 많은 거짓된 신들이 있지만, 그들과 달리 우리 하나님은 진정으로 살아 계시며 참되십니다. 그리고 하나님은 놀랍게도 성부 하나님, 성자 하나님, 성령 하나님의 세 위격으로 계십니다. 이 삼위 하나님은 서로 완벽한 조화를 이루며, 기쁨이 넘치는 관계 속에 계십니다. 춤추시는 하나님을 떠올리며 지난 과에서 배운 문답의 빈칸을 채워 봅시다.

제5문 **하나님 한 분 외에 더 많은 하나님이 계십니까?**

Are there more Gods than one?

답 (   )아 계시며 (   )되신 하나님은 오직 (   ) 분뿐이십니다.[1]

There is but one only, the living and true God.

[1] 신 6:4; 렘 10:10

제 6 문 **하나님의 신격에는 몇 위가 있습니까?**

How many persons are there in the Godhead?

답 **하나님의 신격에는 (   )위가 계시는데, 성부와 성자와 성령이십니다. 이 삼위는 (   ) 하나님이시고, 본질이 (   )으시며, 동등한 (   )과 영광을 가지십니다.** [1]

There are three persons in the Godhead; the Father, the Son, and the Holy Ghost; and these three are one God, the same in substance, equal in power and glory.

①요일 5:8; 마 28:19

들어가기

여러분, 이번 과에서 우리는 누구나 한 번씩은 하는 질문, 이 세상에서 가장 근본적인 질문 중의 하나를 탐구하려고 하는데요. 혹시 이런 생각을 해 본 적 있나요? '내 인생의 방향은 누가 정하는 걸까?', '세상의 모든 일은 그저 우연히 일어나는 것일까, 아니면 어떤 계획이 있는 것일까?' 이런 물음은 오랜 세월에 걸쳐 철학자부터 평범한 사람에 이르기까지 수많은 사람이 고민해 온 주제입니다.

웨스트민스터 소요리문답 제7문답은 이 깊고 복잡한 주제에 대해 놀랍도록 명확한 답을 해 줍니다. 이 답변은 우리의 일상적인 고민부터 인생의 큰 결정까지, 모든 것에 새로운 의미를 부여할 수 있는 강력한 진리를 담고 있습니다. 하나님의 작정에 관하여 배우는 이 과정은 여러분의 삶을 바라보는 관점을 바꾸는 계기가 될 것입니다.

자, 어떤 대답일까요? 진지하게, 큰 소리로, 문답을 천천히 읽어 봅시다.

묻고 답하기

제 7 문 **하나님의 작정이란 무엇입니까?**

What are the decrees of God?

답 **하나님의 작정이란 하나님의 영원한 계획으로서, 그분의 뜻의 의논에 따라 자기 영광을 위하여 일어나는 모든 일들을 미리 정하신 것입니다.**[1]

The decrees of God are, his eternal purpose, according to the counsel of his will, whereby, for his own glory, he hath fore-ordained whatsoever comes to pass.

[1]엡 1:4, 11; 롬 9:22–23

1. 미래 도시 설계 게임을 해 봅시다.

> 준비물: 종이, 색연필
> 방　법: ❶ 참가자들은 미래 도시를 설계한다.
> 　　　　❷ 도시의 모습, 건축물, 교통수단, 에너지원 등을 자유롭게 상상하여 그림으로 표현한다.
> 　　　　❸ 완성된 도시 모습을 발표한 다음, 설계의 장단점을 이야기해 본다.

설명⁺ 어렸을 때, 공상과학 만화나 영화를 보면 미래에 그려질 모습이 너무도 설렜습니다. 전화기를 손에 들고 다닐 거라고는 꿈에서나 상상했던 일이었습니다. 하지만 지금은 누구나 손에 전화기를 넘어 컴퓨터를 들고 다닐 뿐 아니라, 이제는 AI 비서를 데리고 다니지요. 그러나 사람이 상상하는 모든 일은 현실이 되지는 않습니다. 사람은 아무리 신비한 일을 꿈꾸고 계획한다 해도 미래를 정확하게 예측할 수 없기 때문입니다. 오직 무한하시고, 영원하시며, 불변하신 삼위 하나님의 계획만이 완전하고 완벽하십니다.

하나님의 뜻의 의논에 따른 것

1. 하나님의 작정을 이해하려면 가장 먼저, '하나님의 뜻의 의논'이라는 말을 정확하게 알아야 합니다. '뜻'과 '의논'이라는 말이 무슨 의미인지 설명할 수 있을까요?

- 그의 (　　　)의 비밀을 우리에게 알리신 것이요 그의 (　　　　　)을 따라 그리스도 안에서 때가 찬 경륜을 위하여 예정한 것이니 (엡 1:9)

- 내가 종말을 처음부터 고하며 아직 이루지 아니한 일을 옛적부터 보이고 이르기를 나의 (　　　)이 설 것이니 내가 나의 모든 기뻐하는 것을 이루리라 하였노라 내가 동쪽에서 사나운 날짐승을 부르며 먼 나라에서 나의 (　　　)을 이룰 사람을 부를 것이라 내가 말하였은즉 반드시 이룰 것이요 (　　　　　)하였은즉 반드시 시행하리라 (사 46:10–11)

설명⁺ 사람은 하나님과 달리 시간과 공간의 제약, 언어의 한계 때문에 뜻과 계획이 일치하지 않습니다. 아무리 좋은 뜻으로 완벽한 계획을 세워도 그것을 실천하지 못하는 경우가 많습니다. 반면에 하나님은 자기 뜻(will)의 의논(counsel)에 따른 모든 계획을 반드시 실천하십니다. 하나님은 우리를 위해 자기의 뜻을 알려 주십니다. 계시를 통해 하나님의 마음을 정확하게 보여 주십니다. 하지만 그 뜻이 펼쳐지는 구체적인 계획은 은밀하게 감추셨습니다. 즉, 삼위 하나님의 의논은 우리의 탐구 영역이 아닙니다. 우리는 하나님의 얼굴을 거울이 아닌 직접 볼 때 비로소 이를 알 수 있게 하셨습니다. 이는 마치 세상이 어떻게 창조되었는지, 우리가 어떤 모습으로 살아가게 될지에 대한 하나님의 계획과 같습니다.

하나님의 영원한 계획

1. 하나님은 사람과 달리 분명한 자기 뜻에 따른 오묘한 계획을 가지고서 일하십니다. 이때, 우리와 다른 또 한 가지의 특징이 있습니다. 하나님의 일하심에는 '영원한' 계획이 있다는 것입니다.

셀명⁺ 우리 인간은 급변하는 세상 속에서 끊임없는 불안과 미래에 대한 두려움에 시달립니다. 최첨단 기술로도 내일 날씨를 완벽히 예측할 수 없듯이, 우리 인생의 미래는 더욱 불확실합니다. 그러나 하나님의 뜻에 따른 계획은 영원한 목적을 향해 반드시 성취됩니다. 하나님의 영원하심은 시간을 초월하여 모든 것을 지배하는 절대적인 능력입니다. 이러한 이해를 바탕으로, 우리는 인간사를 단순히 행운, 재수, 운 등으로 해석하는 운명론과 숙명론을 단호히 거부합니다. 이는 하나님의 주권을 인정하지 않는 잘못된 세계관입니다. 대신, 우리는 하나님의 영원한 목적 안에서 살아갑니다. 이 관점에서 볼 때, 우리의 불안한 현실은 새로운 의미를 얻게 되고, 불확실해 보이는 미래는 확실한 희망으로 변화됩니다. 하나님의 계획 안에서, 우리 삶의 모든 순간은 목적이 있고 의미가 있습니다.

하나님의 □의 □□에 따른 □□한 □□

핵심 개념 정리 3

자기 영광을 위한 작정

1. 하나님께서 앞으로 일어날 모든 일을 미리 정하신 이유가 무엇이라고 했나요?

하나님 자신의 □□을 위해

- 이는 그가 사랑하시는 자 안에서 우리에게 거저 주시는 바 그의 (   )의 (   )을 찬송하게 하려는 것이라 (엡 1:6)

- 우리 주 하나님이여 (   )과 (   )와 (   )을 받으시는 것이 합당하오니 주께서 만물을 지으신지라 만물이 주의 뜻대로 있었고 또 지으심을 받았나이다 하더라 (계 4:11)

- 만일 하나님이 그의 진노를 보이시고 그의 능력을 알게 하고자 하사 멸하기로 준비된 진노의 그릇을 오래 참으심으로 관용하시고 또한 (   ) 받기로 예비하신바 긍휼의 그릇에 대하여 그 (   )의 풍성함을 알게 하고자 하셨을지라도 무슨 말을 하리요 (롬 9:22-23)

핵심 개념 정리 4

일어나는 모든 일들을 미리 정하신 것

1. 하나님의 작정은 한마디로 일어날 모든 일을 미리 정하셨다는 것입니다. 아래의 말씀에 빈칸을 채우고 작정의 의미를 다시 생각해 봅시다.

□□□는 모든 □들을 □□□하신 것

전지전능한 지혜의 작정이다	이는 내 생각이 너희의 생각과 ( )며 내 길은 너희의 길과 ( )이니라 여호와의 말씀이니라 이는 하늘이 땅보다 높음같이 내 길은 너희의 길보다 ( )으며 내 생각은 너희의 생각보다 ( )음이니라 (사 55:8-9)
변하지 않는다	그는 뜻이 ( )하시니 누가 능히 돌이키랴 그의 마음에 하고자 하시는 것이면 그것을 행하시나니 (욥 23:13)
영원 속에서 예정하신다	곧 ( ) ( )에 그리스도 안에서 우리를 택하사 우리로 사랑 안에서 그 앞에 거룩하고 흠이 없게 하시려고 그 기쁘신 뜻대로 우리를 ( )하사 예수 그리스도로 말미암아 자기의 아들들이 되게 하셨으니 (엡 1:4-5)
반드시 이루어진다	내가 동쪽에서 사나운 날짐승을 부르며 먼 나라에서 나의 뜻을 이룰 사람을 부를 것이라 내가 말하였은즉 ( ) 이룰 것이요 계획하였은즉 ( ) 시행하리라 (사 46:11)

주권적으로 이루신다	사람의 마음에는 많은 계획이 있어도 (　　　) 여호와의 (　　)만이 완전히 서리라 (잠 19:21)
모든 일을 계획하신다	(　　) 일을 그의 (　　)의 결정대로 일하시는 이의 계획을 따라 우리가 예정을 입어 그 안에서 기업이 되었으니 (엡 1:11)
모든 것을 포함한다	여호와께서 (　　) (　　)을 그 쓰임에 적당하게 지으셨나니 악인도 악한 날에 적당하게 하셨느니라 (잠 16:4)

▶▶ 단어 설명

작정(decrees)과 예정(predestination)

작정 중 사람이나 천사와 같은 이성적인 피조물에 관한 작정을 '예정'이라고 합니다. 하나님은 인류 중 일부를 하나님의 자녀가 되어 영생에 이르도록 선택하셨습니다. 하나님의 선택은 하나님의 자유로운 은혜와 사랑으로 인한 것(out of his mere free grace and love)이지, 절대로 택함을 받은 자들의 신앙이나 선행이나 견뎌 냄을 미리 보았기(without any foresight of faith, or good works, or perseverance) 때문이 아닙니다. 하나님께서 이런 선택을 조장할 수 있는 원인이나 조건이 사람이나 다른 피조물에게 전혀 있지 않습니다. 오직 하나님의 자유로운 은혜와 사랑이 선택의 유일한 원인과 조건입니다.

-정요석, 『소요리문답, 삶을 읽다 (상)』, 123~124.

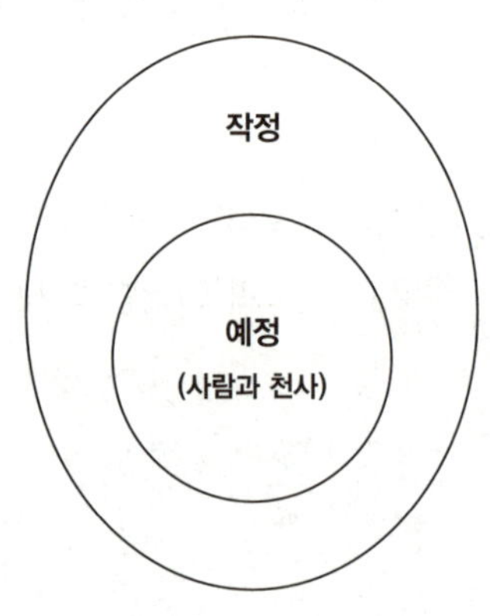

2. 하나님의 작정을 공부하다 보면, 우리는 종종 이런 깊은 질문에 직면하게 됩니다. "인간이 짓는 죄도 모두 하나님께서 미리 정하신 것인가?" 여러분이라면 어떻게 대답하시겠습니까?

- 사람이 시험을 받을 때에 내가 하나님께 시험을 받는다 하지 말지니 하나님은 (　　)에게 시험을 받지도 아니하시고 친히 아무도 시험하지 아니하시느니라 오직 각 사람이 시험을 받는 것은 자기 (　　)에 끌려 미혹됨이니 (약 1:13–14)

- 내가 깨달은 것은 오직 이것이라 곧 하나님은 사람을 (　　)하게 지으셨으나 사람이 많은 (　　)들을 낸 것이니라(전 7:29)

 사람들은 오랫동안 악의 존재와 그 의미에 대해 관하여 고민해 왔습니다. 이에 관한 주요 견해들로 첫 번째, 어떤 사람들은 선과 악이 대결하고 있다고 말했습니다. 악을 실체로 보고, 선과 대등하게 대립하는 힘으로서 이해했습니다. 두 번째, 어떤 사람들은 선의 결핍이 곧 악이라고 이해했습니다. 악을 선의 부재 또는 결핍의 상태라고 해석한 것입니다. 세 번째, 어떤 사람들은 악을 선과 대조적인 도구라고 생각했습니다. 악의 존재가 선의 가치를 더욱 드러내고, 악이 있어야 사람은 단단해진다고 생각한 것입니다. 그런데 웨스트민스터 총회 총대들은 악을 다른 관점에서 이해했습니다. 그들은 악을 언약의 틀 안에서 이해했습니다. 구속 언약, 생명 (행위) 언약(제12문답 참고), 은혜 언약(제20문답 참고)의 구조입니다. 악은 어디까지나 하나님의 영광스러운 뜻을 이루는 수단으로서 작정되었다고 본 것입니다. 그렇다고 하나님께서 악을 직접 만드시거나 인간이 악을 행하도록 강요하셨다는 의미가 아닙니다. 오히려 하나님은 언약을 통해 악을 허용하셨고, 인간은 자유의지로 죄를 선택했습니다. 즉, 하나님은 악까지도 자신의 더 크고 오묘하신 계획 안에 포함하신 것입니다. 하나님의 작정 가운데 영광스러운 뜻을 이루시는 수단으로 본 것입니다. 그렇다고 하나님께서 악을 인간에게 강요하신 것은 아닙니다. 이러한 이해는 하나님의 주권과 인간의 책임을 동시에 인정하며, 악의 존재를 언약의 구조 안에서 이해하는 안목을 길러 줍니다.

그렇다면 하나님의 작정은 어떤 방식으로 이루어질까요? 여덟 번째 질문과 답을 함께 읽어 봅시다.

제8문 하나님은 자신의 작정을 어떻게 이루십니까?

How does God execute his decrees?

답 하나님은 자신의 작정을 창조와 섭리의 사역으로 이루십니다.[1]

God executes his decrees in the works of creation and providence.

[1] 계 4:11; 엡 1:11; 단 4:35; 욥 23:14

핵심 개념 정리 5

작정의 실행은 창조와 섭리

1. 하나님의 작정은 어떻게 세상에 나타납니까?

※ 섭리(攝理:다스릴 섭, 다스릴 리): 세상과 우주 만물을 다스리는 하나님의 뜻

- 우리 주 하나님이여 영광과 존귀와 권능을 받으시는 것이 합당하오니 주께서 만물을 지으신지라 만물이 (   ) (   )대로 있었고 또 지으심을 받았나이다 하더라 (계 4:11)

- 너희는 눈을 높이 들어 누가 이 모든 것을 (   )하였나 보라 주께서는 수효대로 만상을 이끌어 내시고 그들의 모든 이름을 부르시나니 그의 권세가 크고 그의 능력이 강하므로 하나도 빠짐이 없느니라 (사 40:26)

- 땅의 모든 사람들을 없는 것 같이 여기시며 하늘의 군대에게든지 땅의 사람에게든지 그는 (   ) (   )대로 행하시나니 그의 손을 금하든지 혹시 이르기를 네가 무엇을 하느냐고 할 자가 아무도 없도다 (단 4:35)

설명 창조는 하나님의 작정, 즉 그분의 영원한 계획의 핵심적인 부분입니다. 이는 우연이나 무의미한 사건이 아닌, 철저히 계획되고 정밀하게 실행된 하나님의 의도적 행위입니다. 또한 하나님은 창조하신 모든 것을 지속적으로 다스리고 관여하시는데, 우리는 이를 '섭리'라고 부릅니다. 이 섭리를 통해 하나님은 세상의 모든 일에 개입하시며 통치하십니다. 특별히 주목할 점은, 하나님께서 이 세상의 다양한 사건들을 통해 자신의 일하심을 우리에게 드러내신다는 것입니다. 믿음의 자녀로 부르심을 받은 우리는 이러한 하나님의 작정이 어떻게 실현되어 가는지를 더욱 깊이 이해하며 경험할 수 있는 특권을 가졌습니다. 따라서, 우리는 창조와 섭리의 경이로운 신비를 통해 시간과 역사 속에서 일하시는 놀라운 하나님을 더욱 영화롭게 하고, 그분 안에서 참된 기쁨을 누릴 수 있습니다. 이것이 바로 우리 존재의 궁극적 목적이며, 가장 깊은 만족을 얻을 수 있는 길입니다.

적용과 질문

1. 여러분은 혹시 다음과 같은 말을 한 적이 있나요? 이런 말은 어떤 의미를 담고서 하는 것일까요? 어떤 방식으로 바꾸는 것이 좋을까요?

> "오늘, TV에서 사고 난 거 봤어? 내가 그 옆을 지나고 있었거든! 만약 내가 그 일을 당했다면, 너무나 끔찍했을 거야. 아무 일도 없어서 정말 다행이야."
>
> "너 정말 운이 좋았네, 진짜 재수 좋다. 나도 TV에서 그 사건 봤는데, 불행한 사람이 참 많은 것 같아."

2. 이 세상을 사는 동안 힘들고 어려운 일이 있을 수 있습니다. 때로는 넘어질 때도 있습니다. 하지만 하나님의 작정을 알고 믿을 때, 그것은 우리에게 어떤 위로가 되나요?

마무리

여러분, 우리는 하나님의 작정이라고 하는 오묘하고 신비한 내용을 함께 공부했습니다. 하나님의 작정에 관한 이해는 우리 삶에 근본적인 변화를 불러올 수 있는 강력한 진리입니다. 이는 단순히 모든 것이 정해져 있다는 숙명론적 태도와 모든 일을 우연으로 맡겨 버리려고 하는 운명론적인 자세를 취하라는 뜻이 아닙니다. 우리 삶의 모든 순간이 하나님의 영광을 위한 목적을 가지고 있다는 것을 의미합니다.

이러한 관점은 우리에게 깊은 위로와 큰 책임을 줍니다. 인생의 모든 순간이 하나님의 계획 안에서 그분의 뜻에 따라 움직이므로, 우리는 큰 안정감을 느낄 수 있습니다. 우리가 겪는 어려움과 고난도 하나님의 작정 안에 포함된 일이기에 두려워할 이유가 없습니다. 동시에 우리는 하나님께서 나타내 보이신 뜻에 적극적으로 참여하여 하나님을 영화롭게 하는 삶을 살아가도록 해야 합니다.

이렇듯, 현대 사회의 불안과 무의미함 속에서 방황하는 많은 사람에게 하나님의 작정에 관한 이해는 참된 평안과 목적을 제공합니다. 이를 통해 우리는 더욱 의미 있고 풍성한 삶을 살 수 있게 됩니다.

다음 과에서는 하나님의 작정이 실행되는 창조와 섭리 중에서 '창조'에 관해 더 자세히 알아보겠습니다. 그때까지 우리의 삶 속에서 하나님의 영광을 위한 계획을 발견하고 그 뜻에 따라 실천하는 시간을 가져 봅시다.

하나님의 작정, 우리 삶의 따뜻한 빛

하나님의 작정 교리는 딱딱한 이론이 아닙니다. 우리 삶을 비추는 따뜻한 빛과 같습니다. 이 진리를 마음에 품으면, 우리의 일상은 새로운 의미와 깊은 평안으로 채워집니다.

1. **진정한 겸손을 배웁니다.** 내 삶의 모든 순간이 하나님의 큰 계획 안에 있음을 믿을 때, 우리는 교만한 마음을 내려놓을 수 있습니다. 성공과 실패 모두 그분의 선한 인도하심 가운데 있음을 알기에 평안 속에서 겸손해집니다.

2. **고난 속에서 위로를 얻습니다.** 예상치 못한 고난이 찾아올 때, 이 모든 상황마저 하나님의 손안에 있다는 믿음은 우리에게 큰 위로를 줍니다. 내 고통이 결코 무의미한 우연이 아니며, 결국 하나님께서 모든 것을 합하여 선을 이루실 것이라 신뢰하게 됩니다.

3. **흔들리지 않는 확신을 갖습니다.** 우리의 구원은 나의 연약한 노력이나 순간의 감정이 아닌, 영원 전부터 우리를 사랑하신 하나님의 신실한 약속에 근거합니다. 이 분명한 사실은 우리가 세상 속에서 담대하게 살아갈 힘을 줍니다.

4. **내 삶의 소중한 가치를 발견합니다.** 우리 모두는 우연히 태어난 존재가 아닙니다. 하나님의 특별한 목적과 계획 아래 지음받은 소중한 사람입니다. 이 사실은 하루하루를 더욱 의미 있고 가치 있게 살아갈 분명한 동기를 부여합니다.

5. **기쁨으로 책임 있는 삶을 삽니다.** '모든 것이 정해져 있으니 노력할 필요가 없다'라는 생각은 큰 오해입니다. 하나님은 우리의 기도와 노력을 통해 그분의 뜻을 이루어 가십니다. 그렇기에 우리는 게으름에 빠지는 대신, 기쁨과 책임감을 가지고 매 순간 최선을 다하게 됩니다.

6. **모든 일에 감사하게 됩니다.** 하나님은 좋은 일을 통해서만 일하시는 것이 아니라, 어려운 일을 통해서도 그분의 뜻을 이루십니다. 이 사실을 신뢰하면 우리의 삶은 불평 대신 감사로 채워집니다. 일상의 모든 순간에서 하나님의 은혜를 발견하는 기쁨을 누릴 수 있습니다.

7. **소망 가운데 인내합니다.** 때로는 하나님의 뜻을 전부 이해할 수 없을 때가 있습니다. 하지만 모든 것을 주관하시는 그분의 완전한 계획을 믿기에, 우리는 인내할 수 있습니다. 이 믿음은 어떤 상황에서도 흔들리지 않는 든든한 소망이 되어 줍니다.

결론적으로, '하나님의 작정(계획)'은 우리를 억누르는 것이 아니라 오히려 우리를 자유롭게 합니다. 이 진리는 우리로 하여금 하나님을 더욱 깊이 신뢰하게 하고, 삶의 어떤 순간에도 평안과 감사를 누리며 소망 가운데 살아가도록 이끄는 따뜻한 빛입니다.

일반적인 창조
(제9문답)

복습하기

우리는 지난 과에서 하나님께서 앞으로 일어날 모든 일들을 자기 뜻에 따라 영원한 영광을 목적으로 계획하신 '작정'에 관하여 배웠습니다. 우리는 모두 하나님의 작정 안에 있기에 삶의 의미가 분명할뿐더러 목적을 가지고서 살아갑니다. 그동안 우리의 모든 경험과 선택이 하나님의 영광을 위한 것이었는지 돌아보았나요? 내 삶의 목적이 하나님을 영화롭게 함인지 깊이 묵상해 보셨나요? 이제 하나님의 작정을 떠올리며 지난 과에서 배운 문답의 빈칸을 함께 채워 봅시다.

제7문 **하나님의 작정이란 무엇입니까?**

What are the decrees of God?

답 **하나님의 작정이란 하나님의 영원한 (　　　)으로서, 그분의 (　　)의 의논에 따라 자기 (　　　)을 위하여 일어나는 모든 일들을 미리 (　　) 하신 것입니다.** [1]

The decrees of God are, his eternal purpose, according to the counsel of his will, whereby, for his own glory, he hath fore-ordained whatsoever comes to pass.

[1] 엡 1:4, 11; 롬 9:22–23

제8문 하나님은 자신의 작정을 어떻게 이루십니까?

How does God execute his decrees?

답 하나님은 자신의 작정을 (   )와 (   )의 사역으로 이루십니다. [1]

God executes his decrees in the works of creation and providence.

[1]계 4:11; 엡 1:11; 단 4:35; 욥 23:14

들어가기

오늘은 하나님께서 자기 뜻의 의논에 따른 작정을 어떻게 실제로 펼쳐 나가시는지 살펴보려고 합니다.

하나님의 영원한 작정이 시간과 공간 속에서 펼쳐지기 시작한 순간이 바로 창조입니다. 창조는 하나님의 계획이 실현되는 첫 단계이자, 우리 존재의 시작점입니다. 우리는 창조를 통해서 하나님의 놀라운 지혜와 능력을 더욱 깊이 이해하게 됩니다. 세상에 존재하는 하나하나가 하나님의 존재와 성품을 드러내는 아름다운 창조임을 깨닫게 됩니다. 그리고 우리 자신이 존재하는 이유와 우리 삶의 목적에 대해서도 새로운 깨달음을 얻게 됩니다.

그러면, 이 흥미진진한 창조의 이야기 속으로 함께 빠져들어 볼까요? 문답을 크게 또박또박 읽어 봅시다.

묻고 답하기

 (하나님의) 창조 사역이란 무엇입니까?

What is the work of creation?

답 (하나님의) 창조 사역이란 하나님께서 자신의 능력의 말씀으로 모든 것을 무로부터 만드신 것인데,① 엿새 동안 만드셨고,② 모든 것이 심히 좋았습니다.③

The work of creation is, God's making all things of nothing, by the word of his power, in the space of six days, and all very good.

① 히 11:3; 시 33:6, 9; 요 1:3; 창 1:1–31 ② 계 4:11; 골 1:16–17 ③ 창 1:4, 10, 12; 전 7:8

---

1. 창조에 관한 질문입니다. 다음의 질문에 답을 해 봅시다.

> ① 하나님께서 처음으로 만드신 것은 무엇일까요? 왜 그것을 처음 만들었을까요?
> ② 하나님께서 만드신 세상에서 가장 아름다운 것은 무엇이라고 생각하나요?
> ③ 만일 내가 하나님이라면 무엇을 가장 먼저 만들고 싶나요? 그리고 무엇을 가장 특별하게 만들고 싶은가요?
> ④ 하나님께서 세상을 창조하신 목적이 무엇이라고 생각하나요?
> ⑤ 하나님께서 창조를 마치신 후에 가장 먼저 하신 일이 무엇인가요?

핵심 개념 정리 1

능력의 말씀으로 창조

1. 하나님은 세상의 모든 것을 능력의 말씀으로 창조하셨습니다. 말씀으로 명령하시자 그대로 되었습니다. 하나님은 창조하실 때, 말씀 이외에 다른 도구가 필요하셨나요?

설명⁺ 역사적으로 인류는 창조에 관해 많은 의문을 가져왔습니다. 성경의 창조 기사에 대해서도 의구심을 제기하는 이들이 있습니다. 과학의 발전으로 우주와 생명의 기원을 설명하려는 노력이 계속되고 있지만, 창조의 본질을 완전히 파악하는 것은 여전히 어려운 과제로 남아 있습니다. 창조에 관하여 완전한 이해가 어려운 이유는 그것이 하나님의 자기 계시를 통해서만 알려지고, 믿음을 통해서만 온전히 받아들일 수 있기 때문입니다. 우리 그리스도인들은 하나님께서 세상의 모든 것을 자기 능력의 말씀으로 창조하셨다고 믿습니다.

핵심 개념 정리 2

모든 것을 무(無)에서 창조(*ex nihilo*)

1. 다음의 이야기는 가상으로 꾸며 본 이야기입니다.

한 청년이 목사님을 찾아와 자신 있게 말했습니다. "요즘 기술이 얼마나 발전했는지 아세요? 이제 사람도 하나님처럼 창조를 할 수 있어요!" 목사님은 미소를 지으며 청년을 교회 뒷마당으로 안내했습니다. 그곳에서 목사님은 땅에서 흙을 한 움큼 집어 들며 말씀하셨습니다. "하나님께서는 이 흙으로 인간과 모든 동식물을 창조하셨지요. 자, 그럼 형제님도 한번 창조해 보시겠어요?" 청년은 자신만만하게 가방에서 도구를 꺼내 들고 흙을 집으려 했습니다. 그때 목사님이 말씀하셨습니다. "잠깐만요. 그 흙은 사용하지 말아야겠네요. 그건 이미 하나님이 창조하신 것이니까요. 완전히 새로운, 당신의 것으로 창조해 보세요." 청년은 할 말을 잃고 아무것도 할 수 없었습니다.

이 이야기는 창조의 본질과 하나님의 능력을 잘 설명하는 우화입니다. 오직 하나님만이 세상의 모든 것을 아무것도 없는 무(無)에서 창조하십니다. 다음의 말씀을 읽어 봅시다.

설명⁺ 하늘이 하나님의 말씀으로 지어졌다는 것은, 끝을 알 수 없는 우주 만물이 무(無)에서부터 하나님의 능력으로 창조되었음을 말해 줍니다. 하나님은 어떤 한계나 제약 없이 모든 것을 창조하실 수 있는 능력이 있으시기 때문입니다.

핵심 개념 정리 3

엿새 동안 만드셨고: 6일 창조

1. 창세기 1장을 펴서, 하나님께서 창조하신 과정을 자세히 살펴봅시다. 날짜별로 하나님의 창조물을 찾아 적어 봅시다.

첫째 날		넷째 날	
둘째 날		다섯째 날	
셋째 날		여섯째 날	

 칼뱅은 『기독교강요』 1권 5장 1절에서 "세상은 하나님의 영광의 극장이다. 우리가 눈을 어디에 돌리든, 우리는 어디에서나 하나님의 영광의 광채를 볼 수 있다"라고 했습니다. 하나님은 단번에 세상을 완벽하게 창조하실 수 있었지만, 6일 동안 창조하심으로써 그분의 성품을 보여 주셨습니다. 각 날의 창조를 통해 모든 피조물의 중요성과 하나님의 영광의 광채를 드러내는 목적을 우리로 하여금 발견하게 하셨습니다. 특별히 이 모든 과정이 궁극적으로 인간을 위한 것임을 알 수 있습니다.

핵심 개념 정리 4

모든 것이 심히 좋았다

1. 하나님께서 6일 동안 창조하신 내용을 기록한 창세기 1장 3, 6, 9, 11, 14, 20, 24절은 공통적으로 "하나님이 이르시되"라는 구절로 시작합니다. 또 하나님께서 말씀하신 것들은 "그대로 되니라"라고 기록되어 있습니다. 그런 다음, 항상 덧붙여지는 말은 무엇입니까?

첫째 날	빛과 어둠		넷째 날	해, 달, 별	
둘째 날	궁창과 바다		다섯째 날	물고기, 새	
셋째 날	바다와 땅		여섯째 날	짐승, 사람	

- 하늘이 하나님의 (   )을 선포하고 궁창이 그의 손으로 하신 (   )을 나타내는도다 (시 19:1)

- 태초에 (   )이 계시니라 이 (   )이 하나님과 함께 계셨으니 이 (   )은 곧 (   )이시니라 그가 태초에 하나님과 함께 계셨고 만물이 그로 말미암아 지은 바 되었으니 지은 것이 하나도 그가 없이는 된 것이 없느니라 (요 1:1-3)

 창조는 하나님의 성품인 선하심과 사랑을 충만하게 드러냅니다. 하나님께서 각 피조물을 창조하신 다음 보시기에 "좋았더라"라고 하신 말씀은 "선하다"라는 뜻입니다. 이는 선하신 하나님께서 창조물에 그의 성품을 담으셨다는 걸 의미합니다. 사도 요한은 이 사실을 세상에서 가장 아름다우시고, 가장 선하시며, 가장 위대하신 그리스도께서 만물의 창조주로서 함께하신다는 것으로 설명합니다. 우리 예수님이 창조주이시므로, 모든 것이 그분의 사랑과 선하심 아래 돌보심을 받는다는 뜻입니다.

적용과 질문

1. "모든 것이 매우 좋았다"라는 창조 이야기의 결론이 현재의 세상 모습과 어떻게 조화될 수 있을까요? 이 관점이 우리가 세상을 바라보는 방식을 어떻게 변화시킬 수 있을까요?

2. 이번 한 주 매일 아침(세수할 때, 물을 한 움큼 들고서), 하나님의 창조물 중 하나를 선택하여 그것의 아름다움과 가치에 대해 묵상해 보세요. 그리고 그 창조물을 통해 하나님의 성품이 어떻게 드러나는지 생각해 보세요.

마무리

여러분, 창조 교리는 단순히 세상의 시작에 관한 이야기가 아닙니다. 진화론과 창조론의 싸움도 아닙니다. 창조에 관한 말씀은 하나님의 계시를 믿음으로써 온전히 받아들일 수 있습니다. 이 믿음은 과학적 탐구와 대립하려는 것이 아니라, 오히려 과학이 설명하지 못하는 창조의 근본적인 '왜'에 대한 답을 제공합니다. 창조에 대한 믿음은 우리에게 피조물의 존재 의미와 목적을 부여하며, 세상을 바라보는 총체적인 관점을 제시합니다.

우리는 창조에 관한 과학적 연구를 존중해야 하지만, 동시에 하나님의 창조 행위가 우리의 이해를 초월하는 신비로운 면이 있음을 겸손히 인정해야 합니다. 그리고 우리 주변의 자연을 보면서 하나님의 창조물로서 고유한 가치와 목적이 있음을 깨달아야 합니다. 현대 사회의 큰 문제로 등장한 생명 경시, 환경 파괴, 이상 기후, 존재의 의미 상실 등은 이 근본적인 진리를 잊은 데서 비롯된 것일 수 있습니다. 그러므로 우리는 하나님이 보시기에 아름답게 지으신 세상을 돌보고 가꾸어야 할 책임이 있습니다.

다음 과에서는 하나님의 창조물 중에서 가장 특별하고, 독특한 사람을 어떻게 창조하셨는지에 관하여 자세히 알아보겠습니다. 그때까지 우리 주변의 창조 세계를 새로운 눈으로 바라보고, 하나님의 놀라운 창조의 일에 관하여 더 깊이 생각해 보는 시간을 가져 봅시다.

하나님의 창조, 내 삶의 의미를 설명하는 첫 페이지

'하나님의 창조'를 믿는다는 것은 세상의 시작에 대한 지식을 얻는 것 그 이상입니다. 온 우주와 '나'를 만드신 분이 하나님이라는 믿음은 우리 삶을 새로운 시선으로 보게 합니다. 이 진리는 '나는 누구이며, 왜 사는가?'라는 우리 삶의 가장 중요한 질문에 대한 따뜻한 해답이 됩니다.

1. **"너는 세상에 하나뿐인 나의 걸작품이야!"** 세상이 말하는 능력, 외모, 성공과 관계없이 우리는 그 자체로 존귀한 존재입니다. 하나님의 형상대로 지음받았기 때문입니다. 나는 하나님의 특별한 사랑과 계획 안에서 태어난, 세상에 단 하나뿐인 '걸작품'입니다. 이 믿음은 우리에게 건강한 자존감을 선물하고, 다른 사람의 소중함도 함께 깨닫게 합니다.

2. **삶의 분명한 목적지를 찾았어요.** 하나님께서 우리를 만드신 데에는 아름다운 목적이 있습니다. 그분의 영광을 드러내고, 사랑의 관계를 맺으며, 이 땅을 돌보는 기쁨에 참여하도록 우리를 부르신 것입니다. 창조 신앙은 방황하는 우리 삶에 '하나님'이라는 분명한 방향과 목적지를 알려 주는 내비게이션과 같습니다.

3. **아름다운 세상을 돌보는 청지기의 기쁨.** 하나님은 이 세상을 만드시고 "보시기에 참 좋았다"라고 하셨습니다. 우리는 이 세상을 마음대로 쓰는 주인이 아니라, 사랑으로 돌보고 가꾸는 '관리인(청지기)'으로 초대받았습니다. 자연을 아끼고 보살피는 것은 우리에게 맡겨진 거룩하고 즐거운 사명입니다.

4. **나의 평범한 하루가 가치 있어져요.** 지금도 일하시는 창조주 하나님을 닮아, 우리에게도 무언가를 만들고 가꾸는 능력이 주어졌습니다. 그래서 우리의 평범한 일상과 수고는 전혀 헛되지 않습니다. 학생의 공부, 직장인의 업무, 주부의 살림 등 각자의 일이 모두 하나님을 기쁘시게 하는 가치 있는 창조 활동이 될 수 있습니다.

5. **온 세상이 하나님의 편지가 됩니다.** 밤하늘의 별, 이름 모를 들꽃, 거대한 산과 바다는 모두 하나님의 지혜와 아름다움을 보여 주는 그분의 편지입니다. 자연 속에서 우리는 창조주의 숨결을 느끼고, 그분을 향한 감탄과 찬양이 터져 나오는 것을 경험합니다.

6. **절망 속에서도 희망을 이야기해요.** 창조 신앙은 지금 세상의 깨어짐과 슬픔이 하나님의 본래 계획이 아니었음을 알려 줍니다. 동시에, 하나님께서 이 모든 것을 회복시켜 '새 하늘과 새 땅'을 완성하실 것이라는 최종적인 희망을 품게 합니다. 지금의 아픔이 끝이 아니라는 사실이 우리가 절망하지 않을 이유가 됩니다.

7. **감사를 배우게 돼요.** 광활한 우주 앞에서 우리는 자신의 작은 모습을, 생명의 신비 앞에서 창조주의 위대하심을 깨닫습니다. 나에게 생명을 주시고 이 모든 것을 누리게 하신 하나님 앞에서 우리는 자연스레 겸손해지며, 마음 깊은 곳에서부터 진정한 감사가 우러나옵니다.

결론적으로, 하나님의 창조를 믿는다는 것은 그분의 거대한 사랑 이야기 안에서 '나의 자리'를 발견하는 것입니다. 우리는 존귀한 존재로, 분명한 목적을 가지고, 이 아름다운 세상을 감사와 책임감으로 살아가도록 부름받았습니다. 이 진리가 오늘 우리의 삶을 더욱 풍성하게 하기를 바랍니다.

특별한 창조
(제10문답)

복습하기

우리는 지난 과에서 하나님의 작정이 실행되는 첫 번째 단계인 세상의 창조에 관하여 배웠습니다. 공부를 마치고 나서, 세상에 있는 것들을 바라보는 여러분의 마음이 달라졌나요? 하나님께서 능력의 말씀으로 무(無)로부터 세상의 모든 것을 창조하셨다는 사실이 놀랍지 않나요? 그리고 창조된 모든 것들 하나하나에 우리를 향한 하나님의 목적이 있다는 사실이 더욱 놀랍지 않나요?

이렇게 선하신 하나님께 감사하는 마음으로, 지난 과에서 배운 제9문답의 빈칸을 함께 채워 봅시다.

제9문 (하나님의) 창조 사역이란 무엇입니까?

What is the work of creation?

답 (하나님의) 창조 사역이란 하나님께서 자신의 능력의 (　　)으로 모든 것을 (　)로부터 만드신 것인데,① (　　) 동안 만드셨고,② 모든 것이 심히 (　)았습니다.③

The work of creation is, God's making all things of nothing, by the word of his power, in the space of six days, and all very good.

① 히 11:3; 시 33:6, 9; 요 1:3; 창 1:1–31; ② 계 4:11; 골 1:16–17 ③ 창 1:4, 10, 12; 전 7:8

들어가기

　여러분, 오늘 우리는 누구나 고민하고 질문할 법한 내용을 공부하려고 합니다. "우리는 누구인가?", "우리는 왜 여기에 있는가?", "나는 왜 이렇게 태어났는가?" 이 질문들은 때로 우리를 굉장히 혼란스럽게 만듭니다. 특히 자기 정체성의 혼란을 겪는 사람이거나 남녀 간의 갈등과 차별을 경험한 사람에게는 더욱 심각하게 다가옵니다.

　웨스트민스터 소요리문답 제10문답은 이 심오한 질문들에 대한 놀라운 답변을 제시합니다. 우리의 정체성, 가치, 이 세상에서의 역할에 관한 혁명적인 선언입니다.

　'하나님의 형상'이라는 개념을 들어보셨나요? 이것이 무엇을 의미하는지, 그리고 이것이 우리의 일상에 어떤 영향을 미치는지 생각해 보신 적 있으신가요? 하나님의 형상이 사람을 가장 가치 있고 존귀한 존재로 만들어 줍니다.

　오늘 우리는 함께 이 놀라운 진리를 탐구하며, 이것이 우리의 자아상, 타인과의 관계, 그리고 이 세상을 대하는 방식을 어떻게 변화시킬 수 있는지 살펴볼 것입니다. 그러면 이제 하나님께서 우리를 어떻게 창조하셨는지, 그리고 그것이 우리에게 어떤 의미인지 함께 알아 보도록 할까요? 문답을 천천히 생각하면서 읽어 보도록 합시다.

묻고 답하기

제 10 문 **하나님께서는 사람을 어떻게 창조하셨습니까?**

How did God create man?

답 **하나님께서는 사람을 남자와 여자로 창조하시되, 하나님의 형상을 따라 지식과 의와 거룩함이 있게 하시고, 모든 피조물을 주관할 통치권을 부여하심으로 창조하셨습니다.**[1]

God created man male and female, after his own image,
in knowledge, righteousness, and holiness, with dominion over
the creatures.

[1] 창 1:26–28; 골 3:10; 엡 4:24

1. 다음의 퀴즈를 풀어 봅시다.

> ① 하나님께서 처음 만드신 사람은 누구일까요?
> ② 하나님께서 사람에게 주신 가장 큰 선물은 무엇일까요?
> ③ 하나님께서 사람을 어떤 모습으로 지으셨을까요?
> ④ 창조 때의 모습과 지금의 모습이 달라진 동물은 무엇일까요?

핵심 개념 정리 1

남자와 여자를 창조

1. 하나님께서 사람을 창조하실 때, 남자만 아니라 여자도 창조하신 이유는 무엇입니까?

설명⁺ 하나님은 남자와 여자를 동등하게 창조하셔서 서로 사랑하고 하나가 되어 가정을 이루며, 같은 방향을 바라보면서 서로가 도움을 주고받도록 하셨습니다. 따라서 각자 성별의 고유한 가치와 역할이 있음을 알 수 있습니다. 이는 성부, 성자, 성령 삼위 하나님께서 각자의 독특성(고유성)을 갖지만 서로 사랑하여 연합함으로써 동등한 관계를 맺고 계신 것을 반영합니다. 그러므로 사람은 혼자가 아닌 남자와 여자가 한 몸으로 연합함으로써 서로를 위해 봉사하고, 주어진 사명을 함께 수행하며 살아가야 합니다.

2. 현대 사회는 성 역할과 남녀 간의 젠더 갈등이 심합니다. 때로는 차별과 역차별이 끊임없이 이어지기도 합니다. 성경에서 말하는 남녀의 동등함과 고유성(각 성이 가진 자기만의 독특성, 고유한 성질)을 이야기해 봅시다.

설명⁺ 성경은 인류 창조에 있어 남성과 여성의 동등한 중요성을 분명히 합니다. 창세기 1장 27절은 남자와 여자 모두가 하나님의 형상으로 창조되었음을 강조하며, 이는 사람의 본질적 가치와 존엄성이 동등함을 의미합니다. 더 나아가, 갈라디아서 3장 28절은 구원에 있어 성별의 차이가 없음을 선언합니다. 남녀 관계는 지배와 착취가 아닌 상호 보완과 협력의 관계입니다. 이는 창세기 2장 18절의 "돕는 배필" 개념에서 잘 드러납니다. 이 관계는 서로의 강점을 인정하고 약점을 보완하는 조화로운 파트너십을 의미합니다. 동시에, 성경은 동등함 가운데서 역할의 고유성을 인정합니다. 에베소서 5장 22-33절, 골로새서 3장 18-19절, 베드로전서 3장 1-7절, 디도서 2장 4-5절 등의 구절은 결혼 관계에서 남편과 아내가 각각 특별한 역할을 가지고 있음을 설명합니다. 이는 차별이 아닌, 상호 존중과 사랑에 기반한 책임의 분담을 의미합니다.

핵심 개념 정리 2

하나님의 형상을 따라 세 가지가 있게 하심

1. '하나님의 형상'이란 사람의 머리, 팔, 다리와 같이 눈에 보이는 외모(겉모습)를 말하는 것이

아닙니다. 그렇다면 하나님의 형상이란 무엇을 말하는 것일까요?

□□, □, □□□

설명⁺ 하나님의 형상인 지식(knowledge)은 무언가를 이해하고 아는 능력이며, 의(righteousness)는 참되고 바른 것을 행하는 성품이고, 거룩함(holiness)은 죄악과 구별된 깨끗한 상태를 말합니다. 인간만이 하나님의 형상을 가졌습니다. 따라서 인간만이 다른 생물과 달리 하나님께서 주신 삶을 더욱 풍성히 살아갈 수 있습니다. 우리는 지식을 통해 하나님을 바르게 알 수 있고, 의를 통해 하나님께 바르게 순종할 수 있으며, 거룩함을 통해 하나님과 올바른 관계를 맺을 수 있습니다.

▶▶ **하나님 형상에 관한 다양한 의견**

① 관계적 견해 : 하나님과의 관계나 다른 사람들과의 관계를 하나님의 형상으로 해석합니다.

② 기능적 견해 : 하나님의 창조 세계를 다스리는 청지기적 역할을 하나님의 형상으로 해석합니다.

③ 윤리적 견해 : 하나님의 도덕적 속성(사랑, 인자, 자비, 거룩)을 반영하는 능력을 하나님의 형상으로 해석합니다.

2. 하나님께서 우리를 자기 형상대로 창조하신 근본적인 목적은 우리를 통해 그분의 영광을 드러내시기 위함입니다. 이는 단순한 외형적 유사성이 아닌, 우리의 존재 자체와 삶의 방식을 통해 하나님의 성품을 반영하라는 소명입니다. 그렇다면, 우리가 하나님 형상의 영광을 드러내며 살아가기 위해서는 어떤 노력이 필요할까요?

- 그중에 이 세상의 신이 믿지 아니하는 자들의 마음을 혼미하게 하여 그리스도의 (   )의 (   )의 광채가 비치지 못하게 함이니 그리스도는 하나님의 (   )이니라 (고후 4:4)

- 우리가 다 수건을 벗은 얼굴로 거울을 보는 것 같이 주의 (   )을 보매 그와 같은 (   )으로 (   )하여 영광에서 영광에 이르니 곧 주의 영으로 말미암음이니라 (고후 3:18)

설명⁺ 하나님의 영광은 복음을 통해 가장 명확하고 강력하게 드러납니다. 특히 그리스도 안에서 우리는 하나님의 영광이 찬란하게 빛나는 것을 볼 수 있습니다. 따라서 우리가 하나님 형상의 영광을 완전히 드러내며 살아가기 위해서는 예수 그리스도와의 깊은 연합이 필수적입니다. 성령님은 이러한 연합을 위해 우리를 예수님께로 이끄시고, 그분과의 교제를 깊게 하시며, 우리의 삶 속에서 예수님의 성품을 나타내도록 도우십니다. 결국, 하나님을 영화롭게 하는 삶은 예수 그리스도를 깊이 사랑하고, 그분과 친밀히 교제하며, 성령의 인도하심에 순종하는 삶입니다. 이를 통해 우리는 점점 더 그리스도의 형상으로 변화되어 가며, 궁극적으로 하나님의 영광을 이 세상에 반사하는 거울이 될 수 있습니다.

▶▶ 단어 설명

지정의(知情意)

인간의 '지성(知性)', '감정(感情)', '의지'(意志)'를 아울러 '지정의'라고 합니다. 지정의는 한마디로 그 사람 자체, 곧 '전인격(全人格)'을 의미합니다. 이를 자세히 설명하면 다음과 같습니다. 지(知)는 지성 또는 인지적 능력으로서, 이해하고 사고하며 추론하는 능력을 말합니다. 이는 지식을 습득하고 처리하는 정신적 과정을 포함합니다. 논리적 사고, 문제 해결 능력, 판단력 등이 여기에 해당합니다. 정(情)은 감정 또는 정서로서, 느끼고 경험하는 정서적 반응을 의미합니다. 기쁨, 슬픔, 분노, 공포 등의 감정을 포함합니다. 타인에 대한 공감 능력도 이 영역에 속합니다. 마지막으로 의(意)는 의지 또는 의도로서, 결정을 내리고 행동하려는 것을 의미합니다. 목표를 설정하고 그것을 달성하기 위해 노력하는 능력이며, 자기 통제, 동기 부여, 인내 등이 이 영역에 해당합니다. 이 세 요소는 서로 밀접하게 연관되어 있기에 균형 잡힌 발달이 중요합니다. 따라서 이 지정의가 하나님의 형상을 반영하는 중요한 요소로 여겨지며, 이로써 우리는 인간이 하나님을 알고, 사랑하며, 섬길 수 있는 능력을 갖췄다고 봅니다.

하나님의 형상으로 지으신 이유는
모든 피조물에 대한 통치권을 부여하기 위함

1. 하나님께서 인간을 특별히 하나님의 형상으로 지으신 이유는 무엇입니까?

> ● 하나님이 자기 형상 곧 하나님의 형상대로 사람을 창조하시되 남자와 여자를 창조하시고 하나님이 그들에게 (　　　)을 주시며 하나님이 그들에게 이르시되 (　　　)하고 (　　　) 하여 땅에 (　　　)하라, 땅을 (　　　)하라, 바다의 물고기와 하늘의 새와 땅에 움직이는 모든 생물을 (　　　　) 하시니라 (창 1:27-28)

설명[+] 하나님께서 사람에게 피조물을 다스리도록 하신 것은 피조물을 마음대로 부리는 주인 노릇을 하라는 것이 아닙니다. 오히려 이는 하나님께서 창조하신 온 우주를 잘 관리하고 보살피는 청지기와 같은 역할을 하라는 의미입니다. '청지기'란 주인이 맡겨 준 것을 주인의 뜻에 따라 경영하고 지키며 다스리는 사람을 말합니다.

적용과 질문

1. 남자와 여자가 동등하게 하나님의 형상대로 창조되었다는 사실이 현대 사회의 성차별 문제를 어떻게 해결할 수 있을까요? 구체적인 예를 들어 설명해 보세요.

2. 우리는 모두 하나님의 형상으로서 하나님의 영광을 드러내며 살아야 합니다. 그중에서 특별히 하나님께서 주신 피조물 통치권을 올바르게 사용하는 구체적인 행동 하나를 선택하여 실천하는 다짐을 나누어 봅시다. (ex. 음식물 쓰레기 줄이기, 에너지 절약, 욕망 줄이기, 그리스도 묵상하기)

마무리

　여러분, 우리는 오늘 하나님의 형상으로 지음받은 독특한 존재의 근본적인 의미와 목적에 관하여 깊이 있게 공부했습니다. 하나님께서 우리를 그분의 형상대로 창조하셨다는 사실은 우리에게 엄청난 가치와 동시에 큰 책임을 부여합니다. 이제 우리에게 주어진 도전은 '이 진리를 우리의 일상에서 어떻게 살아 낼 것인가?'입니다. 하나님의 형상을 닮은 자로서, 우리는 매 순간 우리의 생각, 말, 행동을 통해 하나님의 성품, 하나님의 영광을 드러내야 합니다. 이는 우리의 관계, 직장, 학업 등 모든 결정에 영향을 미칩니다.

　현대 사회의 큰 문제인 성 정체성의 혼란 앞에서, 남녀의 동등성과 고유성을 인정하는 것은 매우 중요합니다. 우리는 서로를 존중하고, 각자의 고유한 재능과 역할을 인정하며, 함께 하나님의 영광을 위해 협력해야 합니다. 또한 환경 파괴와 생태계 위기가 고조되는 현실 앞에서, 우리에게 주어진 피조물을 다스릴 권한은 착취자가 아닌 청지기로서 이해해야 합니다. 갈수록 심각해지는 기후 환경 변화에 맞서서 환경 보호, 자원의 지혜로운 사용 등을 통해 이 책임을 실천해 나갑시다.

　여러분, 하나님의 형상을 닮은 자로서의 정체성을 가지고서 이 세상을 변화시키는 삶을 살아갈 준비가 되셨나요? 다음 과에서는 하나님의 작정의 실행 두 번째인 '하나님의 섭리'에 관하여 배우게 될 것입니다. 우리를 창조하신 하나님께서 어떻게 지속해서 이 세상과 우리의 삶을 돌보시는지 알아보겠습니다. 이를 통해 우리는 하나님의 주권과 우리의 책임 사이의 균형을 이해하게 될 것입니다. 다음 시간을 기대합시다!

하나님의 일반적인 섭리
(제11문답)

복습하기

　우리는 지난 과에서 하나님의 특별한 창조물인 사람에 관해 배웠습니다. 하나님은 우리를 얼마나 귀하고 소중하게 여기시는지 모릅니다. 하나님께서 사람을 단순한 피조물이 아닌, 하나님과 교제하며 동역할 수 있도록 자기 형상으로 창조하셨기 때문입니다. 또한 그분은 삼위 하나님의 사랑과 연합을 경험하도록 남자와 여자로 만드셨습니다. 그리고 우리에게 다른 모든 피조물을 다스리고 보호할 책임자로서 영광스러운 직분을 맡기셨습니다. 기억나시나요?

　이제 지난 과에서 공부했던 웨스트민스터 소요리문답 제10문답의 빈칸을 함께 채워 봅시다.

제 10 문 **하나님께서는 사람을 어떻게 창조하셨습니까?**

How did God create man?

답 **하나님께서는 사람을 (　　)와 (　　)로 창조하시되, 하나님의 (　　)을 따라 (　)과 의와 (　　　)이 있게 하시고, 모든 피조물을 주관할 통치권을 부여하심으로 창조하셨습니다.[1]**

God created man male and female, after his own image, in knowledge, righteousness, and holiness, with dominion over the creatures.

[1] 창 1:26–28; 골 3:10; 엡 4:24

들어가기

여러분은 혹시 이런 생각을 해 본 적 있나요? '내 인생은 그저 우연의 연속일까?', '이 세상을 움직이는 힘이 있을까?', '나의 작은 선택들이 정말 의미가 있을까?', '내 미래는 어떻게 펼쳐질까?' 사실, 이런 질문들은 우리 모두의 마음속 깊은 곳에 자리 잡고 있습니다. 여러분은 어떤 대답을 하시겠습니까?

웨스트민스터 소요리문답 제11문답은 이 깊고 복잡한 주제에 대해 놀랍도록 명확한 답변을 제시합니다. 이 답변은 우리의 일상적인 고민부터 인생의 큰 결정들까지, 모든 것에 새로운 의미를 부여할 수 있는 강력한 진리를 담고 있습니다.

우리는 이번 과를 함께 공부하면서, 우리의 삶과 이 세상을 바라보는 관점이 어떻게 변화될 수 있는지 발견하게 될 것입니다. 하나님의 섭리를 이해하게 되면, 우리는 더 큰 위로와 평안과 삶의 목적의식에 대한 새로운 이해 가지고 살아갈 수 있습니다.

준비되셨나요? 그러면, 하나님의 섭리라는 놀라운 진리의 세계로 함께 들어가 봅시다! 제11문답을 큰소리로 읽겠습니다.

묻고 답하기

제11문 하나님의 섭리 사역이란 무엇입니까?

What are God's works of providence?

답 하나님의 섭리 사역이란 하나님께서 지극히 거룩하고,[1] 지혜롭고,[2] 능력 있게 모든 창조물과 그 모든 행동을 보존하시며[3] 다스리시는[4] 것입니다.

God's works of providence are, his most holy, wise, and powerful preserving and governing all his creatures, and all their actions.

[1]시 145:17 [2]시 104:24; 사 28:29 [3]히 1:3 [4]시 103:19; 마 10:29–31

▶▶ **섭리**(攝理: 다스릴 섭, 다스릴 리)

1. 섭리에 관한 오해 풀기 퀴즈를 해 보겠습니다. 우리는 일상생활에서 "운이 좋았다", "우연히 일이 잘 풀렸다"라는 말을 자주 사용합니다. 하지만 성경은 모든 일에 하나님의 섭리가 있다고 가르칩니다. 이와 관련하여, 다음 중 틀린 것은 무엇일까요?

① 하나님은 모든 일에 관여하신다.
② 좋은 일은 하나님의 섭리 때문이고, 나쁜 일은 악한 존재 때문이다.
③ 우리의 선택과 행동에도 하나님의 섭리가 작용한다.
④ 하나님의 섭리는 우리의 자유의지를 억압하지 않는다.

2. 다음의 말 중 하나님의 섭리를 가장 잘 보여 주는 것은 무엇일까요?

① "수금성이 아침 별이 되어 빛을 내는 것도 하나님의 섭리입니다." (창세기 1장)
② "까마귀가 엘리야를 먹여 살린 것은 정말 다행스러운 일입니다." (열왕기상 17장)

③ "요셉이 애굽의 총리가 된 것은 다 요셉의 뛰어난 능력 덕분이었습니다." (창세기 41장)

④ "예수님이 십자가에 못 박히신 것은 로마 군인들의 실수였습니다." (마태복음 27장)

핵심 개념 정리 1

섭리란 보존하고 다스리는 것

1. 섭리란 하나님께서 창조하신 모든 창조물과 그들의 행동을 보존하시고 다스리시는 것입니다. 다음의 성경 말씀에 빈칸을 채우면서 이 개념을 더욱 명확하게 정리해 봅시다.

보존 preservation	하나님께서 모든 피조 세계를 붙드시고, 지키시며, 유지시키심	• 이는 하나님의 영광의 광채시요 그 본체의 형상이시라 그의 능력의 말씀으로 ( )을 ( )드시며 죄를 정결하게 하는 일을 하시고 높은 곳에 계신 지극히 크신 이의 우편에 앉으셨느니라 (히 1:3) • 이제 모든 짐승에게 물어보라 그것들이 네게 가르치리라 공중의 새에게 물어 보라 그것들이 또한 네게 말하리라 땅에게 말하라 네게 가르치리라 바다의 고기도 네게 설명하리라 이것들 중에 어느 것이 여호와의 ( )이 이를 행하신 줄을 알지 못하랴 모든 생물의 생명과 모든 사람의 육신의 ( )이 다 그의 ( )에 있느니라 (욥 12:7–10)
다스림 government	하나님께서 자신의 영원한 작정을 이루시기 위해 다스리시고 인도하심	• 여호와께서 그의 보좌를 하늘에 세우시고 그의 왕권으로 만유를 ( )리시도다 (시 103:19) • 너희 안에서 행하시는 이는 ( )이시니 자기의 기쁘신 ( )을 위하여 너희에게 소원을 두고 행하게 하시나니 (빌 2:13) • 내가 너와 ( )있어 네가 어디로 가든지 너를 ( )며 너를 ( )어 이 땅으로 돌아오게 할지라 내가 네게 허락한 것을 다 이루기까지 너를 떠나지 아니하리라 하신지라 (창 28:15)

설명⁺ 하나님은 창조하신 모든 것을 지속해서 존재하게 하시고 유지시키시며 보존하십니다. 예를 들면 지구상의 중력, 열역학 법칙 등의 기본적인 법칙이 일관되게 적용되도록 보존하십니다. 또한 생태계의 다양한 생물들이 서로 상호 의존하면서 살아가도록 하십니다. 인간 사회도 마찬가지입니다. 만약 자연계에서 매일 해가 뜨지 않고, 계절의 변화가 불규칙적이라면 어떻게 될까요? 인간 사회에서 공통된 도덕적 질서가 없고 인간의 양심이 멈춰 버린다면 어떻게 될까요? 그러기에 보존하시는 하나님의 섭리가 얼마나 감사한지 모릅니다. 게다가 하나님은 유지나 보존뿐 아니라 모든 창조물과 사건들을 그분의 뜻에 따라 직접 이끄시고 다스리십니다. 간단히 말해, 역사의 주관자로서 세상의 모든 일에 직접 관여하신다는 것입니다.

섭리의 대상은 모든 창조물과 모든 행동

1. 하나님은 무엇을 보존하시고 다스리십니까?

"모든 ☐☐☐과 그 모든 ☐☐을 보존하시며 다스리십니다."

- 참새 두 마리가 한 앗사리온에 팔리지 않느냐 그러나 너희 아버지께서 (   )하지 아니하시면 그 하나도 땅에 떨어지지 아니하리라 너희에게는 (   )까지 다 세신 바 되었나니 두려워하지 말라 너희는 많은 참새보다 (   )하니라 (마 10:29–31)

하나님의 거룩, 지혜, 능력이 나타나는 섭리

1. 섭리란 창조물의 행동을 보존하시고 다스리는 것을 말합니다. 세상의 왕들과 통치자들도 백성들을 다스리고 보존합니다. 그렇다면, 하나님과 일반 통치자들 간에는 어떤 차이가 있을까요?

- 여호와께서는 그 모든 행위에 (   )로우시며 그 모든 일에 (   )로우시도다 (시 145:17)

- 여호와여 주께서 하신 일이 어찌 그리 많은지요 주께서 (   )로 그들을 다 지으셨으니 주께서 지으신 것들이 땅에 가득하니이다 (시 104:24)

- 이도 만군의 여호와께로부터 난 것이라 그의 경영은 기묘하며 (   )는 광대하니라 (사 28:29)

 하나님의 보존과 다스림은 인간 통치자의 그것과 얼핏 비슷해 보일 수 있으나, 본질적으로 큰 차이가 있습니다. 가장 주요한 차이점은 그 본질과 범위에 있습니다. 세상의 통치자들은 지혜와 능력이 제한되어 있고 유한하지만, 하나님은 지극히 거룩하시고 무한히 지혜로우시며 전능하신 분으로서 모든 것을 보존하시고 다스리십니다. 이러한 본질적 차이로 인해 보존과 다스림의 영역에도 큰 차이가 있습니다. 인간 통치자들은 단지 제한된 지역과 사람들만을 다스릴 뿐이지만, 하나님은 온 우주와 과거, 현재, 미래의 모든 세대와 일들을 완벽히 보존하고 다스리십니다. 목적에도 차이가 있습니다. 인간 통치자들은 대개 자신의 목표나 국가의 영광을 위해 헌신하지만, 하나님은 오직 자신의 영광과 선하신 목적을 위해 모든 것을 보존하시고 다스리십니다. 더불어 권위의 근원과 범위도 다릅니다. 인간의 권위는 제한적이고 위임된 것이지만, 하나님의 권위는 절대적이고 모든 것을 아우릅니다. 이처럼 하나님의 섭리는 완전함, 전지전능함, 영원함, 그리고 목적의 영광에서 인간의 통치와는 비교할 수 없이 뛰어납니다. 이러한 이해는 우리가 하나님의 섭리를 더욱 경외하게 하고 신뢰하게 만듭니다.

2. 우리가 하나님의 섭리를 배우면 어떤 유익을 얻을 수 있을까요? 우리가 하나님의 섭리를 보면 어떤 거룩함과 지혜를 맛볼 수 있을까요?

● 우리가 알거니와 하나님을 사랑하는 자 곧 그의 뜻대로 부르심을 입은 자들에게는 모든 것이 (   )하여 (   )을 이루느니라 (롬 8:28)

● 누가 우리를 그리스도의 사랑에서 끊으리요 환난이나 곤고나 박해나 기근이나 적신이나 위험이나 칼이랴 기록된 바 우리가 종일 주를 위하여 죽임을 당하게 되며 도살당할 양 같이 여김을 받았나이다 함과 같으니라 그러나 이 모든 일에 우리를 (   )하시는 이로 말미암아 우리가 넉넉히(   )느니라 내가 확신하노니 사망이나 생명이나 천사들이나 권세자들이나 현재 일이나 장래 일이나 능력이나 높음이나 깊음이나 다른 어떤 피조물이라도 우리를 우리 주 그리스도 예수 안에 있는 하나님의 (   )에서 끊을 수 없으리라 (롬 8:35–38)

 하이델베르크 요리문답은 우리가 섭리를 배우면 어떤 유익을 얻을 수 있는지 분명히 알려 줍니다.

> **제28문:** 하나님께서 모든 것을 창조하시고 섭리로써 보존하심을 아는 것이 우리에게 어떤 유익을 줍니까?
>
> **답:** 우리는 어떠한 역경에서도 인내하고, 형통할 때 감사하며, 또한 장래 일에 대해서도 우리의 신실하신 하나님 아버지를 굳게 신뢰하여 어떠한 피조물이라도 우리를 하나님의 사랑에서 끊을 수 없으리라는 확신을 가집니다. 모든 피조물이 완전히 하나님의 손안에 있으므로 그의 뜻을 거슬러 일어나거나 되는 일은 하나도 없습니다

하나님의 섭리를 이해하고 믿음으로 받아들일 때, 우리는 다음과 같은 영적 유익을 얻을 수 있습니다. 첫째, 우리는 모든 일에 대해 하나님께 감사하게 됩니다. 좋은 일이 일어날 때는 물론이고, 어려운 상황에서도 그것이 하나님의 섭리 아래 있음을 알기에 감사할 수 있습니다. 둘째, 미래에 대해 선한 소망을 가질 수 있습니다. 하나님께서 모든 것을 다스리시며 우리를 위해 선하게 인도하신다는 믿음은 우리에게 미래에 대한 긍정적 확신과 희망을 안겨 줍니다. 셋째, 삶의 수많은 역경 속에서도 인내할 수 있게 됩니다. 어려움이 닥쳐도 그것이 하나님의 뜻 안에 있으며, 결국 선한 목적을 위해 사용될 것을 믿기 때문입니다. 넷째, 하나님을 신실하신 나의 아버지로 신뢰하게 됩니다. 모든 상황 속에서 하나님의 선하심과 지혜를 믿고 의지할 수 있게 됩니다. 이러한 유익들을 통해 우리는 하나님의 거룩하심과 지혜를 더욱 깊이 경험하고, 우리의 삶 속에서 그분의 섭리를 묵상하며 살아갈 수 있게 됩니다.

적용과 질문

1. 우리는 개인적인 어려움이나 풀리지 않는 숙제 같은 인생의 실타래 속에서 하나님의 선하신 섭리를 어떻게 이해하고 믿어야 할까요? 이러한 상황에서 우리는 어떤 태도를 가져야 할까요?

2. 세상 사람들은 절대적 도덕 기준의 부재 속에서 '옳고 그름'에 관한 혼란에 빠져 있습니다. 이런 상황에서 하나님의 섭리 사역이 지극히 거룩하고, 지혜롭고, 능력 있다는 말을 이해하기란 참으로 어렵습니다. 우리는 그러한 도덕적 상대주의에 빠진 사람에게 어떤 말을 해 줄 수 있을까요?

마무리

여러분, 우리는 이번 과에서 하나님께서 모든 창조물과 그 행동을 지극히 거룩하고, 지혜롭고, 능력 있게 보존하시고 다스리신다는 사실을 깊이 있게 공부했습니다. 하나님의 섭리는 우리의 삶을 완전히 새로운 시각으로 바라볼 수 있게 합니다. 이제 우리에게 맡겨진 과제는 '이 진리를 우리의 일상에서 어떻게 누리며 살아갈 것인가?' 입니다. 아무리 이해하기 어려운 상황 속에서도 하나님의 지혜로운 섭리를 신뢰하며 인내할 수 있습니까? 나에게 좋은 일이 생겼을 때, 그것이 나의 땀과 노력의 결과를 넘어 하나님의 은혜로운 섭리임을 인식하고 감사할 수 있습니까? 우리의 계획과 결정 속에서 하나님의 뜻을 구하고 순종할 준비가 되어 있습니까?

이제, 하나님의 섭리를 고백하고 믿는 자답게 당당한 삶을 살아갑시다. 우리에게 주어진 모든 일상을 감사하면서, 어려움 속에서도 믿음을 지키고, 이웃을 위해 헌신 봉사하며, 하나님 나라의 백성답게 살아갑시다.

다음 과에서는 하나님께서 사람을 창조하신 후 사람에 대해서는 어떤 특별한 섭리를 베푸셨는지에 관하여 알아보겠습니다. 즉, 하나님과 인간 사이의 언약 관계에 관하여 배우게 될 텐데, 이를 통해 우리는 하나님의 사랑과 우리의 책임에 관하여 더 깊이 이해하게 될 것입니다. 기대하며 다음 시간을 준비합시다!

하나님의 특별한 섭리
(제12문답)

복습하기

우리는 지난 과에서 하나님의 선하신 사랑이 충만한 섭리를 주제로 공부했습니다. 하나님은 모든 창조물을 만드시고서 그냥 내버려두지 않으시며, 자신의 완전한 거룩함과 지혜와 능력으로써 창조물의 모든 행동을 보존하시고 다스리십니다. 오늘 우리가 이곳에서 안전하고 평안한 삶을 살 수 있었던 것도 하나님의 섭리 덕분입니다. 기억나시나요? 지난 과에서 배운 내용을 함께 되새겨 보며, 빈칸에 알맞은 답을 채워 봅시다.

제11문 하나님의 섭리 사역이란 무엇입니까?

What are God's works of providence?

답 하나님의 섭리 사역이란 하나님께서 지극히 거룩하고,① 지혜롭고,② 능력 있게 모든 창조물과 그 모든 행동을 (　　　)하시며③ (　　　　　)는④ 것입니다.

God's works of providence are, his most holy, wise, and powerful preserving and governing all his creatures, and all their actions.

①시 145:17 ②시 104:24; 사 28:29 ③히 1:3 ④시 103:19; 마 10:29–31

들어가기

여러분, 우리는 모두 관계 속에서 살아갑니다. 가족, 친구, 선생님과의 관계 등은 대부분 어떤 형태로든 약속이나 규칙을 포함하고 있습니다. 이러한 약속들이 우리의 관계를 더욱 깊고 의미 있게 만듭니다.

이번 과에서 우리가 살펴볼 내용은 바로 관계 중에서도 가장 중요한 관계인 하나님과 인간 사이의 특별한 약속, 즉 '언약'에 관한 것입니다. 이 약속은 다만 하나님께서 우리에게 명령하신 일방적이고 단순한 규칙이 아니라, 사랑과 은혜가 넘치는 창조주 하나님께서 우리에게 주신 선물이자 교제의 초청입니다.

웨스트민스터 소요리문답 제12문답은 이 놀라운 '생명의 언약'에 관하여 이야기합니다. 이 언약을 통해 우리는 하나님께서 우리를 어떻게 사랑하시는지, 그리고 우리에게 무엇을 기대하시는지 알 수 있습니다. 이 공부를 통해 하나님께서 우리를 얼마나 특별한 존재로 부르시고, 우리를 얼마나 사랑의 대상으로 대우하시는지를 알게 될 것입니다.

자, 이제 함께 이 아름답고 의미 있는 언약의 세계, 하나님의 특별한 섭리로 들어가 볼까요? 마음을 열고, 하나님의 사랑과 지혜를 새롭게 발견하는 시간이 되기를 바랍니다. 제12문답을 다 같이 읽어 봅시다.

묻고 답하기

제12문 하나님께서는 창조된 상태에 있는 사람에 대해 어떤 특별한 섭리를 하셨습니까?

What special act of providence did God exercise toward man in the estate wherein he was created?

답 하나님께서는 사람을 창조하신 그때, 완전한 순종을 조건으로, 그 (사람)와 생명의 언약을 맺으시고, 선악을 알게 하는 나무의 열매 먹는 것을 사망의 형벌로 금지하셨습니다. [1]

When God had created man, he entered into a covenant of life with him, upon condition of perfect obedience; forbidding him to eat of the tree of the knowledge of good and evil, upon the pain of death.

[1]갈 3:12; 창 2:16–17; 사 43:27; 호 6:7; 롬 5:12; 고전 15:22

▶▶ 생명의 언약은 '행위 언약', '창조 언약' 등으로 다양하게 부릅니다.

1. 각자 옆에 있는 사람과 짝을 이룹니다. 그러고서 다음을 주제로 이야기를 나누어 봅시다.

> ① 나의 첫 번째 약속: 어렸을 때 부모님이나 친구와 했던 가장 기억에 남는 약속에 관해 이야기를 나누며, 약속을 지키는 것의 중요성에 대해 생각해 봅시다.
>
> ② 만약 ~라면: "만약 시간을 되돌릴 수 있다면, 어떤 선택을 다시 하고 싶은가요?"라는 질문을 통해 과거의 선택, 즉 인생의 중요한 결정들이 어떤 결과를 가져왔는지 나누어 봅시다.

사람과 생명의 언약을 맺으심

1. 하나님은 다른 창조물과 달리 사람에게 특별히 언약의 방식으로 섭리하셨습니다. 웨스트민스터 소요리문답은 그것을 '생명의 언약'이라고 불렀습니다. 왜 통치와 다스림을 언약의 방식으로 하셨을까요?

설명⁺ '언약'은 단순한 약속이나 계약과는 다른 특별한 의미가 있습니다. '언약'이라는 말에는 언약을 맺는 양측의 상호 합의와 의지가 내포되어 있습니다. 하나님께서 사람과 언약을 맺으셨다는 것은 곧 사람을 인격적 존재로 존중하셨다는 의미이기도 합니다. 이는 세상을 창조하신 전능하신 하나님께서 일방적인 다스림이 아닌, 자신을 낮추어 인간과 인격적이고 은혜로운 언약 관계를 맺어 주셨다는 것입니다.

완전한 순종을 조건으로 맺으심

1. 하나님의 특별한 섭리의 조건은 무엇인가요?

" ☐☐☐ ☐☐을 조건으로 생명의 언약을 맺으셨습니다. "

- ( )은 ( )에서 난 것이 아니니 ( )을 행하는 자는 그 가운데서 살리라 하였느니라 (갈 3:12)

- 무릇 율법 행위에 속한 자들은 저주 아래에 있나니 기록된 바 누구든지 율법책에 기록된 대로 모든 일을 항상 ( )하지 아니하는 자는 ( ) 아래에 있는 자라 하였음이라 (갈 3:10)

 하나님은 아담을 하나님의 형상의 아름다운 모습으로 창조하시고, 모든 창조물의 머리로서 다스릴 통치권을 주신 다음, 그와 '생명의 언약'을 맺으셨습니다. 언약의 조건은 '사망의 형벌'로 금하신 선악을 알게 하는 나무의 열매를 먹지 않는 '완전한 순종'이었습니다. 이 조건은 아담이 하나님의 뜻에 완전히 순종하며 살아야 함을 보여 줍니다. 특히 선악을 알게 하는 나무의 역할은 하나님께 대한 신뢰와 순종을 나타내는 아담의 절대적 의존의 표시였습니다.

2. 하나님께서 아담을 교제의 대상으로 언약을 맺으셨으면서, '완전한' 순종을 요구하신 것은 너무하신 것 아닌가요? 너무 일방적인 규칙과 제한을 두는 것은 아닌가요?

 하나님께서 아담에게 요구하신 완전한 순종은 결코 무리한 요구가 아니었습니다. 하나님은 완전하시고, 그분의 사랑은 조건 없이 완벽합니다. 아담은 하나님의 형상대로 지어져 죄 없이 완전한 존재였으며, 하나님의 말씀에 순종할 수 있는 능력을 충분히 갖추고 있었습니다. 생명의 언약은 단순한 규칙이 아니라, 하나님과 인간 사이의 신뢰 관계를 위한 약속이었습니다. 하나님은 아담에게 단 하나의 명령을 주셨고, 그것은 하나님과의 신뢰 관계를 유지하기 위한 필수 조건이었습니다. 만일 아담이 하나님의 명령에 순종했더라면, 하나님과 영원한 행복을 누렸을 것입니다.

핵심 개념 정리 3

선악을 알게 하는 나무의 열매를 사망의 형벌로 금하심

1. '생명의 언약' 곧, 은 하나님께 순종하면 풍성한 생명을 누릴 수 있지만, 어기면 사망의 벌이 있는 조건적 약속이라는 말입니다. 이는 다른 말로 '행위 언약'이라고도 합니다. 그러면, 웨스트민스터 소요리문답은 왜 이를 '생명의 언약'이라고 했을까요?

- 여호와 하나님이 그 땅에서 보기에 아름답고 먹기에 좋은 나무가 나게 하시니 동산 가운데에는 (   ) 나무와 (   )을 알게 하는 나무도 있더라 (창 2:9)

- 여호와 하나님이 그 사람에게 명하여 이르시되 동산 각종 나무의 열매는 네가 임의로 먹되 선악을 알게 하는 나무의 열매는 (   ) (   )네가 먹는 날에는 반드시 (   ) 하시니라 (창 2:16–17)

2. 하나님께서 선악을 알게 하는 나무의 열매를 동산 중앙에 두신 이유는 무엇일까요?

3. 하나님은 아담에게 언약 파기에 대한 형벌을 무엇이라고 알려 주셨나요?

적용과 질문

1. 하나님께서 아담에게 요구하신 '완전한 순종'이라는 조건이 우리의 삶에 어떻게 적용될 수 있을까요? 현대 사회에서 하나님께 순종한다는 것은 어떤 모습일지, 구체적인 예를 들어 설명해 보세요.

2. '생명의 언약'과 '사망의 형벌'이라는 개념이 현대 사회에서 어떤 의미가 있을까요? 우리의 선택이 '생명'으로 이어지기 위한 방법과 '사망'(관계의 단절, 해로운 결과 등)으로 이어질 수 있는 경우를 비교하여 설명해 보세요.

마무리

여러분, 하나님께서 아담과 맺으신 생명의 언약은 특별한 섭리로서의 존중과 사랑이 담겨 있었습니다. 하나님은 우리에게 의지의 자유와 순종의 책임을 주셨고, 그 조건을 중심으로 친밀한 관계를 원하셨습니다. 이는 하나님께서 우리에게 순종하는 삶이란 제한과 억압이 아닌, 진정한 자유와 생명으로 가는 길임을 보여 주신 것입니다.

사실, 우리가 삶에서 경험하는 수많은 잘못된 문제들인 책임 회피, 개인주의로 인한 관계 단절, 약속과 신뢰의 부재 등은 근본적인 하나님과의 관계의 부재로부터 일어난 문제들입니다. 결국 하나님과의 언약의 관계를 이해하고 하나님과 올바른 관계를 맺는 것이 이러한 문제들에 대한 진정한 대답일 것입니다.

다음 과에서, 아담의 타락에 관하여 공부해 보면 보다 분명하게 드러날 것입니다.

하나님의 섭리, 내 삶을 붙드시는 따뜻한 손길

'하나님의 섭리'를 믿는다는 것은 무엇일까요? 그것은 하나님께서 이 세상을 만드신 후 멀리서 지켜만 보시는 분이 아니라는 믿음입니다. 오히려 지금 이 순간에도 내 삶의 모든 부분에 깊이 관여하시며, 사랑으로 이끌고 계심을 신뢰하는 것입니다. 이 믿음은 우리 일상에 놀라운 평안과 새로운 의미를 더해 줍니다.

1. **걱정의 짐을 내려놓고 평안을 얻습니다.** 내 삶에 일어나는 모든 일은 결코 우연이 아닙니다. 기쁜 순간뿐만 아니라 이해하기 힘든 아픔까지도 하나님의 선한 계획 안에 있습니다. 이 사실을 믿을 때, 우리는 미래에 대한 막연한 불안과 통제할 수 없는 상황에 대한 두려움을 내려놓고 진정한 평안을 누리게 됩니다.

2. **나의 모든 순간이 의미를 갖게 됩니다.** 하나님의 섭리는 평범한 하루, 반복되는 업무, 사소한 역할, 심지어 나의 실수나 약점까지도 그분의 큰 그림을 이루는 소중한 한 조각이 되게 합니다. 모든 경험을 통해 그분의 선한 뜻이 이루어지고 있음을 믿을 때, 우리는 더욱 분명한 목적을 가지고서 살아가게 됩니다.

3. **기도는 살아 있는 대화가 됩니다.** '하나님이 모든 것을 다스리시는데, 기도가 필요할까?'라고 생각할 수 있습니다. 하지만 사실은 그 반대입니다. 하나님은 우리의 '기도'를 통해 자신의 뜻을 이루어 가십니다. 나의 간절한 기도를 들으시고 가장 좋은 길로 이끄신다는 믿음은 기도 시간을 더욱 확신에 찬 살아 있는 대화로 만들어 줍니다.

4. **최선을 다하며 담대하게 나아갑니다.** 하나님의 섭리를 믿는 것이 우리의 책임을 면제해 주지는 않습니다. 우리는 매 순간 지혜를 구하며 최선을 다해 선택하고 행동해야 합니다. 동시에 그 결과는 온전히 하나님께 맡기는 것입니다. 이 균형 잡힌 믿음은 우리를 과도한 부담감에서 자유롭게 하고, 담대하게 나아갈 용기를 줍니다.

5. **모든 경험에서 감사와 겸손을 배웁니다.** 섭리를 믿으면 모든 경험이 배움의 기회가 됩니다. 좋은 일 앞에서는 하나님의 선물임을 알기에 교만하지 않고, 어려운 일은 나를 더 나은 사람으로 만들어 가는 과정임을 믿기에 원망하지 않습니다. 성공 속에서 하나님의 도우심을 인정하며 겸손해지고, 실패 속에서 그분의 더 큰 계획을 신뢰하며 다시 일어설 힘을 얻습니다.

6. **꼭 기억해 주세요.** 첫째, 하나님은 결코 악을 만들지 않으시고, 원하지도 않으십니다. 우리가 선을 행할 때 하나님은 기뻐하십니다. 둘째, 섭리 신앙이란 하나님께서 인간의 잘못이나 악한 상황까지도 그분의 주권 안에서 사용하셔서 결국에는 선한 뜻을 이루신다는 놀라운 지혜와 능력을 믿는 것입니다. 하나님의 섭리는 운명론이나 책임 회피를 위한 가르침이 아닙니다.

결론적으로, '하나님의 섭리'는 예측할 수 없는 세상 속에서, 나를 향한 하나님의 사랑과 돌보심이 단 한 순간도 멈추지 않는다는 가장 큰 위로와 확신입니다. 우리는 그분의 따뜻한 손길 안에서 오늘도 평안히 살아갈 수 있습니다.

인터 미션 2

하나님에 관한 믿음(제4-12문답) 마인드맵

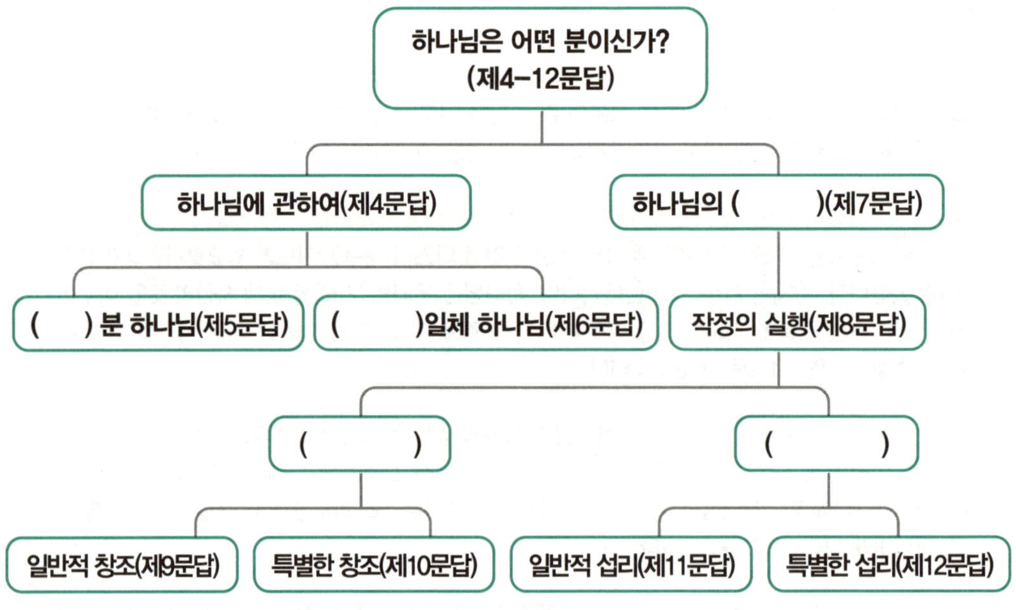

요약·설명해 보기

우리가 알고 믿는 하나님은 정말 놀라운 분이십니다. 그분은 우리가 상상할 수 없을 만큼 크고 위대한 (˚)이시지만, 동시에 우리와 가까이 계십니다. 그리고 하나님의 모든 것—그분의 존재, 지혜, 능력, 거룩함, 공의, 선하심, 진실함—은

(ㅁㅎ)하고 (° °)하며 (ㅂ)하지 않습니다(제4문답).

이 세상에는 많은 신들이 있다고 하지만, 우리는 오직 살아 계시고 (ㅊ)되신 한 분의 하나님만 계시다는 것을 알고 있습니다(제5문답). 그런데 이 하나님은 신비롭게도 (   ), (   ), (   )으로 계시면서도 한 분이십니다. 이 삼위일체 하나님은 모두 같은 (ㅂㅈ)을 가지시고, 동등한 (ㄴㄹ)과 (° ㄱ)을 지니고 계십니다(제6문답).

하나님은 모든 일을 미리 (ㄱㅎ)하시는데, 우리는 이를 '(ㅈㅈ)'이라고 부릅니다. 이는 하나님의 영광을 위한 것이며, 모든 일은 이 작정대로 이루어집니다(제7문답). 하나님은 이 작정을 (ㅊㅈ)와 (ㅅㄹ)를 통해 실행하십니다(제8문답).

창조는 정말 놀라운 일이었습니다. 하나님은 말씀으로 모든 것을 (ㅁ)에서 유로 만드셨습니다. (   )일 동안 세상의 모든 것을 만드셨고, 그 모든 것이 아주 좋았습니다(제9문답). 특별히 사람은 하나님의 (ㅎ ㅅ)을 따라 남자와 여자로 만드셨고, 모든 피조물을 다스리게 하셨습니다(제10문답). 하나님은 세상을 만드신 후에도 계속해서 모든 것을 (ㄷ)보시고 (ㄷㅅㄹ)십니다. 우리는 이것을 '(   )'라고 부릅니다. 하나님의 섭리는 매우 거룩하고 지혜롭고 강력해서, 모든 창조물과 그들의 행동을 (ㅂㅈ)하고 다스립니다(제11문답).

특별히 사람에 대해서는, 하나님께서 창조하신 후에 '(   )의 언약'이라는 특별한 약속을 주셨습니다. 이 언약은 사람이 하나님께 완전히 (ㅅㅈ)하면 생명을 얻는다는 내용이었습니다. 하지만 동시에 선악을 알게 하는 나무의 열매를 먹으면 (ㅈ)게 될 것이라는 경고도 주셨습니다(제12문답). 이렇게 하나님은 우리를 창조하시고서, 우리와 특별한 관계를 맺으시며, 지금도 우리의 삶을 섭리하고 계십니다. 이 모든 것은 하나님의 크신 사랑과 지혜의 표현입니다.

제3부
죄와 비참의 상태로 타락
(제13-19문답)

하나님은 아담을 통해 모든 인류와 생명의 언약을 맺으셨습니다. 그러나 사람은 그 약속을 저버리고 타락의 길을 걸었습니다. 이로 인해 사람은 본래의 창조된 상태에서 벗어나 죄와 비참의 상태에 빠지게 되었습니다. 얼핏 보기에 이는 비극적인 소식처럼 들릴 수 있습니다. 하지만 역설적으로 죄의 참혹함은 복음에 담긴 참된 기쁜 소식을 듣게 합니다.

사람의 타락(제13-16문답)	타락의 결과(제17-19문답)
1) 사람의 타락(제13문답) 2) 죄(제14-15문답) 3) 죄의 전가(제16문답)	1) 타락의 결과(제17문답) ① 죄의 상태(제18문답) ② 비참의 상태(제19문답)

사람의 타락
(제13문답)

복습하기

우리는 지난 과에서 하나님의 특별한 섭리인 '생명의 언약'에 관하여 공부했습니다. 하나님께서 우리를 얼마나 친밀한 관계로 부르셨는지를 묵상해 보셨나요? 다들 아시다시피, 아주 은밀한 대화나 중요한 약속은 아무하고나 하는 것이 아닙니다. 그리고 그러한 약속일수록 반드시 지켜야 합니다. 이처럼 언약은 서로에 대한 무한한 신뢰와 책임이 따릅니다. 지난 과에서 배운 내용을 함께 되새겨 보며, 빈칸에 알맞은 답을 채워 봅시다.

제12문 하나님께서는 창조된 상태에 있는 사람에 대해 어떤 특별한 섭리를 하셨습니까?

What special act of providence did God exercise toward man in the estate wherein he was created?

답 하나님께서는 사람을 창조하신 그때, 완전한 (　　　)을 조건으로, 그 (사람)와 생명의 (　　　)을 맺으시고, 선악을 알게 하는 나무의 열매 먹는 것을 사망의 (　　　)로 (　　　)하셨습니다.[1]

When God had created man, he entered into a covenant of life

---

with him, upon condition of perfect obedience; forbidding him to eat of the tree of the knowledge of good and evil, upon the pain of death.

①갈 3:12; 창 2:16–17; 사 43:27; 호 6:7; 롬 5:12; 고전 15:22

들어가기

이번 과에서 우리는 아주 슬픈 이야기를 마주하게 됩니다. 하나님과의 사랑에 심각한 금이 가는 내용입니다. 우리 첫 조상들이 하나님께서 창조하신 완벽한 상태에서 어떻게 타락하게 되었는지를 보게 됩니다. 이것은 동화책에서 나오는 이야기가 아닙니다. 이 이야기는 지금 여기, 우리의 삶과 세상에 큰 영향을 주었기 때문입니다.

우리는 이 공부를 통해서 자유의지의 의미, 선택의 중요성, 그리고 우리의 행동에 대한 책임에 관해 깊이 생각해 볼 수 있을 것입니다. 또한 이를 통해 우리가 지금 어떤 상태에 있는지, 그리고 왜 우리에게 구원이 필요한지를 이해할 수 있게 될 것입니다.

자, 이제 함께 우리의 첫 조상이 어떤 일을 했는지 문답을 통해 살펴보겠습니다. 단어 하나하나를 깊이 생각하며 크게 읽어 봅시다.

묻고 답하기

제13문 우리의 첫 조상은 창조되었던 원래 상태 그대로 있었습니까?

Did our first parents continue in the estate wherein they were created?

답 우리의 첫 조상은 자신의 자유로운 의지를 가지고 하나님께 대항하여 죄를 지음으로써[1] 창조된 원래 상태로부터 타락하였습니다.[2]

Our first parents, being left to the freedom of their own will, fell from the estate wherein they were created, by sinning against God.

[1]전 7:29 [2]창 3:6-8, 13

1. 웨스트민스터 소요리문답 제13문답에서 말하는 '타락'이란 무엇을 의미할까요?

  ① 더 나은 존재로 변화하는 것
  ② 원래의 순수한 상태를 잃어버리는 것
  ③ 하나님보다 더 강한 존재가 되는 것
  ④ 아무런 의미가 없는 변화

2. 아담의 죄는 다음 중 어떤 결과를 가져왔을까요? (복수 선택 가능)

  ① 죽음
  ② 고통
  ③ 죄의 유전
  ④ 하나님과의 분리
  ⑤ 모든 것에 대한 지배권

3. 아담의 타락은 인류에게 어떤 영향을 미쳤을까요?

  ① 모든 사람이 죄를 짓게 되었다.
  ② 인간은 더욱 완벽해졌다.
  ③ 세상에 고통과 슬픔이 사라졌다.
  ④ 인간이 하나님과 더욱 가까워졌다.

핵심 개념 정리 1

우리의 첫 조상은 자유로운 의지를 가짐

1. 우리의 첫 조상은 누구를 말하는 것일까요?

설명⁺ 우리의 첫 조상은 하나님께서 창조하신 하나님의 형상인 아담과 하와를 말합니다. 둘 중에 어느 한 사람만을 말하지 않습니다. 하나님은 남자와 여자를 모두 창조하셨고, 이 둘이 함께 있으므로 창조가 완성되었기 때문입니다.

2. 우리 첫 조상이 자유로운 의지를 가졌다는 말은 무슨 의미입니까?

> ● 내가 깨달은 것은 오직 이것이라 곧 하나님은 사람을 (   )하게 지으셨으나 사람이 많은 (   )들을 낸 것이니라 (전 7:29)

설명⁺ 우리의 첫 조상이 자유로운 의지를 가졌다는 것은 그들이 스스로 생각하고 판단하여 행동할 수 있는 능력을 갖추고 있었음을 의미합니다. 하나님은 그들에게 모든 것을 누리며 살 수 있는 선택권을 주셨습니다. 아담과 하와는 하나님의 사랑 안에서 자유로운 삶을 누릴 수 있었습니다. 창세기 1장 31절에서 하나님께서 인간을 창조하고 "심히 좋았더라"라고 말씀하신 것을 통해, 우리는 첫 조상들의 원래 상태가 얼마나 완벽했는지 알 수 있습니다. 그러나 이 자유에는 중대한 책임이 따랐습니다. 그들은 하나님께서 주신 모든 것을 누리면서도, 동시에 하나님의 말씀에 순종해야 했습니다. 하나님의 형상대로 창조된 인간은 창조주와 인격적인 관계를 맺으며 살아야 했습니다. 첫 조상들은 하나님을 닮아 지혜롭고 영적인 분별력을 가졌으며, 자유로운 의지로 선택할 수 있었습니다. 그들의 상태는 완벽했지만, 선택의 가능성이 존재했습니다. 이는 그들의 순종이 강요된 것이 아니라 자발적이고 진정한 것이 될 수 있게 하기 위한 하나님의 배려였습니다.

하나님께 대항하여 죄를 지음

1. 우리의 첫 조상이 하나님께 대항하여 죄를 범한 사건의 말씀을 함께 읽어 봅시다. 여기서 선악을 알게 하는 나무의 실과를 먹은 것이 어째서 하나님께 대항했다는 말일까요?

- 여자가 그 (　　　)를 따먹고 자기와 함께 있는 남편에게도 주매 그도 먹은지라 이에 그들의 눈이 (　　　)져 자기들이 벗은 줄을 알고 무화과나무 잎을 엮어 치마로 삼았더라 그들이 그날 바람이 불 때 동산에 거니시는 여호와 하나님의 소리를 듣고 아담과 그의 아내가 여호와 하나님의 (　　)을 피하여 동산 나무 사이에 숨은지라 (창 3:6하–8)

- 여호와 하나님이 여자에게 이르시되 네가 어찌하여 이렇게 하였느냐 여자가 이르되 (　　)이 나를 (　　)므로 내가 먹었나이다 (창 3:13)

설명⁺ 아담과 하와는 하나님께서 구체적으로 명령하신 선악을 알게 하는 나무의 실과를 따 먹음으로 불순종했습니다. 이는 하나님의 권위에 대해 명백하게 직접적으로 도전하여 대항한 것입니다. 그들은 사탄의 유혹을 받았을지라도 사탄의 말을 분별해야 했습니다. 그들은 "하나님의 형상"(창 1:26)임에도 불구하고 "하나님과 같이"(창 3:5) 되려고 했습니다. 결국, 우리의 첫 조상은 하나님의 주권을 인정하지 않고, 선하신 하나님을 대항하여 자기중심적인 삶을 추구한 것입니다.

원래 창조된 상태로부터 타락함

1. 우리의 첫 조상은 죄를 범함으로써 창조된 상태에서 어떻게 되었나요?

"하나님께 대항하여 범죄함으로써 창조된 상태로부터 □□했습니다."

2. 다음은 아우구스티누스의 '사람과 죄의 관계'에 대한 설명입니다. 이 설명은 사람이 겪게 되는 네 가지 상태를 보여 주는데, 자세히 살펴보고서 지금 우리의 상태는 어떠한지 말해 봅시다.

타락 전의 사람 (Pre-Fall Man)	타락 후의 사람 (Post-Fall Man)	거듭난 사람 (Reborn Man)	영화된 사람 (Glorified Man)
able to sin able to not sin	able to sin unable to not sin	able to not sin	able to not sin unable to sin
posse non peccare et posse peccare	*non posse non peccare*	*posse non peccare*	*non posse peccare*
죄를 짓거나 안 짓는 것이 가능	죄를 안 짓는 것이 불가능	죄를 안 짓는 것이 가능	죄를 짓는 것이 불가능

- 정요석, 『소요리문답, 삶을 읽다 (상)』, 199. -

적용과 질문

1. 여러분이 반항하고 싶은 권위 하나를 떠올려 보고, 왜 나는 그 권위에 반항하고 싶은지 말해 봅시다. 그리고 그 권위의 목적과 의미를 이해하려고 노력해 봅시다. 그런 다음, 다시 그 권위에 대해 어떻게 반응해야 할지 이야기해 봅시다.

2. 우리는 주변에서 죄를 개인의 문제로만 여기거나, 반대로 모든 것을 사회 탓으로 돌리려는 경향을 쉽게 목격할 수 있습니다. 어떤 경우가 있습니까? 개인의 책임과 사회의 영향력 사이의 균형에 관해 이야기를 나누어 봅시다.

마무리

　여러분, 우리는 오늘 우리가 현실에서 마주하는 비극적인 상황이 첫 조상의 타락으로부터 시작되었음을 공부했습니다. 우리의 첫 조상은 하나님께서 주신 선하신 선물을 거부하고 하나님을 대항하여 범죄하고 타락함으로써 하나님과의 관계가 끊어졌습니다.

　하나님께서 사람에게 주신 자유의지는 하나님의 권위 아래에서 더 밝은 빛을 내고, 진정한 의미가 드러납니다. 우리는 타락의 결과로 첫 조상의 자유의지처럼 완벽하지는 않지만, 여전히 하나님을 영화롭게 하고 즐거워하며 이웃을 사랑하는 선택이 가능합니다.

　그러므로 우리는 매 순간 우리의 선택이 하나님의 뜻에 따른 순종의 행동이 되도록 해야 할 것입니다. 더불어 우리의 부족함을 인정하고 하나님의 은혜를 구하는 자세가 필요합니다. 우리 자신의 힘으로는 죄를 이길 수 없지만 하나님의 도우심으로 승리할 수 있습니다.

　다음 과에서는 첫 조상이 범한 죄가 구체적으로 무엇을 말하는지에 관하여 배우도록 하겠습니다.

죄가 무엇인가요

웨스트민스터 소요리문답 14.

류 성 민

죄
(제14-15문답)

복습하기

우리는 지난 과에서 하나님께서 창조하신 원래의 아름답고 존귀한 상태에서 인류가 타락했음을 공부했습니다. 이 타락은 누구의 강요와 압박으로 한 일이 아닙니다. 우리의 첫 조상은 자유로운 의지를 사용하여, 하나님보다 자기를 더 사랑함으로써 하나님의 명령을 어기고 죄를 지었습니다. 참 슬픈 일이죠? 지난 과에서 배운 내용을 함께 되새겨 보며, 빈칸에 알맞은 답을 채워 봅시다.

제13문 우리의 첫 조상은 창조되었던 원래 상태 그대로 있었습니까?

Did our first parents continue in the estate wherein they were created?

답 우리의 첫 조상은 자신의 자유로운 (　　　)를 가지고, 하나님께 (　　　)하여 (　　　)를 지음으로[1] 창조된 원래 상태로부터 (　　　)하였습니다.[2]

Our first parents, being left to the freedom of their own will, fell from the estate wherein they were created, by sinning against God.

[1]전 7:29 [2]창 3:6-8, 13

들어가기

여러분, 아침에 일어나면서부터 지금 이 순간까지 얼마나 많은 선택을 하셨나요? 큰 결정부터 작은 행동까지, 우리의 삶은 끊임없는 선택의 과정입니다. 그리고 때로는 이런 생각이 들지 않나요? '내가 과연 옳은 선택을 하고 있는 걸까?'

우리는 종종 '좋은 것'과 '나쁜 것', '옳은 것'과 '그른 것'을 구분하려고 노력합니다. 하지만 이런 구분이 항상 쉬운 것은 아닙니다. 때로는 우리가 생각하는 '좋은 것'이 실제로는 해로울 수 있고, '나쁘다고 여겼던 것'이 오히려 우리에게 도움이 될 수도 있습니다.

이런 복잡한 현실 속에서, 우리는 오늘 매우 근본적인 질문들을 마주하게 됩니다. '죄'란 정확히 무엇일까요? 이번에 우리가 배울 제14문답과 제15문답은 이 깊고 복잡한 주제에 대해 놀라울 정도로 간결하고 명확한 답변을 제시합니다.

자, 이제 함께 죄가 무엇인지, 우리의 첫 조상이 어떤 일을 했는지 문답을 통해 살펴보겠습니다. 다음의 문답을 크게 읽어 봅시다.

묻고 답하기

제14문 **죄란 무엇입니까?**

What is sin?

답 **죄란 하나님의 율법을 순종하는 데 있어서 조금이라도 부족하거나 위반하는 것입니다.** ①

Sin is any want of conformity unto, or transgression of, the law of God.

①요일 3:4; 롬 14:23; 약 4:17

1. 죄에 관하여 더 깊은 이해를 돕는 OX 퀴즈

   ① 우리의 첫 조상이 지은 죄는 개인적인 죄다. (　)
   ② 율법은 죄가 무엇인지를 알게 한다. (　)
   ③ 죄를 지었을 때 회개하면 모두 용서받는다. (　)
   ④ 죄의 결과는 영적인 죽음뿐 아니라, 현실적인 고통과 어려움을 가져온다. (　)
   ⑤ 하나님의 도움 없이는 죄를 이길 수 없다. (　)

2. 다음 중 죄가 아닌 것은 무엇일까요?

   ① 남의 물건을 훔치는 행위
   ② 거짓말을 하는 행위
   ③ 다른 사람을 비방하는 행위
   ④ 배가 고파서 음식을 먹는 행위
   ⑤ 자신의 재능을 계발하는 행위

하나님의 율법을 순종하는 데 있어서 부족한 것

1. 여기서 말하는 '율법'은 무엇을 말하는 것입니까?

● 율법 없는 이방인이 (   )으로 율법의 일을 행할 때에는 이 사람은 율법이 (   )어도 자기가 자기에게 율법이 되나니 이런 이들은 그 (   )이 증거가 되어 그 (   )들이 서로 혹은 고발하며 혹은 변명하여 그 (   )에 새긴 율법의 (   )를 나타내느니라 (롬 2:14-15)

설명 여기서 말하는 율법은 모세를 통해 주어진 문서로 된 율법(십계명)만을 말하지 않습니다. 인간의 마음에 새겨진 보편적인 도덕법을 말하고 있습니다. 하나님은 사람을 창조하실 때 그 마음에 하나님의 법을 기록하셨습니다. 양심은 이 법을 입증합니다. 양심은 우리의 행동을 판단하고, 옳고 그름을 구별하는 내적 기준으로 작동합니다. 그래서 십계명을 받지 않은 이방인이라 할지라도 이 도덕법의 적용을 받아 책임이 있는 것입니다. 예를 들면, 살인, 강간, 도둑질은 인류 보편의 법입니다. 이처럼, 율법은 하나님께서 모든 인간에게 주신 도덕적 기준으로, 우리의 양심을 통해 작용하며 우리의 행동을 판단하는 기준이 됩니다. 이런 이해는 모든 인간이 하나님 앞에서 도덕적 책임을 지고 있으며, 동시에 모든 이에게 하나님의 은혜가 필요함을 보여 줍니다.

2. "하나님의 율법을 순종하는 데 있어서 부족한"것이 왜 죄일까요? 너무한 것 아닌가요?

● 만일 누구든지 여호와의 계명 중 (   )를 부지중에 범하여도 허물이라 (   )을 당할 것이니 (레 5:17)

● 누구든지 온 율법을 지키다가 그 (   )를 범하면 (   ) 범한 자가 되나니 (약 2:10)

설명 우리는 죄를 단순히 규칙을 어기는 것으로 축소하려는 경향이 있습니다. 이것 자체가 타락한 사람의 상태가 얼마나 심각한지를 보여 줍니다. 하나님은 완전하시고 거룩하신 분이시기 때문에, 그분의 기준 역시 완전합니다. 따라서 그 기준에 조금이라도 미치지 못하는 것은 죄가 됩니다. 우리가 하나님의 율법을 순종하는 데 있어서 부족함을 보이는 것은 하나님을 온전히 신뢰하지 않는다는 것을 뜻합니다. 작은 실수와 부족함이라도 그 영향력은 예상보다 클 수 있습니다. 작은 부주의가 큰 사고로 이어지는 것과 마찬가지입니다. 하지만 이 가르침은 우리를 절망에 빠뜨리기 위한 것이 아닙니다. 하나님의 완전하심과 우리의 한계, 그리고 그 틈새를 메우시는 하나님의 은혜를 깊이 이해하게 하기 위한 가르침입니다.

핵심 개념 정리 2

하나님의 율법을 위반하는 것

1. "하나님의 율법을 순종하는 데 있어서 부족하다"와 "하나님의 법을 위반하다"는 비슷한 말인 것 같지만 차이가 있습니다. 어떤 차이가 있을까요?

- (   )를 짓는 자마다 (   )을 행하나니 (   )는 (   )이라 (요일 3:4)

- 그 형제를 (   )하는 자마다 (   )하는 자니 (   )하는 자마다 (   )이 그 속에 거하지 아니하는 것을 너희가 아는 바라 (요일 3:15)

설명 우리가 하나님의 율법을 지키는 데 부족하다거나 위반한다는 것은 둘 다 죄를 짓는다는 면에서는 같은 말입니다. 죄는 불법으로서 모든 법에서 벗어난 상태이기 때문입니다. 하지만 차이점도 있습니다. '부족하다'라는 것은 소극적 의미로서 해야 할 일을 충분히 하지 못한 상태이고, '위반하다'라는 것은 적극적 의미로 하지 말아야 할 일을 한 상태입니다. 예를 들면, 이웃과 친구를 사랑하는 데 관심이 없다면 '부족한' 것이고, 이웃과 친구를 적극적으로 해치는 행위를 한다면 '위반한' 것입니다. 이런 이해는 우리가 악행을 피해야 할 뿐만 아니라 선한 일을 적극적으로 해야 한다는 것을 가르쳐 줍니다.

이제부터 우리는 우리의 첫 조상이 타락하게 된 죄가 무엇인지 구체적으로 공부하려고 합니다. 첫 조상의 죄는 단순히 열매를 따 먹은 그 '행위' 자체가 아님을 알게 될 것입니다. 이제 여섯 번째 질문과 답을 함께 읽어 봅시다.

제 15문 우리의 첫 조상이 창조된 상태에서 타락하게 된 그 죄는 무엇입니까?

What was the sin whereby our first parents fell from the estate wherein they were created?

답 우리의 첫 조상이 창조된 상태에서 타락하게 된 그 죄는 금지된 열매를 먹은 것입니다.[1]

The sin whereby our first parents fell from the estate wherein they were created, was their eating the forbidden fruit.

[1] 창 3:6, 12

핵심 개념 정리 3

금지된 열매를 먹은 죄

1. 다음은 창세기 3장에 나오는 하나님과 맺은 언약의 내용입니다. 질문에 답하면서 첫 조상이 타락하게 된 그 '죄'가 무엇이었는지 알아봅시다.

1 그런데 뱀은 여호와 하나님이 지으신 들짐승 중에 가장 간교하니라 뱀이 여자에게 물어 이르되 하나님이 참으로 너희에게 동산 모든 나무의 열매를 먹지 말라 하시더냐

2 여자가 뱀에게 말하되 동산 나무의 열매를 우리가 먹을 수 있으나

3 동산 중앙에 있는 나무의 열매는 하나님의 말씀에 너희는 먹지도 말고 만지지도 말라 너희가 죽을까 하노라 하셨느니라

4 뱀이 여자에게 이르되 너희가 결코 죽지 아니하리라

5 너희가 그것을 먹는 날에는 너희 눈이 밝아져 하나님과 같이 되어 선악을 알 줄 하나님이 아심이니라

6 여자가 그 나무를 본즉 먹음직도 하고 보암직도 하고 지혜롭게 할 만큼 탐스럽기도 한 나무인지라 여자가 그 열매를 따 먹고 자기와 함께 있는 남편에게도 주매 그도 먹은지라

7 이에 그들의 눈이 밝아져 자기들이 벗은 줄을 알고 무화과나무 잎을 엮어 치마로 삼았더라

① 뱀이 여자에게 한 질문에 빨간색으로 밑줄을 쳐 보세요. 하나님께서 하신 말씀과 무엇이 다릅니까?

② 여자가 뱀의 질문에 한 대답은 하나님께서 하신 말씀과 무엇이 다른가요?

③ 뱀은 하나님의 말씀을 어떻게 바꾸어 말했나요?

④ 여자는 뱀의 말을 듣고, 그 나무를 보니 어떤 마음이 들었나요?

⑤ 여자는 그 열매를 어떻게 했나요?

⑥ 그들이 열매를 먹고 난 후에 한 행동을 보면, 무엇이 잘못되었나요?

2. 첫 조상이 지었던 죄의 핵심은 무엇입니까?

"금지된 ▢▢를 먹은 것"

"하나님의 ▢▢을 지키지 않은 것이며, 하나님의 말씀에 ▢▢하지 않은 것"

"하나님을 ▢▢▢한 것이며, 하나님 앞에서 스스로 높아지고자 한 ▢▢의 죄라고도 말할 수 있음"

설명 첫 조상이 하나님께서 금지하신 열매를 먹은 것은 하나님의 말씀을 지키지 않은 것이며, 곧 하나님의 '말씀에 순종'하지 않은 것입니다. 이는 하나님을 세상에 있는 수많은 것들 중 하나로 '상대화'한 것이며, 하나님보다 자기를 더 높아지고자 한 '교만'의 죄를 지었음을 보여 줍니다.

3. 첫 조상의 죄로 인해 인류에게 일어난 세 가지는 무엇입니까?

- 또 이 선물은 범죄한 한 사람으로 말미암은 것과 같지 아니하니 ① (   )은 한 사람으로 말미암아 정죄에 이르렀으나 은사는 많은 범죄로 말미암아 의롭다 하심에 이름이니라

- 한 사람의 범죄로 말미암아 ② (   )이 그 한 사람을 통하여 왕 노릇 하였은즉 더욱 은혜와 의의 선물을 넘치게 받는 자들은 한 분 예수 그리스도를 통하여 생명 안에서 왕 노릇 하리로다

- 그런즉 한 범죄로 많은 사람이 ③ (   )에 이른 것같이 한 의로운 행위로 말미암아 많은 사람이 의롭다 하심을 받아 생명에 이르렀느니라 (롬 5:16-18)

설명 아담의 죄는 하나님과의 생명의 언약을 어김으로 '심판'을 받게 되었고, 벌로서 '사망'하게 되었습니다. 이 죄는 모든 인류를 '정죄'에 빠지게 했습니다.

적용과 질문

1. 우리 사회에서 "이 정도는 괜찮아"라고 여기는 부정직한 행동들에는 어떤 것들이 있을까요? (예: 시험에서의 부정행위, 거짓말, 무단 다운로드 등) 이런 '작은' 타협들이 나의 삶과 가정에 어떤 영향을 줄까요?

2. 나의 삶에서 '금지된 열매'와 같은 유혹이 있는지, 있다면 무엇인지 파악해 보세요. (예: 과도한 스마트폰 사용, 불건전한 온라인 콘텐츠, 약물 등) 이러한 유혹들이 왜 그렇게 매력적으로 느껴질까요? 이를 극복하기 위해서 우리는 어떤 마음가짐과 행동이 필요할까요?

마무리

여러분, 우리는 이번 과에서 죄의 본질과 그 시작에 관하여 깊이 있게 공부했습니다. 죄는 단순히 '나쁜 짓'하는 것만을 말하지 않습니다. 하나님의 완전한 기준에 조금이라도 미치지 못하는 모든 것이 죄입니다.

이는 우리에게 도전을 줍니다. 우리는 얼마나 자주 '이것쯤이야', '이 정도는 괜찮아'라고 생각하며 타협하고 있나요. 우리 첫 조상이 당했던 뱀의 유혹은 오늘날 우리가 매일 마주하는 유혹과 다르지 않습니다. 우리도 종종 하나님의 말씀보다 우리 자신의 욕망을 더 신뢰하고 따르려는 유혹을 받습니다. 그러므로 우리는 매일 무심코 지나쳤던 '작은 타협들'을 찾아야 합니다. 우리 삶에 '금지된 열매'와 같은 것이 무엇인지 정직하게 마주하기를 바랍니다. 우리는 완벽할 수 없지만, 마음을 다해, 힘을 다해, 최선을 다해 죄를 미워하시는 하나님의 뜻을 따라 살아야 합니다. 부디 이 진리가 여러분을 낙담시키지 않기를 바랍니다. 오히려 이를 통해 우리가 얼마나 하나님의 은혜가 필요한 존재인지를 깨닫고, 더욱 겸손히 그분께 나아가는 계기가 되기를 바랍니다.

다음 과에서는 웨스트민스터 소요리문답 제16문답을 살펴보겠습니다. "모든 인류가 아담의 첫 범죄에서 타락했습니까?" 이 물음과 이에 대한 답은 이번에 우리가 배운 내용의 연장선상에 있으며, 죄의 영향력이 얼마나 광범위한지를 보여 줄 것입니다. 그리고 이를 통해 우리는 구원의 필요성을 더욱 깊이 이해하게 될 것입니다.

죄의 평가
(제16문답)

복습하기

우리는 지난 과에서 죄가 가진 무서운 파괴력에 관하여 공부했습니다. 죄는 하나님의 말씀을 순종하는 데 있어서 조금이라도 부족하거나, 위반하는 것입니다. 이런 의미에서 첫 조상의 죄는 하나님의 말씀보다 자기 생각을 더 중요하게 여긴 것으로서, 그것은 곧 자기중심적 사고와 권위에 대한 불신이었음을 보여 줍니다. 지난 과에서 배운 내용을 함께 되새겨 보며, 빈칸에 알맞은 답을 채워 봅시다.

제14문 죄란 무엇입니까?

What is sin?

답 죄란 하나님의 (   )을 순종하는 데 있어서 조금이라도 (   )하거나 (   )하는 것입니다.[1]

Sin is any want of conformity unto, or transgression of, the law of God.

[1]요일 3:4; 롬 14:23; 약 4:17

 우리의 첫 조상이 창조된 상태에서 타락하게 된 그 죄는 무엇입니까?

What was the sin whereby our first parents fell from the estate wherein they were created?

답 **우리의 첫 조상이 (　　　)된 상태에서 타락하게 된 그 죄는 (　　　)된 열매를 먹은 것입니다.** [1]

The sin whereby our first parents fell from the estate wherein they were created, was their eating the forbidden fruit.

[1] 창 3:6, 12

들어가기

여러분, 이번 한 주간 어떠셨나요? 뉴스에서 들리는 수많은 전쟁과 폭력의 소식, 이상 기후, 그리고 일상에서 마주치는 작은 다툼들까지…. 너무 복잡하고 힘들지 않으셨나요? 때로는 이런 생각이 들지 않으세요? '세상은 왜 이렇게 완벽하지 않을까?', '사람은 왜 이렇게나 잘못을 많이 저지를까?'

그런데, 우리 자신도 종종 원하지 않는 실수를 반복하곤 합니다. 마치 우리 안에 무언가가 크게 잘못되어 있는 것 같은 느낌이 들 때가 있습니다.

오늘 우리가 살펴볼 웨스트민스터 소요리문답 제16문답은 이 질문에 대한 깊이 있는 답변을 해 줍니다. 이는 단순히 "인간은 왜 이렇게 불완전한가?"라는 질문에 대한 답변을 넘어서, 우리의 본질과 운명에 관한 답이라 할 수 있습니다.

자, 이제 함께 '태어나기도 전에 죄인'이라고 하는 말이 무엇을 의미하는지 문답을 통해 살펴보겠습니다. 다음을 크게 읽어 봅시다.

묻고 답하기

제16문   **모든 인류는 아담의 첫 범죄에서 타락했습니까?**

Did all mankind fall in Adam's first transgression?

답   **아담과 맺어진 그 언약은 아담 자신뿐 아니라 그의 후손을 위한 것입니다. 일반적인 출생 방식에 의해 태어난 모든 인류는 아담의 첫 범죄로, 그 안에서 죄를 지었고, 그와 함께 타락했습니다.**[1]

The covenant being made with Adam, not only for himself, but for his posterity; all mankind, descendeing from him by ordinary generation, all mankind, descending from him by ordinary generation, sinned in him, and fell with him, in his first transgression.

[1] 창 2:16~17; 롬 5:12; 고전 15:21~22

1. 연상 퀴즈입니다. 다음의 단어나 상황을 보고 떠오르는 이미지나 생각을 자유롭게 말해 봅시다.

> #죄 #타락 #유전 #첫범죄 #선악을알게하는나무 #생명나무
> ① 아담과 하와가 선악을 알게 하는 나무의 열매를 먹은 후, 과연 어떤 일이 일어났을까?
> ② 아담과 하와는 그들이 낳은 아들, 가인과 아벨이 자라는 모습을 보며 어떤 생각이 들었을까?

핵심 개념 정리 1

아담 혼자만이 아닌 후손과도 맺어진 생명의 언약

1. 아담이 창조된 상태에서 하나님과 맺은 생명의 언약, 그 효력의 범위는 어디까지일까요? 아담 혼자? 아담과 하와? 아담과 하와, 그리고 그의 자녀들까지… 일까요?

설명⁺ 아담과 하나님이 맺은 생명의 언약은 아담 혼자만이 아닌, 그의 후손인 모든 인류에게 영향을 미칩니다. 아담은 인류의 대표자로서 행동했습니다. 아담의 행동이 모든 인류에게 영향을 끼친다는 것은 단순히 생물학적으로 유전된다는 의미가 아닙니다. 모든 인류가 아담의 타락한 본성을 물려받았다는 의미입니다. 이런 의미에서 아담과 맺은 생명의 언약에는 전 인류가 포함됩니다.

2. 나는 아담을 나의 대표로 인정한 적이 없는데 그가 나를 대표했다는 게 너무 억울하다고 여기는 사람이 있을 수 있습니다. 그런 사람에게는 어떤 대답을 해 줘야 할까요?

설명⁺ 이런 질문은 누구나 한 번쯤 해 봤을 만큼 너무나도 자연스럽습니다. 하지만 조금만 생각해 보면, 일반적으로 우리가 직접 뽑지 않은 대표들이 실제로 우리에게 많은 영향을 주고 있음을 쉽게 알 수 있습니다. 대표적인 예가 부모님이지요. 즉, 모든 대표가 나의 투표와 승인을 받아야만 하는 것은 아닙니다. 게다가 우리나라를 대표하는 대통령과 국회의원, 시장 등은 투표권이 있는 사람만 뽑을 수 있습니다. 투표권이 없는 사람은 투표하지 않았으니까, 나의 대통령, 국회의원으로 인정할 수 없나요? 또는 투표권이 있음에도 어떤 사정으로 투표하지 않은 사람은 자기가 뽑지 않은 사람의 직위를 인정할 수 없나요? 대표는 나의 승인과 상관이 없습니다. 하나님께서 아담을 대표로 인정해 주시고, 승인하신 것이 중요합니다. 그리고 아담은 우리보다 능력과 의지 면에서 최상의 상태였다는 것을 기억할 필요가 있습니다. 하나님은 아담에게 충분히 시험을 이길 능력과 힘과 의지를 허락해 주셨습니다.

핵심 개념 정리 2

모든 인류는 아담 안에서 범죄함

1. 하나님은 아담을 모든 인류의 대표로 선택하셨습니다. 아담은 인류 중에서 유일하게 부모로부터 태어나지 않은 사람입니다. 따라서 하나님께서 인류의 대표인 아담과 맺은 언약은 모든 인류와 맺은 언약과 같습니다. 그렇다면, 아담이 지은 죄는 우리에게 어떤 영향을 줄까요?

- 그러므로 (   ) 사람으로 말미암아 (   )가 세상에 들어오고 (   )로 말미암아 (   )이 들어왔나니 이와 같이 (   )사람이 (   )를 지었으므로 (   )이 (   ) 사람에게 이르렀느니라 (롬 5:12)

설명⁺ 아담이 지은 죄로 인해 죄와 사망이 모든 인류에게 현실이 되었습니다. 아담의 죄가 모든 인류에게 전가(轉嫁)되었습니다. 사망의 형벌은 아담뿐 아니라 모든 인류의 공통된 운명이 된 것입니다. 우리는 아담으로부터 타락한 본성을 물려받아, 태어날 때부터 죄의 성향을 가집니다. 이에 따라 인류는 하나님과 완전히 교제가 끊어졌고, 자연계에도 고통과 죽음이 들어오게 되었습니다.

핵심 개념 정리 3

아담과 우리는 일반적인 출생에 의해 연결됨

1. 아담은 우리의 대표자로서 그의 후손과 어떻게 연결되어 있습니까?

- 일반적인 (ㅊ ㅅ)으로 난 그의 후손인 모든 인류는 아담의 첫 (ㅂ ㅈ)로, 그 (ㅇ)에서 죄를 지었고, 그와 (ㅎ ㄲ) 타락했습니다.

설명⁺ 소요리문답 영어 원문을 보면, 거기에 우리가 눈여겨볼, 중요한 전치사가 있습니다. "all mankind, descending from him by ordinary generation, sinned **in** him, and fell **with** him, in his first transgression." 즉, 우리는 아담 안에서(in), 아담과 함께(with) 타락했습니다. 모든 인류는 아담의 첫 범죄로 그 안에서 죄를 짓고 그와 함께 타락했다는 고백입니다. 이를 통해 우리는 모두가 구원이 필요한 존재임을 깨닫게 되고, 우리의 타락한 본성을 인식함으로써 더욱 겸손해질 수 있습니다. 또한 하나님의 구원의 은혜가 얼마나 큰지 깨닫게 되며, 모든 인류가 같은 처지에 있음을 인식하여 서로를 이해하고 용서할 수 있게 됩니다.

2. 아담의 타락이 모든 인류의 타락으로 연결되는 것은 '대표성의 원리' 때문입니다. 더 구체적으로 말하자면, '일반적인 출생으로 태어난 그의 후손인 모든 인류'가 아담 안에서,

아담과 함께 죄를 짓고 타락했습니다. 이 말이 강조하는 것은 무엇일까요? '일반적인 출생'이 아닌, 성령의 능력으로 아담의 영향을 받지 않는 둘째 아담이 있다는 사실을 알려 주기 위함입니다. 둘째 아담은 누구를 말합니까?

설명 "아담 안에서 모든 사람"은 생명의 언약을 맺은 전 인류를 말하며, 뒤따라 나오는 "그리스도 안에서 모든 사람"은 은혜 언약 안에서의 선택받은 사람들을 말합니다(제20문답 참고). 첫째 아담은 죄와 사망을 가져왔습니다. 하지만 둘째 아담(예수 그리스도)은 의와 생명을 가져왔습니다. 일반적 출생이 아닌 예수님의 탄생은 그가 완전한 하나님이자 완전한 인간으로서 우리를 대표할 수 있다는 것을 보여 줍니다(제21-22문답). 이는 우리에게 큰 희망을 안겨 줍니다. 우리가 아담 안에서 죄와 사망에 묶여 있었다면, 그리스도 안에서 우리는 생명과 자유를 얻게 되기 때문입니다. 즉, '둘째 아담'인 예수 그리스도의 존재는 우리에게 구원의 가능성과 새로운 시작을 제시합니다. 아담을 통해 들어온 죄와 사망의 문제가 그리스도를 통해 해결될 수 있음을 보여 줍니다.

적용과 질문

1. 현대 사회는 자기 계발과 성공을 강조합니다. 그러나 인류의 타락 교리는 모든 인간이 근본적으로 불완전하다고 가르칩니다. 이 두 가지 관점을 어떻게 조화시킬 수 있을까요? 자신의 한계를 인정하면서도 동시에 성장과 발전을 추구하는 방법은 무엇일까요?

2. 우리가 속한 공동체에서는 여전히 다양한 형태의 차별이 존재합니다. 모든 인류가 아담의 죄에 영향을 받았다는 관점에서, 우리는 어떻게 이런 차별을 바라봐야 할까요? 이 교리가 평등과 인권 신장에 어떻게 이바지할 수 있을까요? 마찬가지로 그리스도의 구원 역시 모든 인류에게 열려 있습니다. 이는 우리가 현대 사회의 곳곳에 스며든 절망과 무기력을 극복하는 데 어떤 도움을 줄 수 있을까요?

마무리

여러분, 이번 과에서 우리는 인류의 근본적인 문제가 아담 안에서 그와 함께 지은 죄 때문이었음을 배웠습니다. 아담의 타락이 모든 인류에게 영향을 미쳤다는 사실은 처음에는 불공평하게 느껴질 수 있습니다. 그러나 이 진리는 사회의 다양한 문제들을 새로운 시각으로 바라보게 합니다. 현대 사회에서 경험하는 모든 고통은 우리 모두가 가진 타락한 본성의 결과가 아닐까요? 그러나 이 진리는 우리를 절망으로 몰아가는 것이 아니라, 오히려 희망과 책임감을 갖게 합니다. 우리에게 중요한 도전과 희망을 동시에 제시합니다.

하루의 뉴스를 볼 때마다 그 문제의 근원을 생각해 봅시다. 하루를 마감하는 저녁이 되면, 나의 이기적 선택에 대해 되돌아봅시다. 주변 사람들의 실수나 잘못을 보면, 그들을 더욱 이해하고 용서하는 마음을 가져 봅시다. 또한 성급한 혀와 작은 일에도 쉽게 분노하는 습관을 버리도록 노력합시다. 물론, 우리의 노력과 연습, 반복되는 훈련으로 이를 완전히 해결할 수는 없습니다. 우리에게는 '둘째 아담'이신 예수 그리스도가 필요합니다. 우리가 가진 죄의 문제를 해결해 주시는 그리스도를 더욱 의지해야 합니다.

다음 과에서는 '타락이 인류를 어떤 상태에 이르게 했는지'를 살펴보려고 합니다. 이는 우리가 오늘 배운 내용이 실제로 우리 삶에 어떤 영향을 미쳤는지 더 구체적으로 이해할 수 있도록 도와줄 것입니다. 이런 과정은 사실 우리를 더욱 고통스럽게 할 수 있습니다. 그러나 동시에 하나님의 은혜가 얼마나 크고 놀라운지, 우리에게 얼마나 더 필요한지를 알게 해 줄 것입니다.

죄, 더 깊은 은혜로 나아가는 문

'죄'라는 단어는 우리의 마음을 무겁게 하고, 때로는 애써 외면하고 싶게 만듭니다. 하지만 죄에 대한 바른 이해를 권하는 것은 우리를 절망에 빠뜨리기 위함이 아닙니다. 오히려 그것은 가장 눈부신 하나님의 은혜와 진정한 자유로 우리를 이끄는 중요한 출발점입니다.

1. **솔직한 내 모습을 보며 겸손해집니다.** 우리는 스스로의 힘만으로는 하나님을 온전히 기쁘시게 할 수 없는 존재임을 인정하게 됩니다. '나는 이만하면 괜찮은 사람'이라는 교만의 옷을 벗고 하나님의 도움이 절실함을 고백할 때, 비로소 우리는 하나님 앞에 겸손히 설 수 있습니다.

2. **십자가 사랑이 얼마나 위대한지 깨닫습니다.** 내가 얼마나 깊은 어둠 속에 있었는지 깨달을수록, 십자가의 빛은 더욱 찬란하게 다가옵니다. 나를 구원하기 위해 모든 것을 내어주신 예수님의 사랑이 얼마나 큰지 절실히 느끼게 되는 것입니다. 죄의 무게를 알 때, 구원의 감격은 비로소 우리 삶에서 가장 큰 감사와 찬양의 이유가 됩니다.

3. **마음 중심에서부터의 변화가 시작됩니다.** 죄는 단순히 규칙을 어기는 행위가 아니라, 하나님 아버지의 마음을 아프게 하는 일입니다. 이 사실을 깨달을 때, 우리는 형식적인 후회를 넘어 진정한 회개로 나아가게 됩니다. 마음의 중심으로부터 죄를 미워하고 하나님께로 온전히 돌이키는 것, 이것이 바로 영적 성장의 가장 강력한 동력입니다.

4. **다른 사람을 향해 따뜻한 마음을 갖게 됩니다.** 나 역시 죄와 힘겹게 싸우는 연약한 존재임을 깊이 인정하면, 다른 사람을 보는 시선이 바뀝니다. 다른 이의 실수와 허물을 향해 날카로운 비판의 돌을 던지는 대신, 따뜻한 이해와 긍휼의 마음을 품게 되는 것입니다. 내가 받은 용서를 기억하기에, 다른 사람을 더 쉽게 용서할 수 있습니다.

5. **거룩한 삶을 살고 싶은 열망이 생깁니다.** 죄의 실체를 알면, 일상의 작은 유혹에도 영적으로 민감해집니다. 우리의 노력은 단순히 '죄를 짓지 말아야지'하는 소극적인 다짐을 넘어, 나를 사랑하시는 하나님을 나도 사랑하기에 그분을 기쁘시게 하고 싶다는 적극적인 열망으로 발전합니다.

6. **세상 속에서 진짜 소망을 발견합니다.** 세상에 가득한 불의와 고통의 뿌리가 바로 '죄'임을 이해하면, 세상을 더 현실적으로 보게 됩니다. 동시에 이 근본적인 문제를 해결하실 분은 오직 하나님뿐이라는 사실을 깨닫고, 헛된 절망이 아닌 참된 소망을 갖게 됩니다. 이것이 이 땅에서 빛과 소금으로 살아갈 이유가 됩니다.

결론적으로, 죄에 관한 가르침은 우리를 정죄하기 위한 거울이 아닙니다. 오히려 우리의 진짜 모습을 비추어, 우리가 얼마나 구원자를 간절히 필요로 하는지 보여 주기 위한 거울입니다. 그 결과, 우리를 예수 그리스도라는 유일한 희망으로 달려가게 만드는 '은혜의 이정표'가 되는 것입니다. 이 정직한 자기 고백을 통해, 우리 삶은 참된 겸손과 감사, 그리고 이웃을 향한 진정한 사랑으로 채워지기 시작합니다.

죄의 상태
(제17-18문답)

복습하기

지난 과에서 우리는 창조 시 하나님께서 아담과 맺으신 언약은 아담 혼자만의 것이 아니라 모든 인류를 위한 것이고, 아담이 혼자 언약을 깨뜨려 죄를 지은 것이 아니라 모든 인류가 아담 안에서 아담과 함께 범죄한 것임을 배웠습니다. 이것은 둘째 아담이신 그리스도를 더욱 소망하게 합니다. 첫 번째 아담은 실패했지만, 두 번째 아담은 실패하지 않기 때문입니다. 지난 과에서 배운 내용을 함께 되새겨 보며, 빈칸에 알맞은 답을 채워 봅시다.

제 16문 모든 인류는 아담의 첫 범죄에서 타락했습니까?

Did all mankind fall in Adam's first transgression?

답 아담과 맺어진 그 (　　　)은 아담 자신뿐 아니라 그의 (　　　)을 위한 것입니다. 일반적인 출생 방식에 의해 태어난 모든 인류는 아담의 첫 범죄로, 그 (　　)에서 (　　)를 지었고, 그와 (　　　) 타락했습니다.[1]

The covenant being made with Adam, not only for himself, but for his posterity; all mankind, descendeing from him by ordinary generation, all mankind, descending from him by ordinary generation, sinned in him, and fell with him, in his first transgression.

[1] 창 2:16~17; 롬 5:12; 고전 15:21~22

들어가기

여러분, 최근에 자신에게 크게 실망했던 순간이 있나요? 어떤 큰 결심을 했다가도 쉽게 포기해 버린 일이라든지, 분명 화를 참기로 다짐했었는데 금방 누군가에게 상처 주는 말을 했던 일이라든지 말이죠. 아니면, 열심히 공부하거나 일하겠다고 마음먹었는데 결국 휴대폰만 들여다보며 시간을 허비한 적은 없나요? 이런 경험들은 우리 모두에게서 낯설지 않을 것입니다. 우리는 늘 더 나은 사람이 되고자 하지만, 항상 제자리로 돌아오는 나를 보게 됩니다. 왜 그렇게 변하기가 어려울까요? 마치 우리 안에 나의 의지와 반대되는 어떤 힘이 작용하는 것 같지 않나요?

이런 개인적인 고민뿐만 아니라, 우리 사회에서도 마찬가지입니다. 상상할 수 없을 정도로 기술은 나날이 발전하는데, 왜 여전히 세상 곳곳에는 빈곤, 불평등, 폭력이 사라지지 않을까요? 많은 사람들이 평화를 원하는데, 왜 세계 곳곳에서는 전쟁이 끊이지 않을까요? 이런 질문들은 단순히 개인의 의지나 사회 제도의 문제를 넘어서는 것 같습니다. 혹시 인간 존재 자체에 어떤 근본적인 문제가 있는 것은 아닐까요?

오늘 우리가 살펴볼 웨스트민스터 소요리문답 제17문답과 제18문답은 이 질문에 대한 답을 제시해 줍니다. 이 가르침은 우리가 왜 이렇게 살아갈 수밖에 없는지, 그리고 어떻게 이 상황을 극복할 수 있는지에 대한 통찰을 줄 것입니다.

자, 우리 함께 큰 목소리로 문답을 읽어 볼까요?

묻고 답하기

제17문 (아담의) 타락은 인류를 어떠한 상태에 이르게 했습니까?

Into what estate did the fall bring mankind?

답 (아담의) 타락은 인류를 죄와 비참의 상태에 이르게 했습니다. [①]

The fall brought mankind into an estate of sin and misery.

① 롬 5:12

1. 짝꿍을 정해서 다음의 이야기를 해 봅시다.

① **나의 연약함**: 누구에게나 연약한 부분이 있습니다. 자신이 가장 연약하다고 느끼는 부분은 무엇인가요?
② **나의 후회**: 과거의 선택으로 인해 후회해 본 경험이 있다면, 그 경험을 나눠 보세요.
③ **나의 꿈과 현실**: 어렸을 때 꿈꾸던 모습과 현재의 모습을 비교해 보세요. 무엇을 이루고,, 무엇을 이루지 못했나요?
④ **나의 가족**: 가족 중 한 사람을 떠올리며, 그 사람에게 감사하거나 미안한 마음이 있다면 이야기해 보세요.

핵심 개념 정리 1

타락하여 이른 상태

1. 생명의 언약을 지키지 못한 모든 인류는 어떤 상태로 타락했나요?

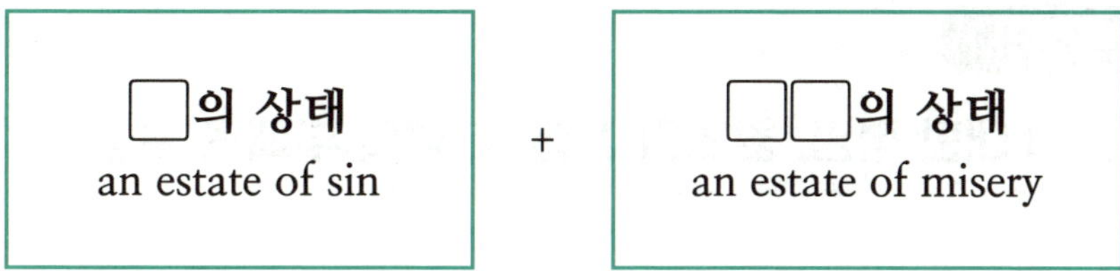

설명⁺ '모든 인류는 창조된 상태에 계속 머물러 있지 않고, 아담 안에서 아담과 함께 자유의지를 사용하여 타락함으로써(제13문답) 죄의 상태와 비참의 상태에 이르게 되었습니다.

이어서 제18문답은 타락하여 이른 죄의 상태가 무엇인지를 설명하고, 제19문답은 타락하여 이른 비참의 상태가 어떤 것인지를 구체적으로 설명해 줍니다. 이번 과에서는 첫 번째, 죄의 상태에 관하여 살펴보도록 하겠습니다. 다음의 문답을 읽어 봅시다.

제18문 사람이 타락한 상태에서의 죄악 됨에는 어떤 것들이 있습니까?

Wherein consists the sinfulness of that estate whereinto man fell?

답 사람이 타락한 상태에서의 죄악 됨에는 일반적으로 원죄라고 불리는 아담의 첫 범죄의 죄책, 본래 가졌던 원의의 상실, 본성 자체의 부패가 있으며, 이 원죄로부터 모든 범죄 행위(자범죄)가 나옵니다. ①

The sinfulness of that estate whereinto man fell, consists in the guilt of Adam's first sin, the want of original righteousness, and the corruption of his whole nature, which is commonly called Original Sin; together with all actual transgressions which proceed from it.

① 롬 5:12, 19; 5:10–20; 엡 2:1–3; 약 1:14–15; 마 15:19

*원의(原義): 사람이 창조되었을 때 원래의 상태

원죄는 죄에 대한 책임, 원의의 상실, 본성의 부패로 구성

1. 많은 사람이 원죄는 아담이 지은 죄이고, 내가 지은 죄는 자범죄라고 생각합니다. 맞는 생각일까요?

● 그는 허물과 죄로 죽었던 너희를 살리셨도다 그때에 너희는 그 가운데서 행하여 이 세상 풍조를 따르고 공중의 권세 잡은 자를 따랐으니 곧 지금 (   )의 아들들 가운데서 역사하는 영이라 전에는 우리도 다 그 가운데서 우리 육체의 (   )을 따라 지내며 육체와 마음의 원하는 것을 하여 다른 이들과 같이 본질상 (   )의 자녀이었더니 (엡 2:1-3)

설명⁺ 성경은 원죄와 자범죄를 분리해서 생각할 수 없다고 합니다. "허물과 죄로 죽은" 우리 모두는 원죄의 상태에서 시작합니다. 우리는 타락한 본성으로 인해 자연스럽게 죄를 짓기 때문입니다. 우리 안에 있는 죄의 욕망이 자범죄로 이어질 뿐입니다. 그래서 "본질상 진노의 자녀"라는 말은 우리의 타락한 본성이 원죄의 결과임을 보여 줍니다. 따라서 원죄는 뿌리이며 자범죄는 그 열매라고 생각하면 됩니다. 결국, 우리는 각자가 짓는 자범죄뿐 아니라 원죄도 용서받아야 합니다.

2. 원죄(Original sin)는 아담이 선악을 알게 하는 나무의 실과를 따 먹은 그 최초의 범죄 행위(first sin)만을 말하지 않습니다. 그렇다면, 무엇을 말하는 것일까요?

● 그러므로 (   ) 사람으로 말미암아 (   )가 세상에 들어오고 죄로 말미암아 (   )이 들어왔나니 이와 같이 모든 사람이 죄를 지었으므로 사망이 (   ) 사람에게 이르렀느니라 (롬 5:12)

● 기록된바 (   )은 없나니 하나도 없으며 (롬 3:10)

● (   )에서 나오는 것은 악한 생각과 살인과 간음과 음란과 도둑질과 거짓 증언과 비방이니 (마 15:19)

 원죄는 다음의 세 가지 요소가 있습니다. 첫 번째는, 아담의 첫 범죄에 대한 죄책(guilt)입니다. 죄를 지은 사람은 죄에 대한 책임을 져야 합니다. 이 아담의 죄책이 모든 인류에게 전가되었습니다(제16문답). 두 번째는, 본래 가졌던 원의의 상실(lack of original righteousness)입니다. 타락한 인간은 하나님의 형상대로 창조된 인간의 원래 상태인 의를 잃어버렸습니다. 따라서 이 세상에는 의인이 없습니다. 마지막으로, 본성 자체의 부패(corruption of his whole nature)입니다. 인간의 모든 부분(지성, 감정, 의지 등)이 죄로 인해 오염되었음을 의미합니다.

3. 타락한 인류의 본성 자체의 부패는 어떤 현상으로 나타날까요?

본성의 부패한 모습	· (　　　　) : 하나님을 모름. 세상에 대한 지식이 부족해짐
	· (　　　　) : 좋은 것을 좋게 받아들이지 못함. 미음, 다툼, 시기, 질투, 의심, 분노가 끊이지 않음
	· (　　　　) : 옳은 것을 행하고 싶지 않음. 의로운 행동을 하라고 해도 실천하기 어려움

- 황희상, 『특강, 소요리문답 (상)』(흑곰북스, 2011), 178. -

 타락한 인류는 본성이 부패하여 지성, 감정, 의지가 오염되었습니다. 우리의 지성은 실패와 내면에 감춰진 본질을 보지 못하고 어두워졌습니다. 감정은 메마르고 비뚤어져 괴로워하면서도 즐기는 이상한 상태가 되어 버렸습니다. 또한 의지는 아무리 좋고 훌륭한 계획을 세워도 쉽게 사그라듭니다. 특히 선을 행하려는 의지가 망가져 최대한 미루고 피하며, 외면하기의 달인으로 변해 버렸습니다.

핵심 개념 정리 2

자범죄는 원죄로부터 나오는 각 사람의 특성에 따른 범죄 행위

1. 자범죄는 원죄와 달리 각 사람에게서 어떤 모습으로 나타날까요?

- 오직 각 사람이 시험을 받는 것은 (　　　) (　　　)에 끌려 미혹됨이니 욕심이 잉태한즉 (　　)를 낳고 죄가 장성한즉 (　　　)을 낳느니라 (약 1:14–15)

- (　　　　)에서 나오는 것은 (　　)한 생각과 (　　　)과 간음과 (　　　)과 (　　　　)질과 (　　　) 증언과 (　　　)이니 (마 15:19)

 자범죄는 원죄와 달리 각 개인의 구체적인 행위와 상황에서 나타납니다. 각 사람의 가정 환경, 교육의 정도, 사회 구조에 영향을 받습니다. 사람마다 욕심의 정도가 다르며, 개인이 끌리는 욕망의 종류도 다를 수 있습니다. 하지만 자범죄의 발전 단계는 비슷합니다. 처음에는 마음에 욕심이 생기고, 그것이 죄를 낳고, 죄가 성장하여 사망을 낳습니다. 우리는 자신과 다른 사람이 죄를 짓지 않도록 이러한 발전 단계를 눈여겨봐야 합니다. 그렇지 않으면 우리는 생각과 말과 행동으로 다양한 죄를 짓고 사는 불쌍한 사람이 됩니다. 이러한 이해는 우리가 자기 내면을 주의 깊게 살피고, 죄의 초기 단계에서부터 대처해야 할 필요성을 깨닫게 해 줍니다.

2. 원죄와 자범죄를 정리해 봅시다.

원죄 아담에게 물려받은 죄성, 태어날 때부터 가짐	• (　　　　　) : 죄에 책임을 져야 함
	• (　　　　　) : 의를 행할 수 없는 상태가 됨
	• (　　　　　) : 죄로 물들어(오염) 하나님의 형상이 부패됨
자범죄 죄성을 가지고 스스로 짓는 죄	죄를 지을 수밖에 없는 상태가 되어 생각, 말, 행동으로 죄를 지으며 살아감

- 사람들이 (　　　)를 사랑하며 (　　)을 사랑하며 자랑하며 (　　　)하며 (　　　)하며 부모를 (　　　) 하며 (　　　)하지 아니하며 (　　　)하지 아니하며 (　　　)하며 원통함을 풀지 아니하며 (　　　)하며 (　　)하지 못하며 사나우며 (　　)한 것을 좋아하지 아니하며 (　　　)하며 (　　)하며 (　　)하며 (　　　)을 사랑하기를 하나님 사랑하는 것보다 더하며 (딤후 3:2–4)

적용과 질문

1. 현대 사회에서는 개인의 능력과 노력을 크게 강조합니다. 하지만 우리 모두가 타락하여 죄와 비참의 상태에 있다는 관점에서 볼 때, 이러한 '능력주의'나 '성공 신화'는 문제가 있습니다. 어떤 문제가 있을까요? 우리가 전 인류의 타락을 염두에 둔다면 사회 문제(예: 빈곤, 범죄)를 어떻게 바라보며 해결책을 찾을 수 있을까요?

2. 우리 삶에 나타나는 여러 문제는 개인의 악함보다 '시스템(구조)'의 문제라고 하는 말을 듣습니다. 원죄의 관점에서 볼 때, 이러한 '구조적 악'은 어떻게 이해될 수 있을까요? 그리고 구조나 시스템을 악용하는 사람들은 자범죄의 관점에서 볼 때 어떻게 이해해야 할까요? 또 이 문제를 개선하기 위해 개인적으로, 그리고 공동체적으로 어떤 노력을 할 수 있을까요?

마무리

여러분, 이번 과에서 우리는 아담의 타락이 모든 인류에게 미친 영향, 그리고 그로 인해 우리가 저지르는 개인적인 죄에 관하여 배웠습니다. 특히 본성의 부패가 가져온 지성, 감정, 의지의 오염이 얼마나 큰 문제인지를 살펴봤습니다. 우리는 모두 완벽하지 않습니다. 때로는 잘못을 저지르고, 후회할 만한 선택을 하기도 합니다. 이것이 바로 문답에서 말하는 '타락한 상태'입니다.

그러나 이 사실을 깨닫는 것은 오히려 우리를 자유롭게 할 수 있습니다. 우리가 얼마나 연약한 존재인지를 안다면, 교만에서 벗어나 다른 사람을 수용하는 넓은 마음을 갖게 될 것입니다. 또한 우리의 일상적인 죄를 인식하고 경계하며 회개를 사랑하여 용서하시는 주님의 은혜를 더 많이 구하게 될 것입니다. 죄와 싸우기 위해서는 삼위 하나님의 도움 없이는 승리할 수 없음을 깨닫게 됩니다. 그리하여 모든 구원이 전적으로 하나님의 은혜에 있음을 확신하게 될 것입니다.

다음 과에서는 모든 인류가 죄의 상태에 있을 뿐 아니라 얼마나 큰 비참의 상태에 있는지를 살펴보려고 합니다. 계속해서 우울하고 슬픈 이야기의 연속이지만, 그럴수록 우리는 하나님의 은혜를 더 소망하게 되고 그 은혜가 더욱 귀하다는 것을 깨닫게 됩니다.

제14과

비참의 상태
(제19문답)

복습하기

지난 과에서 우리는 아담 안에서 아담과 함께 타락한 인류는 죄와 비참한 상태에 이르게 되었음을 공부했습니다. 특별히 죄는 원죄와 자범죄가 있고, 원죄에는 첫 범죄에 대한 책임, 원의의 상실, 그리고 온 성품(지, 정, 의)이 부패했다는 것입니다. 그래서 우리는 각자가 다양한 죄를 짓고 살아가고 있지요. 참 비극적인 상황입니다. 다시 한번 기억을 떠올려 문답의 빈칸을 채워 봅시다.

제17문 (아담의) 타락은 인류를 어떠한 상태에 이르게 했습니까?

Into what estate did the fall bring mankind?

답 (아담의) 타락은 인류를 (   )와 (   )의 상태에 이르게 했습니다.[1]

The fall brought mankind into an estate of sin and misery.

① 롬 5:12

제18문 사람이 타락한 상태에서의 죄악 됨에는 어떤 것들이 있습니까?

Wherein consists the sinfulness of that estate whereinto man fell?

답 사람이 타락한 상태에서의 죄악 됨에는 일반적으로 (   )라고 불리는 아담의 첫 범죄의 (   ), 본래 가졌던 (   )의 상실, 본성 자체의 (   )가 있으며, 이 원죄로부터 모든 (   ) 행위(자범죄)가 나옵니다.[1]

The sinfulness of that estate whereinto man fell, consists in the guilt of Adam's first sin, the want of original righteousness, and the corruption of his whole nature, which is commonly called Original Sin; together with all actual transgressions which proceed from it.

[1] 롬 5:12, 19; 5:10–20; 엡 2:1–3; 약 1:14–15; 마 15:19

들어가기

여러분, 우리 모두 이런 질문들을 한 번쯤은 해 보지 않았나요? "세상에는 어째서 이토록 많은 고통과 슬픔이 끊이지 않는 걸까?", "인간관계란 왜 이렇게 복잡하고 때로는 아픈 걸까?", "나는 왜 자꾸 실수를 반복하는 걸까?", "나는 죽으면 어떻게 될까?", "죽음은 고통 없는 끝일까?"

이 질문들은 단순한 호기심이 아닙니다. 우리 삶의 근본을 이해하는 데 매우 중요한 질문들입니다.

오늘 우리가 함께 공부할 웨스트민스터 소요리문답 제19문답은 이 질문들에 대한 깊이 있는 통찰을 제공합니다. 조금 낯설고 무거울 내용일 수 있고, 슬프도록 절망적이라고 생각할 수도 있습니다. 그러나 이 가르침은 우리 일상의 경험과 밀접하게 연결되어 있습니다.

이번 과를 공부하는 목적은 낙담이나 회의가 아닙니다. 오히려 우리의 현재 상태를 정확히 이해함으로써, 하나님의 은혜와 구원의 필요성을 더욱 깊이 깨닫고 감사하게 되는 것입니다.

자, 이제 함께 이 중요한 문답을 차근차근 살펴보며, 이 가르침이 우리 삶에 어떤 의미를 가져다주는지 생각해 볼까요? 큰 소리로 문답을 한 자 한 자 읽어 봅시다.

묻고 답하기

제19문 사람이 타락한 상태에서의 비참이란 무엇입니까?

What is the misery of that estate whereinto man fell?

답 모든 인류가 타락으로 인해 하나님과의 교제가 끊어지고,[1] 하나님의 진노와 저주 아래 있게 되어,[2] 현세의 모든 비참과 죽음 자체와 영원한 지옥의 고통을 면할 수 없게 되어 버린 것입니다.[3]

All mankind by their fall lost communion with God, are under his wrath and curse, and so made liable to all miseries in this life, to death itself, and to the pains of hell for ever.

[1]창 3:8, 10, 24 [2]엡 2:2-3; 갈 3:10 [3]애 3:39; 롬 6:23; 마 25:41, 46

1. 비참에 관한 더 깊은 이해를 돕는 OX 퀴즈

　① 모든 사람은 행복하게 살 권리가 있다. (O / X)
　② 인생은 고통의 연속이다. (O / X)
　③ 죽음은 인생의 끝이다. (O / X)
　④ 하나님은 모든 사람을 사랑하신다. (O / X)
　⑤ 이대로 사는 게 비참이다. (O / X)

2. 다음 중 비참이라 할 수 없는 것은?

　① 사랑하는 사람과의 이별
　② 소중한 것을 잃어버리는 경험
　③ 목표를 달성했을 때의 성취감
　④ 질병으로 고통받는 상황
　⑤ 외로움과 고독을 느낄 때

비참의 핵심은 하나님과의 교제가 끊어진 것

1. 비참(悲慘)이란 더할 수 없이 슬프고 끔찍한 상태를 말합니다. "하나님과의 교제를 잃어버린 것"이 비참의 원인입니다. 다음 말씀에서 하나님과 인간의 관계가 끊어졌다는 것을 어떻게 말하고 있습니까?

● 그들이 그날 바람이 불 때 동산에 거니시는 여호와 하나님의 소리를 듣고 아담과 그의 아내가 여호와 하나님의 낯을 피하여 동산 나무 사이에 (　　　)지라; 이르되 내가 동산에서 하나님의 소리를 (　　　) 내가 벗었으므로 (　　　　)하여 숨었나이다; 이같이 하나님이 그 사람을 (　　　)내시고 에덴동산 동쪽에 그룹들과 두루 도는 불 칼을 두어 생명나무의 길을 지키게 하시니라 (창 3:8, 10, 24)

설명+ 아담은 범죄 하자마자 하나님을 피해 숨습니다. 이전에는 하나님과 자유롭게 교제하던 인간이 하나님을 두려워하여 숨은 것입니다. 관계에 균열이 일어난 것이죠. 또한 '부끄러움'이라는 없던 감정이 생겨 하나님과의 관계를 방해합니다. 결국 하나님께서 그들을 에덴동산에서 추방하심으로써 하나님은 그들과 친밀한 관계가 끊어졌음을 상징적으로 보여 주십니다. 심지어 아담이 생명나무에 접근하는 것을 차단하심으로써 관계의 단절을 더욱 분명히 보여 주십니다. 이렇게 인간은 타락 이후, 하나님과의 관계가 친밀함에서 두려움, 부끄러움, 숨음, 물리적 차단의 관계로 바뀌었습니다.

2. 하나님과의 교제가 끊어진 인간이 겪는 비참은 무엇입니까?

① 하나님의 □□와 □□ 아래 있게 되어, ② 살면서 겪는 모든 □□을 □할 수 없고, ③ ㅈ게 되며, ④ 영원히 □□의 □□을 받게 되는 것입니다.

하나님과 교제가 끊어진 자는 하나님의 진노와 저주 아래 있게 됨

1. 하나님과의 교제가 끊어진 인류가 겪는 하나님의 진노와 저주는 무엇일까요?

- 그때에 너희는 그 가운데서 행하여 이 세상 (   )를 따르고 공중의 (   ) 잡은 자를 따랐으니 곧 지금 (   )의 아들들 가운데서 역사하는 (   )이라 전에는 우리도 다 그 가운데서 우리 육체의 (   )을 따라 지내며 육체와 (   )의 원하는 것을 하여 다른 이들과 같이 본질상 (   )의 (   )이었더니 (엡 2:2–3)

- 무릇 율법 행위에 속한 자들은 (   ) 아래에 있나니 기록된 바 누구든지 율법책에 기록된 대로 모든 일을 항상 (   )하지 아니하는 자는 (   ) 아래에 있는 자라 하였음이라 (갈 3:10)

설명+ 하나님과의 교제가 끊어진 인류가 하나님의 진노와 저주 아래 있다는 것은 생명이 붙어 있을지라도 하나님과 분리된 상태이기에 영적으로 사망했음을 의미합니다. 그래서 하나님이 아닌 세상과 사탄의 영향력 아래에서 지배당하게 됩니다. 육체의 욕심을 따라, 죄성에 사로잡혀 하나님의 의로운 뜻에서 벗어납니다. 결국 하나님의 진노 아래에서 하나님의 기준에 합당하지 못해 하나님의 명령을 온전히 행할 수 없는 저주 아래 놓이는 것입니다. 이러한 상태들은 하나님의 진노와 저주의 구체적인 모습들입니다. 이는 단순히 벌을 받는 것을 넘어서, 하나님과 올바른 관계에서 벗어나 영적, 도덕적, 실존적으로 비참한 상태에 빠진 인류의 모습을 보여 줍니다.

하나님과 교제가 끊어진 자는

이생의 모든 비참, 죽음, 영원한 지옥의 고통을 면하지 못함

1. 하나님과의 교제가 끊어진 인류가 겪는 삶의 비참과 죽음과 영원한 지옥의 고통은 무엇일까요?

- 살아 있는 사람은 자기 (   )들 때문에 (   )을 받나니 어찌 원망하랴 (애 3:39)

- (   )의 삯은 (   )이요 하나님의 은사는 그리스도 예수 우리 주 안에 있는 (   )이니라 (롬 6:23)

- 또 왼편에 있는 자들에게 이르시되 (   )를 받은 자들아 나를 떠나 마귀와 그 사자들을 위하여 예비된 영원한 (   )에 들어가라; 그들은 (   )에, 의인들은 (   )에 들어가리라 하시니라 (마 25:41, 46)

설명 하나님과의 교제가 끊어진 인류가 겪는 비참은 세 가지 측면에서 살펴볼 수 있습니다. 첫 번째는 삶의 비참입니다. 죄의 결과로 인한 현실적인 고난을 의미합니다. 우리가 일상에서 경험하는 다양한 어려움, 질병, 관계의 갈등, 내적 갈등 등이 이에 해당할 수 있습니다. 두 번째는 죽음입니다. 이는 육체적 죽음뿐만 아니라 영적 죽음을 포함합니다. 영적 죽음은 하나님과의 관계가 단절된 상태를 의미하며, 이는 현세에서도 경험될 수 있습니다. 세 번째는 영원한 지옥의 고통입니다. 이는 현재의 고통이나 육체적 죽음을 넘어서는 가장 극단적인 형태의 비참입니다. 이러한 비참은 단계적이며 누적적입니다. 현재 삶의 고통에서 시작하여, 육체적 죽음을 거쳐, 궁극적으로는 영원한 분리에 이르게 됩니다. 이는 하나님과의 관계 단절이 가져오는 총체적인 결과를 보여 줍니다. 그러나 로마서 6장 23절의 후반부, "하나님의 은사는 그리스도 예수 우리 주 안에 있는 영생이니라"라는 말씀은 이러한 비참의 상태에서 벗어날 수 있는 유일한 길을 제시합니다(제20문답). 이는 오직 예수 그리스도께서 우리를 위해 하신 은혜로운 일에 의해서만 가능함을 말합니다.

적용과 질문

1. 여러분의 삶에서 하나님과의 관계 회복이 다른 사람들과의 관계에 어떤 영향을 줄까요? 구체적인 예를 들어 설명해 볼 수 있을까요? (하나님과의 관계가 회복되면 공동체 의식이 강화되고, 소외와 고립의 문제를 해결하는 데 도움이 될 수 있습니다.)

2. 우리는 자유를 최고의 가치로 여기지만, 많은 사람이 중독, 불안, 우울 등의 문제로 고통받고 있습니다. 이는 '하나님의 진노와 저주 아래 있는' 상태의 현대적 표현일 수 있습니다. 고통을 느끼는 그들에게 우리가 해 줄 수 있는 것이 있을까요?

마무리

　여러분, 우리는 이번 과에서 사람이 타락한 상태의 비참에 관하여 깊이 있게 공부했습니다. 비참의 핵심은 우리와 하나님과의 관계입니다. 하나님과의 친밀한 교제가 우리의 행복이요, 감사요, 큰 기쁨입니다. 그러나 죄로 인해 교제가 끊어지자, 하나님의 진노와 저주 아래 살게 되고, 살면서 모든 끔찍한 비참을 경험하며, 죽음과 영원한 고통을 면할 수 없게 되었습니다. 우리는 이를 매일 개인적인 관계에서의 갈등, 사회의 불의, 우리 내면의 갈등들을 통해 볼 수 있습니다.

　그러나 이 깨달음이 우리를 절망에 빠뜨리지 않게 합시다. 모두가 비참이라는 같은 처지에 있음을 인정하면, 서로를 더 이해하고 용납할 수 있습니다. 또한 하나님의 은혜가 없이는 우리의 비참을 깨달을 수 없으니, 깨달음을 주신 하나님께 감사할 수 있습니다. 그리고 우리의 상태가 얼마나 심각한지 알수록, 하나님의 구원이 얼마나 놀랍고 귀한 것인지 더 깊이 이해하게 됩니다. 우리가 알게 된 이 중요한 진리를 주변의 사랑하는 사람들과 나누어, 그들도 하나님의 은혜를 알 수 있도록 합시다.

　다음 과에서는 이러한 비참의 상태에서 우리를 구원하시기 위한 하나님의 놀라운 계획, 우리에게 구속자를 보내 주신 하나님의 사랑에 관하여 배우게 될 것입니다. 우리의 처지가 얼마나 절망적인지를 알고, 하나님의 구원이 얼마나 놀랍고 감사한 것인지 더 깊이 이해할 수 있을 것입니다.

인터 미션 3

죄와 비참의 상태로 타락(제13-19문답) 마인드맵

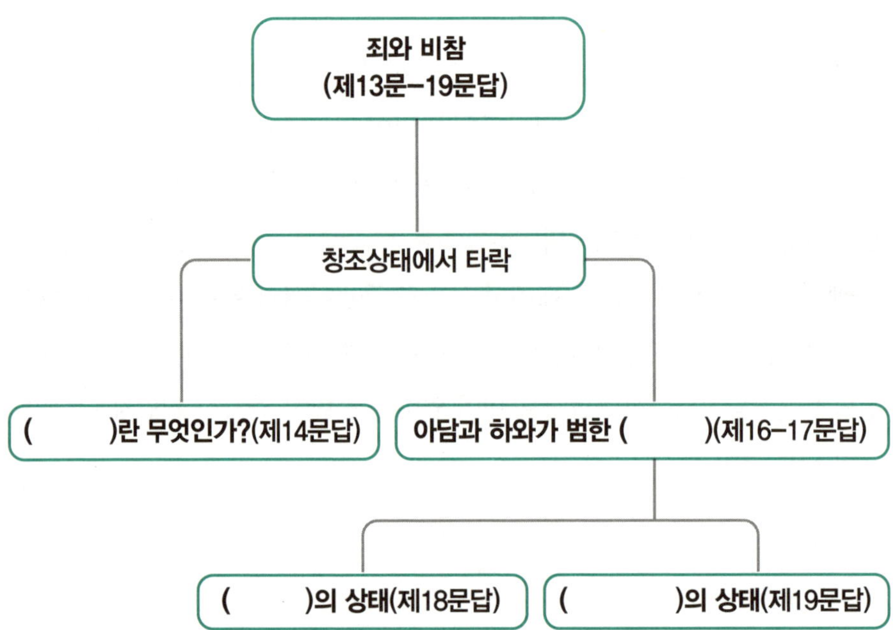

요약·설명해 보기

　인류의 타락은 첫 조상의 (ㅂㅅ)에서 시작된 비극적인 이야기입니다. 하나님은 우리의 첫 조상을 자유(ㅇㅈ)를 가진 존재로 창조하셨지만, 그들은 그 자유를 하나님께 (ㄷㅎ)하는 데 사용하여 타락하고 말았습니다(제13문답).

　죄의 본질은 하나님의 율법에 대한 (ㅂ)순종입니다. 그것은 단순히 큰 잘못을 저지르는 것만이 아니라, 하나님의 완전한 기준에 (ㅈㄱ)이라도 미치지 못하는 모든 것을 포함합니다(제14문답). 첫 조상의 경우, 이 죄는 하나님께서 명확히 금지하신 (ㅇㅁ)를 먹는 행위로 나타났습니다(제15문답).

　이 한 번의 불순종이 가져온 결과는 실로 엄청났습니다. 아담은 단순히 개인으로서가 아니라 전 인류의 (ㄷㅍㅈ)로서 하나님과 (ㅇㅇ)을 맺었기 때문에, 그의 타락은 모든 후손에게 영향을 미쳤습니다(제16문답). 이로 인해 인류 전체가 (　　)의 상태와 (　　　)의 상태에 빠지게 되었습니다(제17문답).

　이 타락한 죄의 상태는 두 가지 측면으로 나타납니다. 첫째는 (ㅇ)죄로, 이는 아담의 첫 범죄에 대한 (ㅈㅊ), 본래 가지고 있던 의의 (ㅅㅅ), 그리고 인간 본성 전체의 (ㅂㅍ)를 포함합니다. 둘째는 이 원죄에서 비롯되는 모든 실제적인 자기 죄의 (ㅎㅇ)들입니다(제18문답).

　타락의 궁극적 결과는 참으로 비참의 상태에 빠지게 했습니다. 인류는 하나님과의 친밀한 (ㄱㅈ)를 잃어버렸고, 대신 그의 (ㅈㄴ)와 (ㅈㅈ) 아래 놓이게 되었습니다. 우리가 이 세상에서 경험하는 모든 고통과 슬픔, 그리고 (ㅈㅇ)은 이 타락의 결과입니다. 더욱이 이 비참은 현세에 그치지 않고 영원한 지옥의 (ㄱㅌ)으로 이어집니다(제19문답).

　이러한 진리는 우리에게 인간의 근본적인 문제와 구원의 절대적 필요성을 깨닫게 해 줍니다. 우리는 스스로의 힘으로는 이 비참의 상태에서 벗어날 수 없으며, 오직 하나님의 은혜로운 구원만이 우리의 유일한 희망임을 알게 됩니다.

제4부
구속자
그리스도께서 하신 일
(제20-28문답)

하나님께서는 인간을 창조하실 때, 그분을 영화롭게 하고 그분 안에서 기쁨을 누리도록 하셨습니다. 그러나 인간은 이 고귀한 사명을 저버리고 타락하여, 죄와 비참의 깊은 구렁텅이에 빠지는 비극적 결말을 맞이하게 되었습니다. 다행히도 성경은 이 암울한 현실에서 멈추지 않고, 오히려 하나님께서 타락한 죄인들을 구원하시고자 행하신 놀라운 섭리를 펼쳐 보입니다.

하나님은 자신이 선택하신 백성들을 위해서 은혜 언약을 통해 구속자 예수 그리스도를 보내십니다. 여기서 '구속'이란 '대가를 치르고 무언가를 되찾다'라는 의미를 담고 있습니다. 더 구체적으로, 우리 주 예수 그리스도께서 우리를 대신하여 무언가를 바로잡으셨다는 뜻입니다. 이제 우리 주 예수 그리스도께서 우리를 위하여, 우리를 대신하여 행하신 놀라운 구원의 역사를 살펴보겠습니다.

구속자(제20-23문답)	구속자의 직분과 상태(제24-28문답)	
1) 은혜 언약(제20문답)	1) 구속자의 직분(제24-26문답)	2) 구속자의 상태(제27-28문답)
2) 구속자(제21문답)	① 선지자(제24문답)	① 낮아지심(제27문답)
3) 구속자의 성육신(제22문답)	② 제사장(제25문답)	② 높아지심(제28문답)
4) 구속자의 직분과 상태(제23문답)	③ 왕(제26문답)	

은혜 언약
(제20문답)

복습하기

지난 과에서 우리는 생명의 언약을 내팽개친 아담 안에서 온 인류는 죄와 비참의 상태에 빠져 있다는 것을 배웠습니다. 하나님과의 교제가 끊어진 사람은 영적으로 죽어 있는 상태입니다. 고통과 비참함이 끊이지 않습니다. 하나님의 진노와 저주 아래에서 두려움과 수치로 삶을 살아갑니다. 얼마나 큰 비극인지 모릅니다. 우리가 어떤 비참의 상태에 있는지 기억을 떠올려 문답의 빈칸을 채워 봅시다.

> **제19문** 사람이 타락한 상태에서의 비참이란 무엇입니까?
>
> What is the misery of that estate whereinto man fell?
>
> **답** 모든 인류가 타락으로 인해 하나님과의 (   )가 끊어지고,[1] 하나님의 진노와 (   ) 아래 있게 되어,[2] 현세의 모든 (   )과 (   ) 자체와 영원한 (   )의 고통을 (   )할 수 없게 되어 버린 것입니다.[3]
>
> All mankind by their fall lost communion with God, are under his wrath and curse, and so made liable to all miseries in this life, to death itself, and to the pains of hell for ever.
>
> ①창 3:8, 10, 24 ②엡 2:2–3; 갈 3:10 ③애 3:39; 롬 6:23; 마 25:41, 46

들어가기

　여러분, 우리는 지난 과까지 타락한 온 인류의 죄와 비참의 상태를 살펴봤습니다. 참 슬프고 괴로운 절망적인 상황입니다. 이 상태에서 벗어날 방법은 없을까요? 하나님은 우리를 그냥 내버려두셨을까요?

　하나님의 사랑과 구원 계획은 참으로 놀랍습니다. 하나님은 '은혜 언약'을 통해 우리를 구원하십니다. 은혜 언약은 하나님의 무조건적인 사랑과 자비를 바탕으로 한 약속입니다. 하나님은 우리가 아무런 자격이 없음에도 불구하고, 자신의 선하시고 기쁘신 뜻에 따라 우리를 사랑하고 구원하기로 결정하셨습니다. 이 은혜 언약을 통해 우리는 죄와 비참의 상태에서 벗어나 구원의 상태에 있게 됩니다. 이는 마치 어둠에서 빛으로, 절망에서 희망으로 나아가는 것과 같습니다.

　이번 과에서 우리는 함께 이 은혜 언약의 의미를 더 깊이 살펴보고, 이것이 우리의 일상적인 삶에 어떤 변화와 위로를 가져다주는지 생각해 보려 합니다. 하나님의 선하신 뜻과 영원한 계획 속에서 우리 각자가 어떤 특별한 위치를 차지하고 있는지, 그리고 이를 통해 우리가 어떻게 더 깊은 감사와 확신 속에서 살아갈 수 있는지 배울 수 있기를 바랍니다.

　자, 하나님의 은혜로운 사랑의 깊이를 체험하러 가 볼까요? 큰 소리로 문답을 한 자 한 자 읽어 봅시다.

묻고 답하기

제20문 하나님께서는 죄와 비참의 상태에 있는 모든 인류가 멸망하도록 내버려두셨습니까?

Did God leave all mankind to perish in the estate of sin and misery?

답 하나님께서는 자신의 선하시고 기쁘신 뜻대로 영원 전에, 어떤 이들을 영원한 삶으로 선택하시고[1] 그들을 구속자로 말미암아 죄와 비참의 상태에서 건져 내어 구원의 상태에 이르게 하시려고 은혜 언약을 맺으셨습니다.[2]

God having, out of his mere good pleasure, from all eternity, elected some to everlasting life, did enter into a covenant of grace, to deliver them out of the estate of sin and misery, and to bring them into an estate of salvation by a Redeemer.

[1]엡 1:4 [2]롬 3:20-22; 갈 3:21-22

1. 다음의 문장을 읽고 무엇을 말하는지 정답을 맞춰 봅시다.

① 하나님과 우리 사이에 맺어진 첫 번째 언약으로, 아담과 하와에게 주어진 완전한 순종을 조건으로 하는 언약

(　　　　　)

② 하나님께서 죄인들을 구원하시기 위해 예수 그리스도 안에서 맺으신 언약으로, 조건 없는 하나님의 은혜를 통해 구원을 얻는 언약

(　　　　　)

③ 하나님께서 선택하신 자들을 타락의 상태에서 건져 내어 영생으로 인도하시는 일.

(ㄱ ㅇ)

④ 하나님은 은혜 언약을 누구와 맺으셨을까?

(ㄱ ㅅ ㅈ)

⑤ 은혜 언약을 통해 하나님께서 우리에게 주시려는 것은 무엇일까?

(ㅇ ㅇ ㅎ ㅅ)

은혜 언약의 시기와 조건

1. 제12문답에서 하나님과 아담과 맺은 생명 언약을 다시 떠올려 봅시다. 생명 언약은 창조 때에 맺어진 언약으로서, 조건은 완전한 순종이었고, 내용은 선악을 알게 하는 나무의 열매를 먹지 않는 것입니다. 아담은 이 언약을 지킬 능력이 충분히 있었습니다. 그러나 아담은 스스로 하나님께 대항하여 금지된 열매를 먹음으로써 창조된 상태에서 타락했습니다. 인간은 그 결과 죄와 비참의 상태에 있게 되어 모든 희망을 잃게 되었습니다. 우리의 희망은 어디에서 찾아야 할까요?

인간은 정말 아무런 소망이 없습니다. 따라서 이 문제를 해결하기 위해서는 하나님께로 나와야 합니다. 하나님은 죄와 비참의 상태에 있는 인류를 구원의 상태에 이르도록 영원 전에 자신의 선하시고 기쁘신 뜻에 따라 구속자와 "□□ □□"을 맺으셨습니다.

● 곧 (   ) (   )에 그리스도 안에서 우리를 (   )하사 우리로 사랑 안에서 그 앞에 거룩하고 흠이 없게 하시려고 (엡 1:4)

설명 하나님은 자기가 선택하신 자들을 죄와 비참의 상태에 내버려두지 않으셨습니다. 하나님은 영원 전에 선택할 자들을 정하셨습니다. 그리고 조건 없이 오직 자신의 선하시고 기쁘신 뜻대로 선택하셨습니다. 여기서 '영원 전'이라는 말은 먼 과거의 시간이 아닙니다. 우리의 시간을 초월할 뿐 아니라 지배하시는 하나님의 영원을 의미합니다. 즉, 하나님은 우리의 이해와 언어로는 완전히 파악할 수 없는 무한하시고, 영원하시며, 불변하신 분입니다(제4문답).

2. 하나님께서 어떤 사람(나를 포함한)을 선택하실 때, 행위나 자질을 보고서 선택하기로 결정하신 것이 아니라 무조건적으로 영원 전에 부르셨다는 것을 깨닫는다면, 내 삶에 어떤 변화를 기대할 수 있을까요? (ex. 정체성, 스트레스, 맹목적 성공 등등)

● 우리가 아직 (   ) 되었을 때에 그리스도께서 우리를 위하여 죽으심으로 하나님께서 우리에 대한 자기의 (   )을 확증하셨느니라 (롬 5:8)

설명⁺ 우리의 구원이 죄와 비참 가운데 있는 우리를 향한 하나님의 무조건적인 선택 때문이라는 것을 알게 되면, 우리의 가치가 우리가 가진 능력이 아닌 오직 하나님의 은혜에 있다는 것을 더욱 확신하게 됩니다. 타락한 세상에서 자신의 가치를 입증하고 완벽해야 한다는 압박감으로부터 벗어날 수 있습니다. 하나님의 사랑과 선택은 우리의 성과에 좌우되지 않기 때문입니다. 자연스럽게 우리는 세상의 성공이 아닌 하나님의 뜻을 추구하는 삶으로 방향이 바뀌게 됩니다. 오늘 주어진 삶에 대한 감사가 넘치게 되며, 나처럼 하나님의 선택을 받은 다른 사람들을 존중하고 사랑하게 됩니다. 무엇보다 우리 삶의 목적이 더욱 분명해집니다. 우리 인생의 목적은 하나님을 영화롭게 하고 영원토록 그분을 즐거워하는 선한 삶을 사는 것입니다.

핵심 개념 정리 2

은혜 언약의 당사자, 목적

1. 생명(행위) 언약은 아담 안에서 온 인류와 맺은 언약입니다. 그런데 인류는 타락했습니다. 은혜 언약은 누구와 맺은 것일까요? 그리고 그 결과는 무엇입니까?

● 그러므로 율법의 행위로 그의 앞에 의롭다 하심을 얻을 육체가 없나니 율법으로는 죄를 깨달음이니라 이제는 율법 외에 하나님의 한 (   )가 나타났으니 율법과 선지자들에게 증거를 받은 것이라 곧 (   ) (   )를 믿음으로 말미암아 모든 (   )는 자에게 미치는 하나님의 (   )니 차별이 없느니라 (롬 3:20-22)

설명⁺ 사람은 생명(행위) 언약으로 의롭게 될 수 없습니다. 이에 '하나님의 한 의'인 새로운 언약이 필요합니다. 이것이 바로 은혜 언약입니다. 이 언약은 아담 안에서 온 인류가 생명 언약을 맺었듯이, 구속자이신 예수 그리스도를 믿음으로 연합된 사람들이 맺는 언약입니다. 따라서 은혜 언약의 대상은 성부 하나님의 선택을 받아 성령님께서 주신 믿음으로 예수 그리스도 안에 있는 자들입니다. 결과는 그리스도 안에서 그리스도와 함께 영원한 복을 누리는 것입니다.

2. 하나님께서 선택하신 자들에게 "예수 그리스도를 믿음으로 말미암아 모든 믿는 자에게 미치는 하나님의 의"인 은혜 언약을 주신 이유는 무엇일까요?

설명⁺ 하나님은 은혜 언약을 통해서 율법으로는 사람을 의롭게 할 수 없다는 한계를 보여 주셨습니다. 율법은 인간이 현재 처한 죄와 비참의 상태를 명확히 보여 주면서 우리가 죄인임을 확신하게 합니다. 이 상태에서 벗어나는 방법은 오직 예수 그리스도를 믿음으로 말미암아 의를 얻는 것뿐입니다. 즉, 은혜 언약은 인간의 무력함과 하나님의 은혜를 동시에 보여 주며, 예수 그리스도를 믿는 믿음을 통해 구원에 이르는 유일한 길을 제시합니다. 이는 하나님의 공의와 사랑을 동시에 만족시키는 방법이며, 선택받은 자들을 구원으로 인도하는 하나님의 계획입니다.

은혜 언약	
누가?	
언제?	
누구와?	
조건은?	
왜?	
어떻게?	
어떤 목적으로?	

적용과 질문

1. 많은 사람들이 성취, 외모, 사회적 지위 등의 외적 기준으로 자신의 가치를 판단하여 낮은 자존감과 정체성의 혼란을 겪고 있습니다. 당신의 삶에서 가장 큰 불안이나 걱정거리는 무엇인가요? 하나님의 선택과 은혜 언약에 관한 이해가 이러한 걱정을 다루는 데 어떤 도움을 줄 수 있을까요?

2. 개인주의와 경쟁 중심의 사회에서 타인에 대한 무관심과 배제가 심각합니다. 가정과 교회도 마찬가지입니다. 하나님의 은혜 언약을 깨달은 후, 당신 주변의 어려운 이웃들을 어떻게 하면 다르게 대할 수 있을까요? 구체적인 실천 방안을 생각해 봅시다.

마무리

여러분, 우리는 이번 과에서 타락한 인간에게 계시되고 주어진 은혜 언약의 복음을 들었습니다. 타락한 인간이 은혜 언약에 의해 율법의 저주와 하나님의 진노로부터 자유를 누릴 수 있는 생명과 구원의 좋은 소식을 듣게 되었기 때문입니다. 하나님은 우리를 죄와 비참함에서 구원하시고자 구속자를 보내 주셨습니다. 얼마나 놀라운 사랑과 은혜입니까?

우리는 이 진리를 바탕으로 세상을 새롭게 바라보고 살아갈 수 있게 되었습니다. 우리의 가치가 하나님의 선택에 있음을 기억하며 자신감 있게 살아갑시다. 동시에, 이 은혜를 받은 자로서 겸손히 다른 이들을 섬기는 삶을 살아갑시다.

은혜 언약을 통해 얻게 된 구원의 상태란, 하나님과의 관계가 끊어진 우리가 하나님과 함께 살 수 있도록 회복된 것을 말합니다. 우리의 궁극적 자리는 하나님과 영원히 함께하는 것, 하나님 안에서 안식하는 것입니다. 하나님과 동행하며 기쁨을 누리길 바랍니다.

은혜 언약의 깊이를 알게 된 지금, 그 은혜를 주신 구속자를 만나는 기쁨이 얼마나 클는지 기대해 봅니다. 다음 문답에 관한 공부를 기대하는 마음으로 준비해 주세요. 하나님의 은혜가 여러분 모두와 함께하기를 바랍니다.

은혜 언약, 나를 향한 하나님의 깨지지 않는 약속

'은혜 언약'이란, 하나님께서 먼저 우리에게 다가와 예수님 안에서 맺어 주신 '깨지지 않는 사랑의 약속'입니다. 이 진리를 깨달을 때, 우리의 믿음과 삶은 흔들리는 모래가 아닌 단단한 반석 위에 서게 됩니다. 이 약속은 우리 삶에 깊은 안정감과 기쁨을 선물합니다.

1. **나의 노력이 아닌, 하나님의 신실함 위에 섭니다.** 우리의 구원은 나의 감정이나 노력에 달려 있지 않습니다. 그것은 결코 변치 않으시는 하나님의 신실한 약속에 근거합니다. 그래서 내가 넘어지고 실패하는 순간에도, 나를 향한 하나님의 사랑은 멈추지 않습니다. 이 깊은 안정감 속에서 우리는 절망 대신 소망을 품고 다시 일어설 수 있습니다.

2. **두려운 심판자가 아닌, 사랑의 아버지를 만납니다.** 은혜 언약은 하나님을 엄격한 재판관이 아닌, 우리를 자녀로 품어 주시는 따뜻한 아버지로 만나게 합니다. 하나님께서 먼저 값없는 구원을 약속하셨다는 사실은 그분과의 관계를 두려움에서 사랑으로, 의무감에서 깊은 신뢰로 변화시킵니다.

3. **'해야만 해서'가 아닌, '하고 싶어서' 순종합니다.** 우리는 이미 구원이라는 가장 큰 선물을 받았기에, 순종은 구원을 얻기 위한 조건이나 수단이 될 수 없습니다. 대신, 순종은 그 놀라운 사랑에 대한 감사와 감격의 자연스러운 반응이 됩니다. 율법주의의 무거운 짐을 벗고, 기쁨으로 하나님을 섬기는 삶이 시작됩니다.

4. **교회는 '가족'이 되고, 성례는 '사랑의 증표'가 됩니다.** 은혜 언약 안에서 우리는 혼자가 아닙니다. 하나님의 약속으로 맺어진 '언약 가족', 바로 교회 공동체의 일원이 됩니다. 세례와 성찬 같은 성례는 이 약속을 눈으로 보고 경험하게 하는 하나님의 '보이는 사랑의 편지'와 같습니다. 우리는 공동체 안에서 서로를 격려하며 이 약속의 풍성함을 함께 누립니다.

5. **어떤 고난 속에서도 소망을 잃지 않습니다.** 내 삶이 하나님의 영원한 약속에 단단히 붙들려 있다는 믿음은 고난을 이길 힘을 줍니다. 지금의 고난이 결코 내 인생의 결론이 될 수 없음을 알기 때문입니다. 하나님은 당신의 자녀를 끝까지 책임지시고 모든 것을 합하여 선을 이루실 것이기에, 우리는 역경 속에서도 인내하며 영원한 소망을 바라볼 수 있습니다.

6. **규칙이 아닌, 관계로 하나님과 동행합니다.** 은혜 언약은 우리를 종교적인 규칙을 지키는 수준을 넘어, 하나님과의 살아 있는 인격적인 관계로 초대합니다. 하루하루 그분과 동행하며 사랑을 나누는 것이 우리 신앙의 핵심이 됩니다.

결론적으로, '은혜 언약'은 처음부터 끝까지, 나를 향한 하나님의 일방적이고 신실한 사랑 이야기입니다. 이 깨지지 않는 약속 안에서 우리는 흔들리지 않는 구원의 확신을 얻고, 감사함으로 살아가며, 어떤 상황에서도 소망을 품고 하나님과 동행하는 복된 삶을 살게 됩니다.

하나님께서 선택하신 자의 구속자
(제21문답)

복습하기

지난 과에서 우리는 하나님의 크신 사랑과 자비하심의 은혜를 경험했습니다. 하나님은 죄와 비참 가운데 있는 우리를 그냥 멸망하지 않도록 구속자 예수 그리스도로 말미암은 은혜 언약을 맺으셨습니다. 이 놀라운 복음이 우리의 삶을 지배하고, 인생의 목적을 다시 새롭게 하길 바랍니다. 하나님의 은혜를 떠올리며 문답의 빈칸을 채워 봅시다.

제20문 하나님께서는 죄와 비참의 상태에 있는 모든 인류가 멸망하도록 내버려두셨습니까?

Did God leave all mankind to perish in the estate of sin and misery?

답 하나님께서는 자신의 (   )하시고 기쁘신 (   )대로 영원 전에, 어떤 이들을 (   )한 삶으로 (   )하시고[1] 그들을 (   )자로 말미암아 죄와 비참의 상태에서 건져 내어 (   )의 상태에 이르게 하시려고 (   ) 언약을 맺으셨습니다.[2]

God having, out of his mere good pleasure, from all eternity, elected some to everlasting life, did enter into a covenant of grace, to deliver them out of the estate of sin and misery, and to bring them into an estate of salvation by a Redeemer.

①엡 1:4 ②롬 3:20–22; 갈 3:21–22

들어가기

여러분, 이번 과에서 우리는 인류 역사상 가장 위대하고 신비로운 인물에 관하여 이야기를 나누려고 합니다. 우리가 흔히 '예수님'이라고 부르는 분입니다. 하지만 여러분은 예수님이 정말 누구신지, 왜 그분이 그렇게 중요한지 궁금해 본 적 있나요?

때로는 이런 질문을 하거나 들어 보셨을 것입니다. "하나님은 왜 우리를 구원하시기 위해 직접 오시지 않고 예수님을 보내셨을까?" 또는 "예수님이 하나님의 아들이라면, 어떻게 인간일 수 있지?" 이런 질문에 여러분은 어떤 답을 가지고 있습니까?

오늘 우리가 살펴볼 웨스트민스터 소요리문답 제21문답은 이런 궁금증들에 대한 답을 제공해 줍니다. 이 문답은 예수님이 누구신지, 그리고 왜 오직 그분만이 우리의 유일한 구속자가 되실 수 있는지를 설명해 줍니다.

자, 이제 예수 그리스도의 독특한 정체성과 그 의미를 알아볼까요? 이 과정에서 우리는 하나님의 지혜와 사랑이 얼마나 깊고 놀라운지를 발견하게 될 것입니다. 큰 소리로 문답을 한 자씩 한 자씩 읽어 봅시다.

묻고 답하기

제21문 하나님께서 선택하신 자의 구속자는 누구십니까?

Who is the Redeemer of God's elect?

답 하나님께서 선택하신 자의 유일한 구속자는 주 예수 그리스도이신데,① 그분은 하나님의 영원하신 아들로서 사람이 되어② 그렇게 계셨고, 그때부터 앞으로도 계속 구별되는 두 본성과 한 인격으로 영원히 ③ 하나님이시면서 사람이십니다.

The only Redeemer of God's elect is the Lord Jesus Christ, who, being the eternal Son of God, became man, and so was, and continues to be, God and man in two distinct natures, and one person, for ever.

①딤전 2:5-6 ②요 1:14; 갈 4:4 ③롬 9:5; 눅 1:35; 골 2:9; 히 7:24-25

1. 구속자 예수 그리스도에 관한 OX 퀴즈

① 예수님은 완전한 사람이시다. (   )

② 예수님은 완전한 하나님이시다. (   )

③ 예수님은 하나님이시면서 동시에 사람이시다. (   )

④ 예수님은 화도 내시고 짜증도 내셨다. (   )

⑤ 예수님은 화장실에 자주 가셨다. (   )

▶▶ 단어 설명

구속자(救贖者, redeemer)

구속자(גאל, 고엘; 구원할 救, 속전 낼, 바꿀 贖, 사람 者; redeemer)는 친척 또는 그의 가난한 친척을 대신하여 값을 지불하는 사람(레 25:25-54)을 말한다. 부채를 충당하기 위해 체류자 또는 이방인에게 자신을 노예로 팔았던 이스라엘 사람을 해방시키는 것(레 25:47-55)이다. 신약에서는 예수와 관련하여 이 용어를 사용한다. 대가를 지불하고(대속하여) 소유권을 회복하거나 자유(석방)와 구원을 얻는 일이나 예수 그리스도의 십자가 희생으로 죄인을 속량하는 일, 대속(代贖), 속량(贖良), 구원(救援)으로 달리 표현할 수 있다.

- 『라이프 성경단어사전』(생명의말씀사, 2011), 55. -

핵심 개념 정리 1

유일한 구속자 예수 그리스도

1. 하나님께서 선택하신 사람들을 죄와 비참의 상태에서 구원의 상태에 이르게 하기 위한 유일한 구속자는 누구신가요?

> ● 하나님은 한 분이시요 또 하나님과 사람 사이에 (　　　　　)도 한 분이시니 곧 (　　　　)이신
> (　　　　) (　　　　)라 그가 모든 사람을 위하여 자기를 (　　　　　)로 주셨으니 기약이
> 이르러 주신 증거니라 (딤전 2:5-6)

설명⁺ 하나님께서 선택하신 사람들을 죄와 비참의 상태에서 구원의 상태로 이끄는 유일한(only) 구속자는 예수 그리스도이십니다. 오직 예수 그리스도만이 하나님과 인간 사이의 유일한 중보자이시며, 죄의 대가를 지불하신 대속 사역을 통해 우리의 구속자가 되셨습니다. 그는 하나님이시면서 동시에 인간이시기에 이 역할을 완벽하고 완전하게 수행하실 수 있었습니다.

▶▶ **단어 설명**

예수(Jesus)

'예수('Ιησοῦς)'는 히브리어 '예수아(ישוע)' 또는 '여호수아'에 해당하는 헬라어이다. 그의 이름은 마태복음 1장 21절에서 하나님께서 정하셨다. 이는 "하나님께서 자기 백성을 그들의 죄에서 구원하실 것"이기 때문이다. 예수라는 이름이 그의 생애에 흔히 사용되었기 때문에, 예수는 좀 더 구체적으로 보통 '나사렛 예수'라고 불렸다. 즉, 자기 백성을 저희 죄에서 구원할 자(마 1:21)이다.

기름 부음을 받은 자, '그리스도(Χριστός)'는 예수가 이스라엘이 기대한 메시아였음을 인정하는 이름이다. 복음서에서 예수는 대개 '그리스도'라고 불린다. 사도행전 2장 38절에서 오순절에 베드로의 설교가 끝난 후, 예수는 보통 '예수 그리스도'라고 불렸다. 그리스도는 구약의 '메시아(Messiah)', 기름 부음을 받은 자를 의미한다. 구약에서 기름 부음을 받은 세 직분은 선지자, 제사장, 왕으로서, 그리스도는 그의 직분과 사역을 드러낸다.

핵심 개념 정리 2

하나님의 영원하신 아들이 인간이 되셨고,
그렇게 계시며, 앞으로도 계속 그렇게 계심

1. 삼위일체 제2위이신 성자께서는 우리의 구속자가 되기 위하여 무엇이 되셨습니까?

- (   )이 (   )이 되어 우리 가운데 거하시매 우리가 그의 영광을 보니 아버지의 (   )의 영광이요 (   )와 (   )가 충만하더라 (요 1:14)

- 때가 차매 하나님이 그 (   )을 보내사 (   )에게서 나게 하시고 (   ) 아래에 나게 하신 것은 율법 아래에 있는 자들을 (   )하시고 우리로 (   )의 명분을 얻게 하려 하심이라 (갈 4:4–5)

- 예수는 영원히 계시므로 그 제사장 직분도 갈리지 아니하느니라 그러므로 자기를 힘입어 하나님께 나아가는 자들을 온전히 구원하실 수 있으니 이는 그가 항상 (   ) 계셔서 그들을 위하여 간구하심이라 (히 7:24–25)

설명 삼위일체 제2위이신 성자 예수 그리스도는 우리의 구속자가 되기 위해서 먼저 사람의 본성(참몸과 이성적인 영혼, 제22문답)을 취하셔야 했습니다. 그리고 하나님의 정확한 시간 계획에 따라 "때가 차매" 실제로 이 땅에 사람으로서 오셔야 했습니다. 이렇게 하신 이유는 아담(사람)이 범한 죗값은 사람이 치러야 하고, 아담이 이루지 못한 율법은 남김없이 완벽하게 순종해야 했기 때문입니다.

2. 그렇다면 예수님은 이제 하나님이 아니라 사람이 되신 건가요?

- 조상들도 그들의 것이요 (   )으로 하면 그리스도가 그들에게서 나셨으니 그는 만물 위에 계셔서 세세에 찬양을 받으실 (   )이시니라 아멘 (롬 9:5)

- 천사가 대답하여 이르되 (   )이 네게 임하시고 지극히 높으신 이의 (   )이 너를 덮으시리니 이러므로 나실 바 거룩한 이는 하나님의 (   )이라 일컬어지리라 (눅 1:35)

설명⁺ 예수님께서 사람이 되신 것은 하나님이기를 그치신 것이 아니라, 하나님이면서 동시에 사람이 되신 것입니다. 이것은 우리의 이해를 뛰어넘는 신비입니다. 어떤 방식으로도 설명이 부족합니다. 유한한 우리는 무한하신 하나님의 일을 파악하는 일도 불가능하고, 이해하는 일도 불가능하기 때문입니다. 하지만 하나님은 말씀으로 분명히 계시하셨습니다. 예수님은 여전히 완전하신 하나님이십니다. "그는 만물 위에 계셔서 세세에 찬양을 받으실 하나님"이십니다. 동시에 예수님은 완전하신 사람이십니다. 언약을 어긴 채로, 죄책을 짊어지고 하나님의 진노에서 벗어날 사람은 세상에 없습니다. 또한 사람은 완벽하지도 않고, 능력이 무한, 영원, 불변하지도 않습니다. 사망의 권세를 이겨 낼 힘이 없습니다. 오직 완전한 하나님이면서 동시에 완전한 사람만이 이 문제를 해결할 수 있습니다. 그는 하나님의 아들이면서 사람으로서 영원히 계십니다.

핵심 개념 정리 3

신성과 인성의 구별된 두 본성을 가지신 한 인격

1. 성경은 예수 그리스도께서 두 개의 구별된 본성을 가지신 한 인격이라고 합니다. 성경에서 예수 그리스도의 신성과 인성을 나타내는 단어나 구절을 찾아서 핵심 단어를 중심으로 적어 보세요.

신성 – 참하나님		인성 – 참인간	
사 9:6		창 3:15	
렘 23:5–6		사 7:14	
마 16:16		요 1:14	
요 1:1		요일 4:2–3	

완전한 하나님이자 완전한 인간			
요 20:28		골 2:9	
롬 9:5		딛 2:11–13	

설명+ 이러한 구절들은 예수 그리스도께서 완전한 신성과 완전한 인성을 동시에 지니신 독특한 한 인격임을 보여 줍니다. 이 두 본성은 구별되지만 분리되지 않으며, 합성과 혼합 없이 한 인격 안에서 완벽하게 결합되어 있습니다.

적용과 질문

1. 예수님께서 유일한 구속자라는 사실이 여러분의 신앙생활에 어떤 영향을 미칩니까? 다른 종교나 철학적 가르침들과 비교해 볼 때, 이 진리는 어떠한 큰 차이를 만들어 낼까요?

2. 예수님이 완전한 하나님이시면서 동시에 완전한 사람이라는 사실을 어떻게 이해하고 계십니까? 예수님께서 사람이시기에 누구보다 우리의 모습을 이해하시고, 우리 상황을 잘 아신다는 것이 여러분의 기도 생활이나 예배에 어떤 영향을 줄까요?

마무리

여러분, 오늘 우리는 예수 그리스도의 독특하고 놀라운 정체성에 관하여 배웠습니다. 그분은 하나님이시면서 동시에 사람이신, 우리의 유일한 구속자이십니다. 이렇게, 우리에게는 다른 어떤 것도, 누구도 대신할 수 없는 유일한 구속자 예수 그리스도가 있습니다. 이 구속자는 우리를 완전히 구원하실 수 있는 전능하신 하나님이십니다. 이 구속자는 우리의 연약함을 누구보다 완전히 이해하시는 사람이십니다. 참 놀라운 일이지 않습니까? 하물며 이 놀라운 구속자와 우리와의 관계는 영원합니다. 누구도 끊을 수 없는 사랑의 끈으로 묶어져 있습니다. 이 진리가 여러분의 마음속에 깊이 새겨지기를 바랍니다. 예수 그리스도를 여러분의 유일한 구속자로 신뢰하며, 그분의 참하나님 되심을 찬양하고, 그분의 참사람 되심에 위로를 받으며 살아가길 바랍니다.

다음 과에서는 예수 그리스도께서 어떻게 사람이 되셨는지 더욱 자세히 알아보려고 합니다. 성령님의 능력으로 동정녀 마리아에게서 나신 예수님의 탄생 의미와 중요성에 관하여 알아보겠습니다. 기대하세요!

인간이 되신 그리스도
(제22문답)

복습하기

지난 과에서 우리는 하나님의 선택하신 자의 유일한 구속자인 예수 그리스도께서 참하나님이시자 참사람으로서 두 구별되는 본성과 한 인격으로 존재하신다는 것을 공부했습니다. 우리의 죄와 비참의 문제를 해결하실 뿐 아니라 우리의 모든 약함과 부족함을 아시고 위로하시는 놀라운 사랑을 경험했습니다. 다시 한번 문답을 떠올리면서 빈칸을 채워 봅시다.

제 21문 하나님께서 선택하신 자의 구속자는 누구십니까?

Who is the Redeemer of God's elect?

답 하나님께서 선택하신 자의 (　　　)한 구속자는 주 예수 그리스도이신데,[1] 그분은 하나님의 영원하신 (　　　)로서 사람이 되어[2] 그렇게 계셨고, 그때부터 앞으로도 계속 구별되는 (　) 본성과 (　) 인격으로 영원히[3] (　　　)이시면서 (　　　)람이십니다.

The only Redeemer of God's elect is the Lord Jesus Christ, who, being the eternal Son of God, became man, and so was, and continues to be, God and man in two distinct natures, and one person, for ever.

[1]딤전 2:5-6 [2]요 1:14; 갈 4:4 [3]롬 9:5; 눅 1:35; 골 2:9; 히 7:24-25

들어가기

이번 과에서 우리는 성육신, 즉 하나님의 아들이 어떻게 사람이 되셨는지에 관하여 공부하려고 합니다.

어떤 사람들은 성자 하나님께서 사람이 되신 것을 가리켜 "그저 사람과 같은 탈을 쓰고 오셨을 뿐"이라고 주장합니다. 또는 "사람처럼 보이도록 했다"라고도 합니다. 그들은 도저히 전능하신 하나님, 우리와 차원이 다른 하나님이 우리와 똑같은 사람의 모습을 취할 수 없다고 생각한 것입니다. 웨스트민스터 소요리문답 22번째 문답은 이러한 자연스럽고 중요한 질문에 대한 명확한 답변을 제시합니다. 이 문답은 성육신의 본질과 방법, 그리고 그 특별한 성격에 관하여 우리에게 알려 줍니다.

이번 과에서 우리는 이 놀라운 진리를 함께 탐구하면서, 하나님의 아들이 어떻게 우리와 같은 인간이 되셨는지, 그리고 동시에 어떻게 완전히 거룩한 분으로 남으셨는지를 맛보려고 합니다. 이 과정에서 우리는 하나님의 사랑과 지혜가 얼마나 깊고 놀라운지를 발견하게 될 것입니다.

자, 이제 시작해 볼까요? 문답을 천천히 읽어 봅시다.

묻고 답하기

제22문 **하나님의 아들이신 그리스도께서는 어떻게 사람이 되셨습니까?**

How did Christ, being the Son of God, become man?

답 **하나님의 아들이신 그리스도께서는 성령님의 권능으로 처녀 마리아의 복중에 잉태되어,[1] 죄 없이[2] 그녀에게서 태어나셨고, 참몸[3]과 이성적인 영혼을 취하심으로써[4] 사람이 되셨습니다.**

Christ, the Son of God, became man, by taking to himself a true body, and a reasonable soul, being conceived by the power of the Holy Ghost, in the womb of the Virgin Mary, and born of her yet without sin.

①눅 1:27, 31, 35, 42; 갈 4:4 ②히 4:15; 7:26 ③히 2:14, 16; 10:5 ④마 26:38

1. 예수님의 '인성' vs. '신성' 빙고 게임

- 준비물: 4x4의 빙고 판, 펜
- 게임 방법: 빙고 판에 예수님의 인성과 신성을 나타내는 다양한 단어나 표현을 적습니다. 예를 들어, '사랑', '공의', '전지전능', '고난', '부활', '배고픔', '피곤함', '슬픔' 등.
- 승리: 인성이든 신성이든 빙고 한 개만 나오면 됩니다. 가장 먼저 빙고를 완성하는 사람이 이깁니다.

2. 초성 퀴즈

① 예수님께서 사람이 되시기 위해 취하신 것 중 하나. (ㅊ ㅁ)
② 예수님께서 사람이 되시기 위해 취하신 것 중 또 다른 하나. (ㅇ ㅅ ㅈ ㅇ ㅇ ㅎ)
③ 예수님께서 가지고 있지 않으신 것. (ㅈ)
④ 예수님께서 사람이 되신 것을 가능하게 한 능력. (ㅅ ㄹ ㅇ ㄱ ㄴ)

성령님의 권능으로 처녀 마리아에게서 잉태되어 태어나심

1. 우리 주 예수 그리스도는 이 땅에 어떻게 태어나셨습니까?

- 때가 차매 하나님이 그 (   )을 보내사 (   )에게서 나게 하시고 율법 아래에 나게 하신 것은 (갈 4:4)

- 이르되 이는 요셉의 아들 예수가 아니냐 그 (   )를 우리가 아는데 자기가 지금 어찌하여 하늘에서 내려왔다 하느냐 (요 6:42)

설명 예수님의 탄생은 사람의 보통 출생과 같은 점이 있는 반면에 다른 점도 있습니다. 같은 점은 어머니의 태에서 잉태되어 출산하는 일반적인 출생 과정을 거쳐 태어나신 것입니다. 다른 점은 성령님의 권능으로 처녀 마리아가 임신하여 하나님께서 정하신 때에 하나님의 방법으로 태어나셨다는 것입니다. 그래서 사람들은 예수님의 부모가 요셉과 마리아인 줄로 알게 되었고, 예수님은 유대인 가정에서 율법을 준수하며 자라야 했습니다.

참몸과 이성적인 영혼을 취하심

1. 하나님의 아들이신 그리스도께서 참몸을 취하셨다는 말은 무슨 뜻입니까?

- 자녀들은 (   )과 (   )에 속하였으매 그도 또한 같은 모양으로 (   )과 (   )을 함께 지니심은 (   )을 통하여 죽음의 세력을 잡은 자 곧 (   )를 멸하시며 (히 2:14)

- 예수는 지혜와 (   )가 자라가며 하나님과 사람에게 더욱 사랑스러워 가시더라 (눅 2:52)

설명⁺ 예수 그리스도께서 참몸을 취하셨다는 것은 우리와 같은 '혈과 육'인 물질적인 인간의 몸을 취하셨다는 뜻입니다. 즉, 예수님의 몸은 우리의 몸과 본질적으로 동일했습니다. 그래서 예수님은 어린아이와 같이 "키가 자라는" 물리적 몸의 성장 과정을 겪으셨습니다. 마찬가지로 지혜가 자라면서 정신적인 성장을 하는 완전한 사람이셨습니다. 따라서 예수님은 보통 사람과 같이 성장하고, 배고픔을 느끼고, 피로를 경험하고, 배탈과 두통도 느끼고, 상처가 나면 피가 나는 등의 모든 특성을 가진 참몸의 사람이셨습니다.

2. 그리스도께서 이성적인 영혼을 취하셨다는 말은 무엇을 뜻합니까?

● 이에 말씀하시되 내 마음이 매우 (   )하여 (   )게 되었으니 너희는 여기 머물러 나와 함께 깨어 있으라 하시고 (마 26:38)

설명⁺ 예수님은 십자가를 앞에 두고 "내 마음이 매우 고민하여 죽게 되었으니"라고 하셨습니다. 이를 통해 우리는 그가 깊은 감정적·정신적 고통을 경험하는 영혼을 가진 분이심을 알 수 있습니다. 예수님은 참몸과 더불어 이성적인 영혼을 취하셨습니다. 이성적인 영혼이란, 생각하고 느끼며 결정을 내릴 수 있는 능력을 말합니다. 이를 통해서 예수 그리스도는 진정한 의미에서 완전한 인간이셨음이 확증되며, 동시에 그가 우리의 모든 고통과 어려움을 깊이 이해하시고 공감하실 수 있음을 보여 줍니다.

핵심 개념 정리 3

예수님은 우리와 같은 참사람이시지만 죄가 없으심

1. 우리 주 예수 그리스도는 인간의 본성인 몸과 영혼을 취하셨습니다. 그런데 어째서 죄가 없으십니까?

● 마리아가 천사에게 말하되 나는 남자를 알지 못하니 어찌 이 일이 있으리이까 천사가 대답하여 이르되 (   )이 네게 임하시고 지극히 높으신 이의 능력이 너를 덮으시리니 이러므로 나실 바 (   )한 이는 하나님의 (   )이라 일컬어지리라 (눅 1:34-35)

 예수님의 잉태는 성령 하나님의 직접적인 역사로 이루어졌습니다. 이는 일반적인 사람의 출생 과정과 다른 초자연적인 방식으로 이루어진 것이었습니다. 이런 일은 하나님의 능력이 처녀 마리아를 "덮었다"라는 말로 표현됩니다. 그래서 태어나실 아기는 "거룩한 이"임이 선언됩니다. 거룩하다는 것은 죄가 없다는 뜻입니다. 요리문답은 특별한 단어인 '취하다(take)'를 통해 이를 설명합니다. 예수님은 사람의 참몸과 이성적인 영혼이라는 본성을 '취하심(take)'으로써, 삼위일체 제2위이신 분의 신성에 아무런 변화 없이 인성을 가지셨습니다. 그래서 예수님은 사람과 달리 죄가 없다는 것입니다. 예수님은 죄를 제외하고서 사람의 모든 것을 능동적으로 취하셨습니다.

2. 하나님의 아들이 인간이 되셨다는 것은 우리에게 어떤 큰 의미를 줍니까?

- 우리에게 있는 대제사장은 우리의 (   )을 동정하지 못하실 이가 아니요 모든 일에 우리와 똑같이 (   )을 받으신 이로되 (   )는 없으시니라 (히 4:15)

설명⁺ 우리를 죄와 비참의 상태에서 구원하신 구속자 예수 그리스도는 우리와 같은 사람이 되셔서 사람의 연약함과 고통을 직접 경험하심으로써 우리를 깊이 이해하시고 공감하십니다. 예수님은 우리가 느끼는 모든 감정도 다 느끼셨고, 모든 종류의 유혹도 경험하셨습니다. 예수님은 신성으로써 모든 것을 다 이루신 것이 아니라, 우리와 같이 혹은 더 열악한 환경이었음에도 불구하고 하나님의 말씀에 순종함으로써 모든 의를 이루셨습니다. 이렇게 우리와 같은 경험을 하신 예수님의 존재는 우리에게 큰 위로와 소망을 줍니다.

적용과 질문

1. 예수님께서 참사람으로서 우리와 같은 고통을 경험하셨다는 사실이 현재의 어려움을 바라보는 당신의 시각에 어떤 변화를 줄 수 있을까요? 이를 통해 어떻게 더 강한 회복력을 가질 수 있을까요?

2. 예수님께서 '이성적인 영혼'을 가지신 인간으로 오셨다는 가르침은 인간의 고유한 가치와 존엄성을 강조합니다. 이는 AI가 발전하는 시대에 인간의 고유한 역할과 가치에 관하여 생각해 보게 합니다. 이를 바탕으로 기술 발전과 인간의 고유한 역할 사이에서 어떻게 균형을 잡아야 할까요?

마무리

여러분, 이번 과에서 우리는 하나님의 아들이신 분이 어떻게 사람이 되셨는지에 관하여 배웠습니다. 그리스도는 참몸과 이성적인 영혼을 취하셨습니다. 이는 그분이 우리와 완전히 같은 인간의 본성을 가지셨음을 의미합니다. 그러나 동시에 그분은 성령님의 권능으로 처녀 마리아의 복중에 잉태되어 죄 없이 태어나셨습니다. 이는 그분의 탄생이 초자연적이며 거룩했음을 보여 줍니다.

가장 중요한 점은 그리스도께서 죄가 없으셨다는 점입니다. 이는 그분이 우리와 같은 인간이면서도, 동시에 우리와는 근본적으로 다르다는 것을 의미합니다. 이 진리들은 우리에게 깊은 의미를 알려 줍니다. 그리스도께서 우리와 같은 본성을 취하셨기에, 우리의 모든 연약함과 고통을 깊이 이해하시지만, 그분은 죄가 없으시기에 우리를 죄에서 구원하실 수 있는 유일한 분이시라는 의미입니다. 이렇게 우리의 유일한 구속자 예수 그리스도는 우리의 참된 위로자와 구원자가 되십니다. 이 진리가 여러분의 마음속에 깊이 새겨지길 바랍니다.

다음 과에서는 이렇게 사람이 되신 그리스도께서 우리의 구속자로서 어떤 상태에서 무슨 직분을 수행하시는가에 관하여 배우려고 합니다. 이를 통해 그리스도의 사역이 우리 삶에 어떤 실제적 영향을 미치는지 더 깊이 이해하게 될 것입니다. 기대하는 마음으로 다음 과를 준비해 주세요!

구속자는 누구신가요
웨스트민스터 소요리문답 21.
류성민
하나님이 선택하신자의 구속자는
누구신가요 하나님이 선택하신자
의 유일한 구속자는 주예수그리스도
Fine
그분은 하나님의 영원하신 아들로서 사람이
되어 그렇게계셨고 그후로
영원히한위격 안에-구별된 두본성을가진 하나
님 이시며 사람-이십니다
D.C. al Fine

그리스도의 상태와 직분
(제23문답)

복습하기

지난 과에서 우리는 그리스도께서 참몸과 이성적인 영혼을 취하셔서 우리와 같은 사람이 되셨다는 사실을 배웠습니다. 그리스도는 누구보다 우리를 깊이 이해하십니다. 그러나 그분은 죄가 없으시기에, 우리를 죄에서 구원하실 수 있는 유일한 분이십니다. 다시 한번 문답을 떠올리면서 빈칸을 채워 봅시다.

제 22문 하나님의 아들이신 그리스도께서는 어떻게 사람이 되셨습니까?

How did Christ, being the Son of God, become man?

답 하나님의 아들이신 그리스도께서는 (　　　　)의 권능으로 처녀 마리아의 복중에 (　　　)되어,[1] (　　) 없이[2] 그녀에게서 태어나셨고, 참(　　)[3]과 이성적인 (　　　)을 취하심으로써[4] 사람이 되셨습니다.

Christ, the Son of God, became man, by taking to himself a true body, and a reasonable soul, being conceived by the power of the Holy Ghost, in the womb of the Virgin Mary, and born of her yet without sin.

[1]눅 1:27, 31, 35, 42; 갈 4:4 [2]히 4:15; 7:26 [3]히 2:14, 16; 10:5 [4]마 26:38

들어가기

이번 과에서 우리는 구속자이신 예수 그리스도께서 우리의 구원을 위해 하신 일이 무엇인지에 관하여 공부할 예정입니다. 우리는 흔히 예수님을 '구주'로만 생각하곤 합니다. 그러나 그분의 역할은 그보다 훨씬 더 풍성하고 다면적입니다. 여러분은 혹시 이런 질문들을 해 본 적이 있으신가요? "예수님은 지금 하늘에서 무얼 하고 계실까?" 또는 "예수님은 우리의 일상생활에 어떻게 관여하고 계실까?" 또는 "과거 예수님의 삶이 우리와 무슨 상관이 있을까?" 이런 궁금증에 답을 가지고 있으신가요?

앞으로 살펴볼 웨스트민스터 소요리문답은 이러한 질문들에 대한 풍성한 답변을 제공합니다. 즉, 예수 그리스도께서 우리의 구속자로서 어떤 역할을 수행하시는지, 그리고 그 역할이 어떻게 우리의 삶 전체에 영향을 미치는지를 설명해 줍니다.

그리스도는 우리의 구속자로서 낮아지심과 높아지심이라는 두 '상태(estate)'에서 선지자, 제사장, 왕의 세 가지 '직분(office)'을 가지고 일을 수행하십니다. 여기서 우리는 "예수님은 어떤 분이신가?"에 관하여 배우기보다 "예수님은 우리를 위해 어떤 일을 행하셨는가?"를 배우려고 합니다. 오늘은 그 서론입니다. 일단, 선지자, 제사장, 왕이 어떤 일을 하는 직분인지를 알아보도록 합시다.

자, 이제 시작해 볼까요? 다 같이 큰 목소리로 문답을 읽어 봅시다.

묻고 답하기

<제 23문> 그리스도께서는 우리의 구속자로서 어떤 직분을 수행하십니까?

What offices does Christ execute as our Redeemer?

<답> 그리스도께서는 우리의 구속자로서 낮아지심과 높아지심의 두 상태에서 선지자,[1] 제사장,[2] 왕의[3] 직분을 수행하십니다.

Christ, as our Redeemer, executes the offices of a prophet, of a priest, and of a king. both in his estate of humiliation and exaltation.

①행 3:21–22; 히 12:25; 고후 13:3 ②히 5:5–7; 7:25 ③시 2:6; 사 9:6–7; 마 21:5; 시 2:8–11

1. 다음의 말을 하는 사람은 누구일까요? 어떤 일을 하는 사람인지 맞혀 보세요.

"저는 이스라엘 백성에게 하나님의 말씀을 전달합니다."(   )
"저는 백성들의 죄를 위해 제사를 드리는 사람입니다."(   )
"저는 이스라엘 백성을 이방으로부터 지키고 그들을 다스리고 있습니다."(   )

2. 예수님의 삼중직에 관한 OX 퀴즈

① 예수님은 선지자의 역할만 하셨다. (   )
② 예수님은 제사장의 역할만 하셨다. (   )
③ 예수님은 왕의 역할만 하셨다. (   )
④ 예수님은 선지자, 제사장, 왕의 역할을 동시에 하셨다. (   )
⑤ 예수님은 선지자, 제사장, 왕의 역할뿐 아니라 다른 역할도 하셨다. (   )

3. 다음에 등장하는 인물들은 어떤 직분의 일을 맡았었을까요? 동그라미로 표시해 보세요.

① 아론은 (선지자, 제사장, 왕)이었다.
② 솔로몬은 (선지자, 제사장, 왕)이었다.
③ 엘리야는 (선지자, 제사장, 왕)이었다.
④ 에스겔은 (선지자, 제사장, 왕)이었다.
⑤ 히스기야는 (선지자, 제사장, 왕)이었다.

▶▶ 단어 설명

상태(狀態)

예수님이 존재하시는 모양이나 형편, 생활 환경에 의해 결정되는 어떤 모습을 말한다. 예수님은 낮아지심(비하, 卑下)으로 인간이 되시어 고난을 겪으시고, 죽으시고, 장사되셨다. 또 높아지심(승귀, 昇貴)으로 부활하시고 승천하셨으며, 하나님 우편에 앉아 계시다가, 다시 오실 것이다.

직분(職分)

권위를 가지신 성부 하나님께서 맡겨 주신 일, 마땅히 해야 할 일을 말한다. '기름 부음을 받은 자'라는 뜻인 '그리스도'가 이 '직분'에 해당한다. 예수님은 그리스도로서 구속자가 되시어 우리를 죄와 비참의 상태에서 건져 내시기 위해 선지자, 제사장, 왕으로서 일을 하셨다. 이것을 그리스도의 삼중직(*munus triplex*)이라고 부른다.

※ 예수님은 낮아지심의 상태에 있을 때도 선지자, 제사장, 왕의 직분을 수행하셨고, 높아지심의 상태에 있을 때도(오늘날까지도) 선지자, 제사장, 왕의 직분을 수행하신다.

핵심 개념 정리 1

낮아지심과 높아지심의 두 상태인 그리스도

1. 예수 그리스도는 우리의 구속자로서 어떤 상태에 있나요?

핵심 개념 정리 2

선지자, 제사장, 왕의 직분을 수행하신 그리스도

1. 예수 그리스도께서 우리의 구속자로서 맡으신 세 가지 직분은 무엇입니까?

이제부터 예수님 이전에 등장해서 그리스도를 예표한 직분들에 관하여 구체적으로 살펴봅시다.

2. 선지자(prophet)는 어떤 일을 했을까요? 선지자가 어떤 직분이었는지 알아봅시다.

- 하나님이 영원 전부터 거룩한 (   )들의 (   )을 통하여 (   )하신 바 만물을 회복하실 때까지는 하늘이 마땅히 그를 받아 두리라 (   )가 말하되 주 하나님이 너희를 위하여 너희 형제 가운데서 나 같은 (   ) 하나를 세울 것이니 너희가 무엇이든지 그의 모든 말을 들을 것이라 (행 3:21-22)

- 너희는 삼가 말씀하신 이를 거역하지 말라 땅에서 (   )하신 이를 거역한 그들이 피하지 못하였거든 하물며 하늘로부터 (   )하신 이를 배반하는 우리일까 보냐 (히 12:25)

3. 이사야 선지자의 활동을 보면서, 그가 어떤 역할을 했는지 봅시다.
   (예. 말씀 전달, 심판 선포, 예언, 회개 촉구, 위로, 조언)

   "주 여호와께서 이같이 말씀하시되"(사 7:7) – (   )
   "너희의 하나님이 이르시되 너희는 위로하라 내 백성을 위로하라"(사 40:1) – (   )
   "보라 처녀가 잉태하여 아들을 낳을 것이요 그의 이름을 임마누엘이라 하리라"(사 7:14) –
   (   )
   "화 있을진저 죄를 짓는 백성이요 허물진 백성이요"(사 1:4) – (   )
   "너희는 스스로 깨끗하게 하여 내 목전에서 너희 악한 행실을 버리며"(사 1:16) –
   (   )

4. 제사장(priest)은 어떤 일을 했을까요? 제사장이 어떤 직분이었는지 알아봅시다.

● 예수는 영원히 계시므로 그 (   ) 직분도 갈리지 아니하느니라 그러므로 자기를
  (   ) 하나님께 (   ) 자들을 온전히 (   )하실 수 있으니 이는 그가
  항상 살아 계셔서 그들을 위하여 (   )하심이라 (히 7:24–25)

설명⁺ 제사장은 사람들과 하나님 사이의 중보자 역할을 했습니다. 그들은 사람들을 영적으로 완전하게 만드는 역할을 감당하기 위해서 백성을 위한 제사를 드렸습니다. 그 일을 위해서 성소와 성전에서 봉사했습니다. 또한 백성을 위하는 기도와 축복을 했습니다.

5. 아론 제사장의 활동을 보면서, 그가 어떤 역할을 했는지 봅시다.
   (예, 중보자 역할, 제사 수행, 성소(전)에서 봉사, 백성을 위한 기도와 축복)

   "아론이 그 손을 들어 백성을 향하여 축복함으로"(레 9:22) – (   )
   "너희는 이스라엘 자손에게 이렇게 축복하여 이르되"(민 6:23) – (   )
   "아론은 여호와 앞에 가까이 나아갈 자니"(민 16:5) – (   )
   "아론과 그의 아들들은 회막과 제단에서 수종들게 하라"(민 18:5) – (   )

"아론이 백성에게로 달려가서 … 백성을 위하여 속죄하고"(민 16:47) – (   )

6. 왕(king)은 어떤 일을 했을까요? 왕이 어떤 직분이었는지 알아봅시다.

※ 기묘자 : 경이롭고 불가사의한, 초월적 능력을 가진 분
※ 모사(counselor) : 뛰어난 상담자, 조언자

설명⁺ 왕은 하나님의 선택을 받은 통치자로서 강력한 권능을 가지고 나라를 다스렸습니다. 그는 정의와 평화를 수호하고 백성들의 삶을 평온하게 해야 할 책임이 있었습니다. 또한 적들로부터 백성을 보호하고 안정시켜야 했습니다. 무엇보다 왕은 지혜로운 재판관과 탁월한 조언자의 역할을 감당할 뿐 아니라 영적 리더십을 발휘해 하나님을 예배하는 백성이 되도록 해야 했습니다.

7. 다윗 왕의 활동을 보면서, 그가 어떤 역할을 했는지 봅시다.

(예, 정의로운 통치, 군사 지도력, 영적 리더십, 하나님의 선택받은 통치자,)

"여호와께서 … 내가 너를 내 백성 이스라엘의 주권자로 삼고"(삼하 7:8) – (   )
"다윗이 어디로 가든지 여호와께서 이기게 하셨더라"(삼하 8:14) – (   )
"내가 여호와께 죄를 범하였노라"(삼하 12:13) – (   )
"다윗이 모든 백성에게 정의와 공의를 행할새"(삼하 8:15) – (   )
"다윗이 여호와 앞에서 춤을 추는 데 힘을 다하니라"(삼하 6:14) – (   )

8. 예수님이 구약의 다른 직분자들과 다른 점은 무엇입니까?

- 누구든지 (   ) (   )의 (   )을 듣지 아니하는 자는 백성 중에서 멸망받으리라 (행 3:23)

- 네가 (   ) 멜기세덱의 반차를 따르는 (   )이라 (히 5:6)

- 내가 (   )의 (   )을 내 거룩한 산 시온에 세웠다 (시 2:6)

설명 예수님은 구약에서 분리되어 있던 세 직분을 한 번에 수행하시면서 완전히 성취하심으로 구약의 예표를 완성하십니다. 다시 말해, 예수 그리스도께서는 자신을 낮추시고 또 높임을 받으시는 과정에서 이 세 가지 직분을 모두 수행하심으로써 우리의 완전한 구속자가 되셨습니다.

적용과 질문

1. 그리스도의 세 가지 직분은 서로 분리된 것이 아니라 하나로 통합되어 있습니다. 우리도 신앙생활에서 그리스도의 삼중직에 따른 지식(선지자), 예배(제사장), 순종(왕)의 균형을 이루어야 합니다. 성경 공부, 예배, 봉사 어느 하나만 열심히 하는 것이 아니라 이 모든 것을 균형 있게 실천해야 합니다. 여러분은 현재 균형 있는 교회 생활을 하고 있나요?

2. 그리스도의 세 가지 직분은 우리의 전인적 회복을 위한 것입니다. 그리스도는 선지자로서 우리의 무지를 깨우치시고, 제사장으로서 우리의 죄를 용서하시며, 왕으로서 우리의 삶을 다스리십니다. 우리도 이러한 전인적 회복을 추구하며 살아갈 수 있습니다. 내가 조금 더 회복되어야 할 부분은 무엇인가요?

마무리

여러분, 이번 과에서 우리는 예수님께서 그리스도로서 어떤 상태에서 어떤 직분을 수행하셨는지 밑그림을 그려 봤습니다. 예수님을 예표하는 구약의 선지자, 제사장, 왕의 모습을 통해 그들이 어떤 역할을 하는 자들인지를 공부했습니다.

이런 작업을 한 이유는 예수님께서 우리를 위해 하신 일을 더 분명하고 자세히 알며, 얼마나 훌륭하신지를 알기 위함입니다. 인간 선지자, 제사장, 왕과는 비교할 수 없는 그리스도로서의 직분 말이죠. 이스라엘 백성에게 가장 인기가 많은 다윗 왕일지라도 얼마나 연약하고 부족합니까? 실수투성이였죠. 하지만 우리 예수님은 다릅니다. 이것이 얼마나 큰 위로와 감사가 되는지 모릅니다.

이제, 우리는 다음 과에서부터 우리의 구속자이신 예수 그리스도께서 우리를 위해 하신 '일'에 관하여 구체적으로 살펴보려고 합니다. 먼저 '선지자' 직분에 관한 일부터 시작하겠습니다. 기대하는 마음으로 다음 과를 준비해 주세요!

나의 구속자 예수님, 내 삶을 바꾼 가장 큰 선물

그리스도께서 나의 '구속자'가 되신다는 것은 어떤 의미일까요? 그것은 캄캄한 어둠 속에서 빛을 찾고, 굳은 쇠사슬에서 풀려나 자유를 얻는 것과 같은 놀라운 소식입니다. '구속'이란, '값을 치르고 나를 되찾아오셨다'라는 뜻입니다. 예수님은 자신의 생명으로 나를 죄와 절망의 노예 상태에서 건져 내신, 유일하고 영원한 구원자이십니다.

1. **죄책감과 율법의 짐에서 자유를 얻었습니다.** 예수님께서 십자가에서 나의 모든 죗값을 치르셨기에, 우리는 더 이상 죄책감에 시달릴 필요가 없습니다. 율법의 무거운 짐과 두려움에서 벗어나, 하나님 안에서 참된 자유를 누리게 된 것입니다. 이 자유는 마음껏 죄짓는 방종이 아니라, 기쁨으로 하나님을 사랑하며 섬길 수 있는 거룩한 자유입니다.

2. **하나님의 사랑받는 자녀가 되었습니다.** 그리스도의 구속은 우리의 신분을 완전히 바꾸어 놓았습니다. 우리는 더 이상 세상에 속한 존재가 아니라 하나님의 존귀한 자녀가 되었습니다. 세상의 평가나 나의 연약함과 상관없이, 나는 하나님 안에서 무한한 가치를 지닌 소중한 존재로 다시 태어난 것입니다.

3. **하나님과 다시 화목하게 되었습니다.** 죄는 본래 하나님과 우리 사이를 가로막는 높은 담과 같았습니다. 그러나 구속자이신 예수님께서 자신의 피로 그 담을 허시고, 하나님께로 나아갈 새로운 길을 열어 주셨습니다. 이제 우리는 언제든 담대하게 아버지의 품으로 나아가 친밀한 사랑을 나눌 수 있습니다.

4. **삶의 주인이 바뀌고, 살아갈 이유를 찾았습니다.** 예수님께서 당신의 피로 값을 치르시고 나를 사셨기에, 이제 내 삶의 주인은 내가 아니라 주님이십니다. 자연스럽게 삶의 목적도 '나의 만족'이 아닌, '하나님의 영광'으로 바뀌게 됩니다. 그 놀라운 사랑에 대한 감사가 우리 삶을 움직이는 새로운 동력이 됩니다.

5. **죄와 싸워 이길 힘을 얻었습니다.** 구속은 과거의 죄를 용서받는 것에서 끝나지 않는, 현재 진행형의 사건입니다. 오늘 내가 죄의 유혹과 싸워 이길 수 있도록 성령님께서 능력을 공급해 주십니다. 물론 우리는 여전히 넘어지지만 더 이상 죄의 지배 아래 있지 않으며, 구속자이신 예수님을 날마다 닮아 가는 거룩한 여정을 걸어갈 수 있습니다.

6. **죽음을 넘어서는 영원한 소망을 품게 되었습니다.** 예수님의 구속은 우리에게 영원한 생명을 약속합니다. 그 약속 때문에 죽음은 더 이상 두려움의 끝이 아니라, 주님이 계신 영원한 안식과 영광으로 들어가는 문이 됩니다. 이 흔들리지 않는 소망은 이 땅의 어떤 어려움도 이겨 낼 힘과 참된 평안을 줍니다.

결론적으로, 예수님이 나의 구속자라는 사실은 나의 과거와 현재와 미래를 완전히 바꾸는 가장 복되고 강력한 진리입니다. 이 진리는 우리를 절망에서 건져 내어 목적 있는 삶으로 인도하며, 영원한 소망을 주고, 날마다 구원의 은혜에 감사하며, 주님을 찬양하게 하는 삶의 원동력이 됩니다.

그리스도의 선지자 직분
(제24문답)

복습하기

지난 과에서 우리는 예수님이 죄와 비참 가운데 우리를 구원하기 위해 어떤 상태에서, 어떤 직분을 감당하셨는지에 관하여 공부했습니다. 그리스도는 구약의 다른 직분자와 다르게 낮아지심과 높아지심이라는 두 가지 상태에서 선지자, 제사장, 왕의 직분을 행하셨습니다. 다시 한번 문답을 떠올리면서 빈칸을 채워 봅시다.

제 23문 그리스도께서는 우리의 구속자로서 어떤 직분을 수행하십니까?

What offices does Christ execute as our Redeemer?

답 그리스도께서는 우리의 구속자로서 (　)아지심과 (　)아지심의 두 상태에서 (　　　), ① (　　　), ② (　)의 ③ 직분을 수행하십니다.

Christ, as our Redeemer, executes the offices of a prophet, of a priest, and of a king. both in his estate of humiliation and exaltation

①행 3:21–22; 히 12:25; 고후 13:3 ②히 5:5–7; 7:25 ③시 2:6; 사 9:6–7; 마 21:5; 시 2:8–11

들어가기

이번 과에서 우리는 예수 그리스도께서 어떻게 우리에게 하나님의 뜻을 알려 주시는지 함께 공부하려고 합니다. 우리는 다음과 같은 질문을 항상 하면서 삽니다. "하나님은 내가 어떻게 살기를 원하실까?", "이 상황에서 하나님의 뜻은 무엇일까?", "나의 선택은 바른 것일까?" 등, 이런 고민들은 우리의 신앙생활에서 매우 중요하고 자연스러운 것입니다. 웨스트민스터 소요리문답 제24문답은 이런 질문들에 대한 답을 제공합니다. 이 문답은 예수님께서 선지자로서 어떻게 우리에게 하나님의 뜻을 알려 주시는지 설명해 줍니다.

이번 과에서 우리는 예수님의 선지자 직분이 무엇인지, 그리고 이것이 우리의 일상 신앙생활에 어떤 의미가 있는지 함께 살펴볼 예정입니다. 예수님께서 말씀과 성령을 통해 어떻게 우리에게 하나님의 뜻을 보여 주시는지, 그리고 이를 통해 우리의 구원이 어떻게 이뤄지는지 배우게 될 것입니다. 이 공부를 통해 우리는 예수님을 더 깊이 알게 되고, 그분의 음성을 더 잘 듣는 법을 배우며, 우리 삶에서 그분의 인도하심을 더욱 분명히 느끼게 될 것입니다.

자, 이제 시작해 볼까요? 그분의 사역이 우리의 지성과 감성, 그리고 의지에 어떻게 영향을 미치는지 함께 탐구해 봅시다. 다 같이 큰 목소리로 문답을 읽어 봅시다.

묻고 답하기

제24문 그리스도께서는 어떻게 선지자의 직분을 수행하십니까?

How does Christ execute the office of a prophet?

답 그리스도께서는 말씀과 성령으로 우리 구원을 위한 하나님의 뜻을 우리에게 계시하심으로써 선지자의 직분을 수행하십니다. [1]

Christ executes the office of a prophet, in revealing to us, by his word and Spirit, the will of God for our salvation.

[1] 요 1:18; 15:15; 20:31; 벧전 1:10–12

1. 다음 단서를 보고 성경 속 선지자를 맞춰 보세요.

① 이스라엘 백성을 이집트에서 인도해 낸 지도자 (ㅁ ㅅ)

② 바알 선지자들과 대결에서 승리한 선지자 (ㅇ ㄹ ㅇ)

③ 메시아의 도래를 예언한 선지자 (ㅅ ㄹ ㅇ ㅎ)

2. 선지자의 역할에 관한 OX 퀴즈

① 선지자는 하나님의 말씀을 사람들에게 전달한다. (　　)

② 선지자는 항상 좋은 소식만 전한다. (　　)

③ 선지자는 백성들의 죄를 책망하기도 한다. (　　)

④ 선지자는 항상 미래를 정확하게 예언해야 한다. (　　)

⑤ 예수님은 모든 시대를 위한 유일한 선지자이시다. (　　)

3. 여러분이 알고 있는 선지자는 누가 있나요? 그들이 하는 일은 무엇이었을까요?

선지자(先知者, prophet)

선지자는 구약 성경에서 중요한 역할을 담당한 하나님의 종입니다. 그들은 단순히 미래의 일을 예언하는(foretelling) 사람이 아니었습니다. 주로 하나님의 말씀을 전달하는(forthtelling) 사람으로서, 하나님으로부터 받은 계시를 통해 하나님의 뜻과 섭리를 백성들에게 전달하는 '대언자'였습니다. 선지자들은 주로 꿈이나 환상을 통해 하나님의 계시를 받았습니다. 그들의 주요 임무는 백성들이 하나님의 뜻을 따라 살도록 경고하고 인도하는 것이었습니다. 이들은 단순히 성경의 해석자가 아니라, 하나님께서 직접 전해 주신 말씀을 선포하는 자들이었으며, 백성에 대한 하나님의 대리자 역할을 했습니다.

선지자들은 현재의 상황에 대한 하나님의 메시지도 전달했는데, 이는 사회적 불의에 대한 비판이나 회개에 대한 촉구 등을 포함했습니다. 때로는 엘리야나 엘리사와 같이 기적을 행하기도 했습니다. 그들의 예언은 항상 조건적이어서, 백성들의 반응에 따라 예언의 결과가 달라질 수도 있었습니다. 구약의 대표적인 선지자로는 모세, 엘리야, 엘리사, 이사야, 예레미야, 에스겔, 다니엘 등이 있습니다. 반면에 거짓 선지자는 하나님의 뜻이 아닌 자기 뜻을 전하고, 자신의 이익을 위해 스스로를 높이는 사람들이었습니다. 이들은 진정한 선지자들과는 달리 하나님의 뜻을 왜곡하고 백성들을 잘못된 길로 인도했습니다.

핵심 개념 정리 1

선지자로서 말씀과 성령으로 하나님의 뜻을 우리에게 계시하심

1. 선지자가 말한 내용이 하나님의 말씀임을 확실히 증명하는 요소는 무엇인가요?

● 예언은 언제든지 (   )의 (   )으로 낸 것이 아니요 오직 (   )의 감동하심을 받은 사람들이 (   )께 받아 (   )한 것임이라 (벧후 1:21)

설명⁺ 선지자는 예언하는 사람입니다. 예언은 사람의 생각이나 의지에서 나온 것이 아닙니다. 성령의 직접적인 영향력 아래에서 이루어집니다. 선지자들은 하나님으로부터 말씀을 직접 듣고서 사람들에게 전달합니다. 따라서 선지자가 말한 내용은 그 말씀의 근원이 하나님이시며, 내용은 성령의 직접적인 감동으로 주어지고, 인간의 생각이 아닌 하나님의 뜻을 드러내야 합니다. 이러한 요소들이 선지자의 말이 하나님의 말씀임을 확증합니다.

2. 하나님의 아들이신 그리스도가 선지자로 불리는 이유는 무엇일까요?

● 이제부터는 너희를 종이라 하지 아니하리니 종은 주인이 하는 것을 알지 못함이라 너희를
　（　　　）라 하였노니 내가 내 （　　　）께 （　　）은 것을 다 너희에게 （　　）게 하였음이라
　(요 15:15)

설명⁺ 예수님은 참선지자로서 이 땅에 오셔서 자기를 높이기 위해 스스로 말씀하지 않으시고 성부 하나님으로부터 말씀을 받아 모든 것을 우리에게 전달하셨습니다. 전달 방식에 있어서는 우리를 종으로 여기지 않으시고 친구로 대하시며 더 깊은 계시와 이해를 가능하게 하셨습니다. 이는 그분이 하나님과 인간 사이의 완전한 중보자로서 하나님의 뜻을 정확하게 전달하셨다는 뜻입니다. 그의 가르침은 단순한 정보 전달이 아닌 우리를 변화시키는 능력이 있습니다. 이러한 이유로 그리스도를 가장 위대한 선지자로 여기며, 그분의 말씀을 하나님의 최종적이고 완전한 계시로 받아들입니다.

핵심 개념 정리 2

낮아지심과 높아지심의 상태에서 선지자직을 수행하심

1. 그리스도는 이 땅에 오시기 전에 선지자 직분을 어떻게 수행하셨나요?

● 이 구원에 대하여는 너희에게 임할 은혜를 예언하던 선지자들이 （　　　）하고 부지런히
　살펴서 자기 속에 계신 （　　　　）의 （　　）이 그 받으실 고난과 후에 받으실 영광을
　미리 （　　　）하여 누구를 또는 어떠한 때를 지시하시는지 상고하니라 이 섬긴 바가
　자기를 위한 것이 아니요 너희를 위한 것임이 계시로 알게 되었으니 이것은 하늘로부터
　보내신 （　　　）을 힘입어 복음을 전하는 자들로 이제 너희에게 알린 것이요 천사들도
　살펴보기를 원하는 것이니라 (벧전 1:10-12)

● 옛적에 선지자들로 여러 （　　　）과 여러 （　　　）으로 우리 조상들에게 （　　　）하신
　하나님이 (히 1:1)

 예수님은 구약의 선지자들을 통해 자신에 관하여 예언하셨습니다. 성령을 통해 선지자들에게 영감을 주신 것입니다. 선지자들은 그리스도의 삶, 죽음, 부활에 관해 미리 알렸습니다. 즉, 다양한 모양과 방식으로 그리스도를 알리신 것입니다. 이렇게 우리를 위한 그리스도의 메시지가 준비되었습니다. 이러한 방식으로 그리스도는 성육신 이전에도 선지자의 직분을 수행하셨습니다.

2. 그리스도는 승천하신 이후에 선지자 직분을 어떻게 수행하고 계시나요?

- 너희는 너희가 하나님의 성전인 것과 하나님의 (   )이 너희 (   )에 계시는 것을 알지 못하느냐 (고전 3:16)

- 보혜사 곧 아버지께서 내 이름으로 보내실 (   ) 그가 너희에게 모든 것을 (   )치고 내가 너희에게 (   )한 모든 것을 (   )나게 하리라 (요 14:26)

설명⁺ 그리스도는 승천하여 높아지신 상태에서 성령을 통해 신자들 안에 내주하십니다. 이는 성령님께서 우리에게 진리를 지속적으로 가르치시는 역할을 하신다는 뜻입니다. 성령님은 우리가 말씀을 읽고 듣고 묵상할 때, 그 의미를 깨닫게 하시고 그리스도의 모든 말씀을 기억나게 하시며 생각할 수 있게 하십니다. 또한 교회 공동체를 통해 그리스도의 메시지를 전파하고 가르치고 계십니다. 이렇게 그리스도는 승천 이후에도 성령을 통해 선지자의 직분을 수행하고 계십니다. 즉 우리에게 하나님의 뜻을 계시하시고 가르치시며 인도하고 계십니다.

3. 그리스도는 선지자로서 우리에게 무엇을 보여 주셨나요?

- 본래 하나님을 본 사람이 없으되 아버지 품속에 있는 (   )하신 (   )이 나타내셨느니라 (요 1:18)

설명⁺ 그리스도는 선지자로서 우리가 볼 수 없는 하나님의 본질과 성품을 우리에게 보여 주셨습니다. 그리스도는 낮아지심과 높아지심의 두 상태에서 무한한 하나님의 사랑을 맛볼 수 있게 하셨습니다. 이렇게 그리스도는 우리가 하나님의 뜻에 따라 살아가는 삶과 하나님과 깊은 관계가 어떠해야 하는지를 보여 주셨습니다. 결론적으로 그리스도는 선지자로서 우리가 알 수 없었던 하나님의 모든 것을 우리에게 계시하시고 보여 주셨습니다. 그분을 통해 우리는 하나님을 알고, 이해하고, 경험할 수 있게 되었습니다.

4. 하나님께서 그리스도를 통해 우리에게 보여 주고자 하신 뜻은 무엇입니까?

설명⁺ 하나님은 우리를 죄와 사망에서 구원하시려는 뜻을 가지고 계십니다. 이 구원은 우리가 어떻게 살아야 하는지, 무엇이 옳으며 그른지, 어떻게 하나님과 친밀한 관계를 맺어야 하는지, 우리가 어떻게 그분만을 신뢰해야 하는지, 우리에게 진정으로 유익한 것이 무엇인지, 우리는 무엇을 추구하며 살아야 하는지 등 우리 삶의 궁극적인 목적과 나아갈 방향을 포함합니다. 이 모든 것을 그리스도께서는 삶으로 보여 주셨고, 선지자로서 알려 주셨습니다.

5. 그리스도께서 구속자로 행하신 선지자의 직무는 무엇인지 정리해 봅시다.

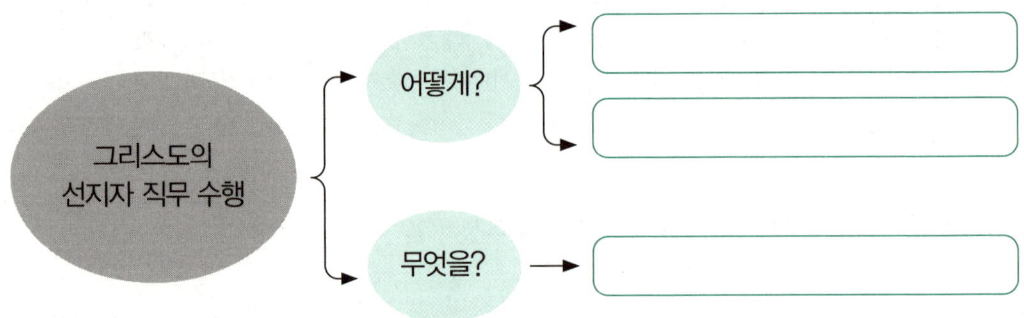

적용과 질문

1. 우리는 수많은 정보와 의견이 범람하여 진리를 제대로 분별하기 어려운 상황 가운데서 살아갑니다. 그리스도의 선지자 직분은 우리에게 확실한 진리의 근원을 제시합니다. 성경 말씀과 성령의 인도하심에 집중함으로써, 우리는 혼란스러운 세상 속에서도 명확한 방향을

찾을 수 있습니다. 당신은 일상생활에서 중요한 결정을 내릴 때, 어떻게 그리스도의 가르침과 성령의 인도하심을 구하고 있나요? 세상의 다양한 의견들 사이에서 하나님의 뜻을 분별하기 위해 어떤 구체적인 노력을 하고 있나요?

2. 다양한 가치관이 공존하는 사회에서 그리스도의 가르침을 따르는 것이 때로는 어려움이 될 수 있습니다. 이런 상황에서 당신은 어떻게 그리스도인으로서의 정체성을 유지하고 있습니까? 직장이나 학교와 같은 세속적 환경에서 그리스도의 가르침을 어떻게 실천하고 있습니까?

마무리

여러분, 이번 과에서 우리는 그리스도께서 어떻게 선지자의 직분을 수행하시는가에 관하여 배웠습니다. 그분은 말씀과 성령으로 우리의 구원을 위한 하나님의 뜻을 우리에게 계시하십니다. 이제 우리에게 주어진 삶은 그리스도의 음성에 귀 기울이는 것입니다. 매일 성경을 읽고 묵상하며, 성령의 인도하심을 구하는 시간을 가집시다. 그리고 그 말씀대로 살아가려고 노력합시다. 그리스도의 가르침을 단순히 아는 것에 그치지 말고, 그것을 삶 속에서 실천하려고 노력해야 합니다. 때로는 어렵고 부딪힐 수 있지만, 이것을 잘 극복해 나감이 바로 우리를 향한 하나님의 뜻입니다.

중요한 결정을 내려야 할 때마다, 잠시 멈추어서 "이 상황에서 주님이라면 어떻게 하셨을까요?" 하고 물어봅시다. 그리스도께서 말씀과 성령을 통해 응답해 주실 것입니다. 이 진리가 여러분의 삶에 깊이 뿌리내려, 여러분 모두 그리스도의 참된 제자로 성장하게 되기를 바랍니다. 또한 그리스도께서 우리에게 계시하신 진리가 우리 삶을 변화시키고, 우리를 통해 다른 이들에게도 전해지기를 소망합니다. 우리가 그리스도의 참된 제자로 살아갈 때, 세상은 우리를 통해 하나님의 뜻을 보게 될 것입니다.

다음 과에서는 그리스도의 제사장 직분에 관하여 배우게 됩니다. 그분이 어떻게 우리를 위해 자신을 희생 제물로 드리셨는지, 그리고 지금도 어떻게 우리를 위해 중보하고 계시는지 알아볼 예정입니다. 이를 통해 우리는 그리스도의 사랑과 은혜를 더욱 깊이 깨닫게 될 것입니다. 기대하는 마음으로 다음 시간을 준비해 주세요!

그리스도의 제사장 직분
(제25문답)

복습하기

지난 과에서 우리는 구속자이신 그리스도께서 말씀과 성령으로 우리의 구원을 위한 하나님의 뜻을 계시해 주시는 선지자 직분에 관하여 공부했습니다. 어지럽고 복잡한 소리가 끊이지 않는 세상 한가운데서, 그리스도의 말씀으로 중심을 유지하셨나요? 다시 한번 문답을 떠올리면서 빈칸을 채워 봅시다.

제 24문 그리스도께서는 어떻게 선지자의 직분을 수행하십니까?

How does Christ execute the office of a prophet?

답 그리스도께서는 (　　)과 (　　)으로 우리 구원을 위한 하나님의 (　)을 우리에게 (　　)하심으로써 선지자의 직분을 수행하십니다. [1]

Christ executes the office of a prophet, in revealing to us, by his word and Spirit, the will of God for our salvation.

[1] 요 1:18; 15:15; 20:31; 벧전 1:10-12

들어가기

이번 과에서 우리는 예수 그리스도께서 어떻게 자신을 희생 제물로 드리셨는가에 관하여 공부하려고 합니다.

우리가 만약 큰 잘못을 저지르거나, 부모님의 말씀을 잘 듣지 않고 규칙을 어기면 어떻게 될까요? 그에 맞는 벌을 받거나 용서를 구해야 할 것입니다. 그것이 혹 큰 죄여서 재판을 받아야 한다면, 변호사의 도움을 받아야 할 것입니다. 그렇다면 우리가 하나님께 지은 죄는 어떻게 용서받을 수 있을까요? 누가 우리의 변호사가 되어 줄까요? 웨스트민스터 소요리문답 제25문답은 이런 질문들에 대한 답을 제공합니다. 이 문답은 예수님께서 제사장으로서 어떻게 우리를 위해 일하시는지 설명해 줍니다.

이번 과에서 우리는 예수님의 제사장 직분이 무엇인지, 그리고 이것이 우리의 일상 신앙 생활에 어떤 의미가 있는지 함께 살펴볼 예정입니다. 예수님께서 어떻게 자신을 희생 제물로 드리시고, 어떻게 우리를 위해 간구하심으로써 우리를 하나님과 화해시키셨는지, 그리고 이를 통해 우리의 구원이 어떻게 이루어지는지 배우게 될 것입니다.

자, 이제 시작해 볼까요? 그분의 제사장 직분이 우리의 과거, 현재, 그리고 미래에 어떻게 영향을 미치는지 함께 탐구해 봅시다. 다 같이 문답을 읽어 볼까요?

묻고 답하기

 그리스도께서는 어떻게 제사장의 직분을 수행하십니까?

How does Christ execute the office of a priest?

 그리스도께서는 하나님의 공의를 만족시키시고,[1] 우리를 하나님과 화해시키시기 위해[2] 자신을 단번에 희생 제물로 드리심으로써, 그리고 우리를 위해 끊임없이 간구하심으로써[3] 제사장의 직분을 수행하십니다.[1]

Christ executes the office of a priest, in his once offering up of himself a sacrifice to satisfy divine justice, and reconcile us to God, and in making continual intercession for us.

①히 9:14, 28 ②히 2:17 ③히 7:24-25

1. 다음의 단서를 보고 성경 속 제사장을 맞춰 보세요.

① 이스라엘 백성의 첫 번째 대제사장이며, 모세의 형입니다. 하나님께 제사를 드리고 백성을 인도하는 중요한 역할을 했습니다. 누구일까요? (ㅇㄹ)

② 살렘 왕이자 제사장으로, 아브라함에게 축복을 베푼 신비로운 인물입니다. 그의 사역은 예수 그리스도의 사역을 예표하는 것으로 해석됩니다. 누구일까요? (ㅁㄱㅅㄷ)

③ 이스라엘 백성이 광야 생활을 할 때, 성막에서 제사를 드리며 백성들을 돌보았던 레위 지파 사람들을 통칭하는 말입니다. 누구일까요? (ㄹㅇㅇ)

2. 제사장 역할 OX 퀴즈

① 제사장은 하나님과 사람 사이의 중보자 역할을 합니다. ( )
② 제사장은 죄를 위한 속죄 제사를 드릴 수 없습니다. ( )

③ 이스라엘 백성 누구나 제사장이 될 수 있었습니다. (　　)

④ 제사장은 성전에서만 봉사할 수 있었습니다. (　　)

⑤ 신약 시대에는 제사장의 역할이 더 이상 필요하지 않습니다. (　　)

핵심 개념 정리 1

제사장으로서 하나님의 공의를 만족시키심

1. 여러분이 알고 있는 제사장은 누구인가요? 제사장은 어떤 일을 했을까요?

▶▶ 단어 설명

제사장(祭司長, priest)

제사장(祭司長, priest)은 구약 시대 이스라엘의 종교 생활에서 핵심적인 역할을 담당했습니다. 그들의 주요 임무는 하나님께 제사를 드리고(민 16:40), 백성의 신앙을 지도하며(대하 15:3), 그들에게 하나님의 뜻을 묻고 전달하는 것이었습니다(출 28:30). 제사장들은 하나님과 백성 사이의 중재자 역할을 했으며, 하나님께 대한 백성의 대표였습니다. 제사장직은 세습제였으며, 아론의 자손들만이 제사장이 될 수 있었습니다(출 28:1; 민 3:10). 그들은 성막(후에는 성전)에서 봉사하며, 제사를 드리고, 분향하며, 성소의 등불을 관리하는 등의 일을 담당했습니다(출 30:7-8; 레 24:1-4). 또한 율법을 가르치고 해석하는 역할도 수행했습니다(레 10:11; 신 33:10).

제사장 중에서 가장 높은 위치에 있는 사람을 대제사장이라고 불렀습니다. 대제사장은 모든 레위인들과 제사장들을 주관하며, 온 이스라엘을 대표하여 1년에 한 차례(대속죄일) 지성소에 들어갈 수 있는 특권을 가졌습니다(출 28:29; 레 16:2-34). 대표적인 대제사장으로는 아론, 엘리, 사독 등이 있습니다.

2. 하나님은 죄에 대하여 공의를 만족시키기 위해 누구에게 무엇을 하도록 명령하셨습니까?

- 육체의 생명은 (   )에 있음이라 내가 이 피를 너희에게 주어 제단에 뿌려 너희의 생명을 위하여 (   )하게 하였나니 (   )이 피에 있으므로 피가 죄를 속하느니라 (레 17:11)

- 대제사장마다 사람 가운데서 (   )한 자이므로 하나님께 속한 일에 사람을 위하여 (   )과 (   )하는 (   )를 드리게 하나니 그가 무식하고 미혹된 자를 능히 용납할 수 있는 것은 자기도 연약에 휩싸여 있음이라 그러므로 백성을 위하여 (   )를 드림과 같이 또한 (   )을 위하여도 드리는 것이 마땅하니라 (히 5:1–3)

하나님은 죄에 대한 공의를 만족시키기 위해 이스라엘 백성들에게 제사를 드리라고 명령하셨습니다. 특히 대제사장에게는 백성들을 위해 제물과 예물을 드려야 하는 특별한 역할을 맡기셨습니다. 이때 하나님은 피를 통한 제사를 지정하셨는데, 이는 피가 생명을 상징하기 때문입니다. 그리고 죄인인 인간이 죽어야 마땅하지만, 그 대신 제단에 쏟아진 동물의 피가 인간을 대신한다는 의미였습니다. 대제사장은 이러한 제사에서 백성들을 대표하여 하나님께 나아가는 중요한 역할을 했습니다.

핵심 개념 정리 2

제사장으로서 우리를 하나님과 화해시키기 위해

1. 우리에게 하나님과의 화해가 꼭 필요한 이유는 무엇일까요?

- 오직 너희 죄악이 너희와 너희 하나님 사이를 (   ) 놓았고 너희 (   )가 그의 (   )을 가리어서 너희에게서 듣지 않으시게 함이니라 (사 59:2)

죄인이 받은 영광은 하나님의 진노와 저주뿐이며, 사망의 형벌입니다(롬 6:23). 죄는 하나님과 우리 사이를 갈라놓았습니다. 이 죄의 문제를 해결하지 않고서는 영생을 얻을 수 없습니다. 하나님은 우리가 이 죄의 문제를 해결하길 바라십니다. 또한 우리가 하나님과 평화로운 삶을 살기 원하십니다. 그러므로 하나님과의 화해는 우리의 복된 삶을 위한 필수 조건입니다(고후 5:18–19).

2. 문제는 우리가 하나님과 화해할 방법을 알지 못한다는 데 있습니다. 우리의 구속자이신 그리스도는 우리를 하나님과 화해시키기 위해 어떤 일을 하셨습니까?

- 그러므로 그가 범사에 형제들과 같이 되심이 마땅하도다 이는 하나님의 일에 자비하고 신실한 (　　　　　)이 되어 백성의 죄를 (　　　)하려 하심이라 (히 2:17)

설명⁺ 참하나님이신 그리스도께서 이 땅에 오셔서 참인간이 되신 것은 우리의 죄를 대신 짊어지시고 속죄하시기 위해서입니다(빌 2:6-8). 죄는 절대로 하나님과 함께할 수 없으며(사 59:2), 죄를 속량하지 않고서는 하나님과의 교제가 회복되지 않기 때문입니다. 우리는 그리스도의 희생을 통해 우리의 죄가 용서받았고 하나님의 공의가 만족되었음을 믿습니다(롬 3:25-26). 그래서 우리는 오직 하나님과 우리 사이에 막힌 담을 허무신 그리스도를 통해서만 하나님께 담대히 나아갈 수 있습니다(엡 2:14-18).

핵심 개념 정리 3

우리를 위해 자기를 단번에 희생 제물로 드리셨음

1. 그리스도께서 단번에 자기를 희생 제물로 드리심으로써 이루신 것은 무엇입니까?

- 오직 (　　) 없고 (　　) 없는 (　　　　)같은 그리스도의 (　　　　) (　　)로 된 것이니라 (벧전 1:19)

- 이와 같이 그리스도도 많은 사람의 (　　)를 담당하시려고 (　　)번에 드리신 바 되셨고 구원에 이르게 하기 위하여 죄와 상관없이 자기를 바라는 자들에게 두 번째 나타나시리라 (히 9:28)

- 하물며 영원하신 성령으로 말미암아 (　　) 없는 자기를 하나님께 (　　　) 그리스도의 (　　)가 어찌 너희 양심을 죽은 행실에서 깨끗하게 하고 살아 계신 하나님을 섬기게 하지 못하겠느냐 (히 9:14)

 그리스도는 완전한 제사장이 되셔서 하나님과 원수가 되었던 죄인 된 우리를 대신하여 자기 자신을 "흠 없고
점 없는 어린 양"으로(벧전 1:19) 단번에 드림으로써 우리의 죄를 완전히 씻어 주셨습니다. 이렇게 그리스도는
우리의 모든 죄를 짊어지셨습니다. 우리는 그리스도의 피로 말미암아 양심이 깨끗하게 되어 하나님과 온전한
교제를 이루게 되었습니다.

2. 그리스도께서 자기 자신을 희생 제물로 드린 것과 다른 인간 대제사장들이 희생 제물을 드린
것의 차이점은 무엇입니까?

- 그가 거룩하게 된 자들을 (　　) 번의 제사로 영원히 온전하게 하셨느니라 (히 10:14)

- 염소와 송아지의 피로 하지 아니하고 오직 자기의 피로 (　　　)한 속죄를 이루사 (　　)번에
성소에 들어가셨느니라 (히 9:12)

 그리스도의 희생은 완전하므로 반복할 필요가 없었습니다. 이 희생은 과거, 현재, 미래의 모든 죄를 덮습니
다. 이것은 구약의 반복적 제사가 종결되었음을 보여 줍니다(히 9:25-26). 하나님의 공의를 완전히 만족시켰
기 때문입니다. 이로 인해 죄와 비참의 상태에 있던 사람은 하나님과 완전한 화해를 이루어 새로운 관계에 들
어가게 됩니다.

핵심 개념 정리 4

제사장으로서 우리를 위해 끊임없이 간구하심

1. 그리스도께서 낮아지신 상태에서는 제사장으로서, 자기를 희생 제물로 드렸다면, 높아지신
상태에서는 제사장으로서 무엇을 하시나요?

- 예수는 (　　　　) 계시므로 그 제사장 직분도 갈리지 아니하느니라 그러므로 자기를
힘입어 하나님께 (　　　　)는 자들을 온전히 구원하실 수 있으니 이는 그가 항상 (　　　)
계셔서 그들을 위하여 (　　　)하심이라 (히 7:24-25)

2. 그리스도께서 구속자로서 행하신 제사장의 직무는 무엇인지 정리해 봅시다.

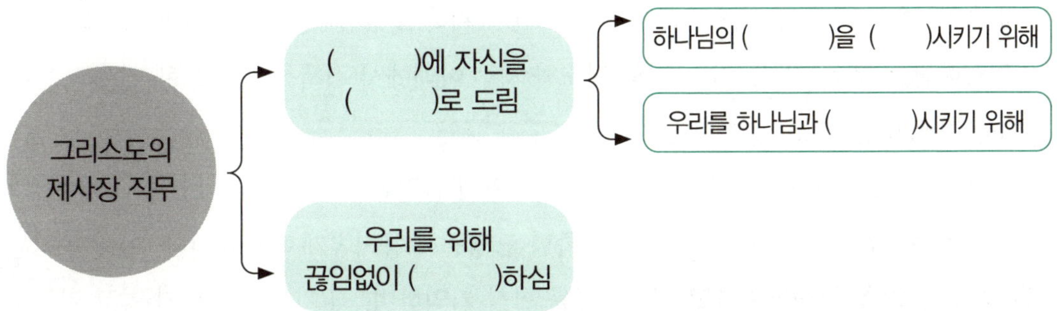

적용과 질문

1. 그리스도께서 '단번에' 드린 희생으로 얻은 자유를 우리가 일상에서 더욱 풍성히 누리기
   위해서는 어떤 생각이나 행동의 변화가 필요할까요? 구체적으로, 죄책감이나 부족함에
   사로잡히지 않고 그리스도 안에서의 기쁨과 평안을 지속적으로 경험하기 위해 어떤 영적
   습관을 기르면 좋을까요?

2. 그리스도께서 지금도 우리를 위해 중보하신다는 사실이 우리의 기도 생활에 어떤 영향을 미칠
수 있을까요? 또한 그것이 우리 일상생활의 결정과 선택에 어떤 영향을 미칠 수 있을까요?

마무리

여러분, 오늘 우리는 그리스도께서 십자가에서 자기 피를 흘려 우리를 구원하신 내용에 관하여 공부했습니다. 그리스도의 희생은 가장 고귀하고 값진 것입니다. 만약 그분의 희생이 없었다면, 우리는 지금도 하나님의 진노와 저주 아래에서 죄책을 짊어진 채 인생의 모든 비참을 겪으며 살아가고 있을 것입니다.

그러나 그리스도께서 우리를 위해 자신을 단번에 완전한 제물로 드리심으로써 하나님의 공의가 만족되었고, 우리는 모든 죄와 부족함을 영원히 용서받게 되었습니다. 이제 우리는 그리스도의 희생이 얼마나 크고 귀중한지를 항상 기억하며, 죄 가운데 머물지 않고 거룩하신 하나님의 뜻을 따라 살아가야 합니다. 하나님은 우리와 깊은 관계를 맺길 원하십니다. 하나님과 화목하게 되었으니 더욱 풍성한 관계를 이어 갑시다. 그리고 힘들거나 지칠 때, 외롭거나 비참할 때마다 꼭 기억합시다. 우리를 위해 항상 중보하시는 그리스도가 계시다는 사실을 말입니다.

다음 과에서는 그리스도의 왕 되심에 관하여 배울 예정입니다. 우리 삶의 진정한 주권자가 누구인지, 그분의 통치가 우리에게 어떤 의미인지 깊이 생각해 보는 시간이 될 것입니다. 기대하는 마음으로 준비해 주세요!

내 삶의 모든 필요를 채우시는 예수님: 선지자, 제사장, 그리고 왕

예수님께는 우리를 위한 세 가지 중요한 직분이 있습니다. 바로 '선지자, 제사장, 왕'입니다. 이러한 사실은 우리 삶의 가장 근본적인 필요를 완벽하게 채워 주는 아름다운 진리입니다. 예수님이 누구시며 오늘 나를 위해 무엇을 하시는지 알게 될 때, 우리의 믿음은 더욱 깊고 단단해집니다.

1. 나의 길을 비추시는 유일한 선지자, 예수님

무엇이 진리인지 알려 주십니다. 선지자이신 예수님은 혼란스러운 세상 속에서 우리에게 유일한 진리가 되어 주십니다. 그분은 우리에게 하나님 아버지의 마음을 가장 분명하게 보여 주시는 길입니다. 우리는 그분의 말씀인 성경을 통해서 삶의 방향을 찾고, 흔들리지 않는 기준 위에 설 수 있습니다.

오늘 나의 삶에 지혜를 주십니다. 예수님은 성령을 통해 지금도 우리에게 말씀하시고, 그분의 뜻을 깨닫게 하십니다. 말씀을 묵상하고 기도할 때, 우리는 일상의 크고 작은 선택 앞에서 지혜와 분별력을 얻습니다. 더 이상 방황하지 않고, 빛이신 그분의 인도를 받게 됩니다.

2. 나를 위해 길을 여시는 영원한 제사장, 예수님

하나님께 나아갈 길을 열어 주셨습니다. 죄 때문에 하나님 앞에 설 수 없었던 우리를 위해, 대제사장이신 예수님은 자신을 영원한 속죄 제물로 드리셨습니다. 그 희생 덕분에 우리는 죄책감 없이 언제든 은혜의 보좌 앞으로 나아가 하나님 아버지를 예배하고 우리의 마음을 아뢸 수 있습니다.

지금도 나를 위해 기도하고 계십니다. 예수님은 하나님 우편에서 지금 이 순간에도 연약한 우리를 위해 끊임없이 기도하고 계십니다. 내가 혹 넘어지더라도 그분의 기도가 나를 붙들고 있음을 믿을 때, 우리는 다시 일어설 용기와 위로를 얻습니다.

3. 나를 다스리시고 보호하시는 만왕의 왕, 예수님

그분의 통치 아래 참된 평안을 누립니다. 만왕의 왕이신 예수님께서 온 우주와 내 삶을 다스리고 계심을 믿을 때, 우리는 참된 평안을 누립니다. 세상의 어떤 위협 앞에서도 두려워하지 않을 수 있는 안전을 얻는 것입니다. 그분의 다스림은 모든 악한 세력으로부터 우리를 지키고, 최종적인 승리를 약속합니다.

승리하는 삶을 살게 하십니다. 왕이신 예수님은 이미 죄와 죽음의 권세를 이기셨습니다. 우리는 그 승리에 연합하여, 내 안의 유혹과 싸워 이길 힘을 얻습니다. 또한 그분의 다스림은 사랑의 통치이기에, 우리는 기쁨으로 그 말씀에 순종하며 이 땅에서 그분의 백성으로 살아갑니다.

결론적으로, 예수님은 우리의 선지자로서 우리의 갈 길을 보여 주시고, 제사장으로서 하나님께 나아갈 길을 열어 주셨으며, 왕으로서 그 길을 가는 우리를 영원히 지키고 다스리십니다. 이 놀라운 진리 안에서 우리는 어떤 상황에서도 부족함 없는 구원의 은혜를 누리며, 확신에 찬 신앙의 여정을 걸어갈 수 있습니다.

그리스도의 왕 직분
(제26문답)

복습하기

지난 과에서 우리는 구속자이신 그리스도께서 영원한 제사장으로서 우리를 하나님과 화해시키고, 우리를 위해 끊임없이 기도하시는 분이심을 배웠습니다. 그로 인한 위로와 기쁨, 평안함 가운데 살고 있나요? 다시 한번 문답을 떠올리면서 빈칸을 채워 봅시다.

제 25문 그리스도께서는 어떻게 제사장의 직분을 수행하십니까?

How does Christ execute the office of a priest?

답 그리스도께서는 하나님의 (   )를 만족시키시고,[1] 우리를 하나님과 (   )시키시기 위해[2] 자신을 (   )에 희생 제물로 드리심으로써, 그리고 우리를 위해 끊임없이 (   )하심으로써[3] 제사장의 직분을 수행하십니다.[1]

Christ executes the office of a priest, in his once offering up of himself a sacrifice to satisfy divine justice, and reconcile us to God, and in making continual intercession for us.

[1] 히 9:14, 28 [2] 히 2:17 [3] 히 7:24-25

들어가기

　이번 과에서 우리는 구속자이신 그리스도께서 우리를 위해 수행하신 세 번째 직분, 왕직에 관하여 알아보겠습니다.

　온 우주를 다스리는 왕을 보신 적 있나요? 그런 왕이 존재한다면 어떨까요? 그것도 그 왕이 우리를 사랑하고, 우리의 모든 것을 알며, 우리 삶을 친히 돌보신다면요? 상상만 해도 든든하고 감사와 기쁨이 넘치지 않나요? 그 왕이 바로, 이번 과에서 우리가 배울 영원하신 왕 예수님입니다.

　예수님의 왕직은 먼 미래의 일이 아닙니다. 지금 이 순간, 우리의 삶 속에서 역사하고 있는 현실입니다. 여러분이 겪는 모든 어려움, 유혹, 그리고 도전들 속에서 예수님은 왕으로서 여러분을 지키고 인도하고 계십니다. 우리가 이 진리를 깊이 이해하게 되면, 우리의 삶은 완전히 달라질 것입니다. 두려움 대신 용기를, 절망 대신 희망을, 혼란 대신 평안을 경험하게 될 것입니다.

　자, 이제 우리의 마음과 생각을 활짝 열고, 이 놀라운 진리를 함께 탐구해 봅시다. 문답을 천천히 읽으면서, 각 단어의 의미를 곱씹어 봅시다. 준비되셨나요? 예수님의 왕직이 여러분의 삶을 어떻게 변화시킬지, 그 놀라운 발견의 순간을 기대하며 시작하겠습니다! 다 같이 큰 목소리로 문답을 읽어 볼까요?

묻고 답하기

제26문 **그리스도께서는 왕의 직분을 어떻게 수행하십니까?**

How does Christ execute the office of a king?

답 **그리스도께서는 우리를 자기에게 복종시키시며,[1] 우리를 다스리시고[2] 보호하시며,[3] 그리스도와 우리의 모든 원수를 억제하시고 정복하심으로써 왕의 직분을 수행하십니다.[4]**

Christ executes the office of a king, in subduing us to himself, in ruling and defending us, and in restraining and conquering all his and our enemies.

[1]행 15:14-16 [2]사 33:1-2, 22 [3]사 32:1-2 [4]시 110:1-7; 고전 15:25, 55-57

1. 여러분이 좋아하는 왕이 있나요? 그 왕을 좋아하는 이유가 무엇인가요?

2. 이제부터 내가 생각하는 '나의 왕국'을 건설해 보겠습니다. 빈칸에 나의 왕국만의 특징이나 다른 나라와의 차별점이 있다면, 그 이유가 무엇인지를 기록해 봅시다.

나의 왕국	특징:
	이유:

왕으로서 우리를 복종하게 하심

1. 그리스도는 어떻게 우리의 왕이 될까요?

● 하나님이 처음으로 (   ) 중에서 자기 이름을 위할 (   )을 취하시려고 그들을 돌보신 것을 시므온이 말하였으니 선지자들의 말씀이 이와 일치하도다 기록된 바 이후에 내가 돌아와서 다윗의 무너진 장막을 다시 지으며 또 그 허물어진 것을 다시 지어 일으키리니 (행 15:14–16)

설명 하나님은 우선 영적으로 무너진 인간의 상태를 회복시키는 것으로부터 왕권을 회복시키십니다. 이 약속은 다윗과 맺은 영원한 언약 안에서 이루어질 약속이었습니다. 그리스도께서 다시 세우시는 왕권은 특정 민족에 국한되지 않고 모든 이에게 미칩니다. 그리하여 그분은 우리의 삶을 새롭게 하시고 완전히 새롭게 우리의 모든 것을 다스리실 것입니다. 이 영적 회복과 왕권의 확립은 그리스도의 십자가에서 죽으심과 부활을 통해 이루어졌으며, 현재도 진행 중입니다. 우리가 그분께 순종할 때, 이 왕권은 우리의 삶 속에서 더욱 분명히 나타납니다. 그리고 이 왕권은 개인의 삶뿐만 아니라 사회와 문화, 그리고 온 창조 세계에 미치는 포괄적인 것입니다. 이 그리스도의 왕권 아래에서 우리는 진정한 자유와 평화를 경험하게 됩니다. 그리고 이 왕권은 최종적으로 그분의 재림과 함께 완전히 실현될 것입니다. 그때 모든 피조물이 그분의 통치 아래 놓이게 될 것입니다.

2. 그리스도의 왕 직분이 우리를 복종하게 하는 것이라면, 세상의 왕과 무엇이 다를까요? 이 또한 개인의 자유를 억압하는 인권 침해 아닌가요?

● 내가 나의 (   )을 내 거룩한 산시온에 세웠다 하시리로다 내가 여호와의 명령을 전하노라 여호와께서 내게 이르시되 너는 내 (   )이라 오늘 내가 너를 낳았도다 내게 구하라 내가 이방 (   )를 네 (   )으로 주리니 네 소유가 땅 (   )까지 이르리로다 (시 2:6–9)

- 예수께서 제자들을 불러다가 이르시되 이방인의 집권자들이 그들을 임의로 (   )하고 그 고관들이 그들에게 (   )를 부리는 줄을 너희가 알거니와 너희 중에는 그렇지 않아야 하나니 너희 중에 누구든지 크고자 하는 자는 너희를 (   )는 자가 되고 너희 중에 누구든지 (   )이 되고자 하는 자는 너희의 (   )이 되어야 하리라 (   )가 온 것은 섬김을 받으려 함이 아니라 도리어 (   )려 하고 자기 목숨을 많은 사람의 대속물로 주려 함이니라 (마 20:25-28)

그리스도의 왕권은 세상의 왕권과 근본적으로 다릅니다. 그분의 왕권은 공의로우며 사랑과 봉사에 기반을 둔 통치를 보여 줍니다. 이 왕권은 강압이 아닌 기쁨과 자유를 주는 선물로서, 우리의 자발적인 복종을 이끌어 냅니다. 세상의 제한적이고 일시적인 왕권과 달리, 그리스도의 왕권은 전능하고 영원합니다. 십자가에서 정점을 이룬 이 왕권은 자기희생적 사랑의 궁극적 표현이며, 우리의 외적 행동뿐만 아니라 내적 본성까지 변화시킵니다. 그리스도의 통치 아래에서 우리는 진정한 평화와 자유를 누리며 하나님의 형상을 회복하게 되는데, 이는 현재 우리 삶 속에서 실현되고 있으며 동시에 그리스도의 재림과 함께 완전히 성취될 것입니다.

핵심 개념 정리 2

왕으로서 우리를 다스리심

1. 그리스도 무엇으로 우리를 다스리실까요?

- 대저 여호와는 우리 재판장이시요 여호와는 우리에게 율법을 세우신 이요 여호와는 우리의 (   )이시니 그가 우리를 (   )하실 것임이라 (사 33:22)

그리스도는 재판장, 율법 수여자, 그리고 왕으로서 우리를 전인적으로 다스리십니다. 재판장으로서 그분은 공정하고 의로운 판단으로 우리의 행위와 마음을 올바르게 평가하시며, 은혜와 진리로 우리를 인도하십니다. 율법 수여자로서 그분은 우리 삶의 기준이 되는 도덕적, 영적 규범을 제시하시는데, 이는 단순한 규칙이 아닌 우리의 선을 위한 사랑의 지침입니다. 이러한 그리스도의 다스림은 우리에게 안전과 평안을 제공할 뿐만 아니라, 의로운 삶으로 인도하며, 우리의 자발적인 순종과 사랑을 통해 참된 자유와 충만한 삶을 경험하게 합니다. 그분의 통치는 강압적이지 않고 사랑에 기반을 두며, 우리의 전인적인 변화와 성장을 목표로 합니다.

왕으로서 우리를 보호하심

1. 그리스도는 왕으로서 우리를 말씀으로 다스리실 뿐 아니라 보호하십니다. 어떻게 보호하실까요?

> 보라 장차 한 (　　　)이 공의로 통치할 것이요 방백들이 정의로 다스릴 것이며 또 그 사람은 (　　　)을 피하는 곳, (　　　)를 가리는 곳 같을 것이며 마른 땅에 (　　　) 같을 것이며 곤비한 땅에 큰 (　　　) (　　　) 같으리니 (사 32:1–2)

설명 그리스도는 우리의 전인격적 존재를 위한 완벽한 보호자로서, 피난처, 은신처, 생명의 원천, 그리고 안식처의 역할을 하십니다. 그분은 인생의 폭풍과 위험 속에서 견고한 요새가 되시고, 우리를 모든 위험으로부터 숨기시며, 영적으로 메마른 상황에서도 생명의 물을 공급하시고, 삶의 고난과 피로 속에서 쉼과 안식을 제공하십니다. 이러한 그리스도의 보호는 단순히 물리적 안전을 넘어서, 우리의 영혼, 마음, 그리고 전인격적 존재를 포괄하는 전체적인 보호이며, 그분은 우리의 두려움, 불안, 영적 위험으로부터 우리를 지키시고 필요한 영적 양분과 힘을 공급하십니다. 그분의 능동적이고 지속적인 보호는 우리가 적극적으로 그분께 나아갈 때 더욱 효과적으로 경험되며, 이를 통해 우리는 강해지고 성숙해져 삶의 도전들을 더 잘 극복할 수 있게 됩니다. 더불어, 이 보호는 개인적 차원을 넘어 교회 공동체를 통해 서로를 보호하고 돌보는 형태로도 나타나, 우리 모두가 그리스도의 전체적이고 완벽한 보호 아래에서 안전하고 풍성한 삶을 누릴 수 있게 합니다.

핵심 개념 정리 4

왕으로서 모든 적을 제압하심

1. 옛날의 왕은 전쟁에서 가장 앞서서 싸우는 선봉장이었습니다. 하지만 우리는 실제 누구와도 직접 싸우지 않습니다. 예수님은 대체 어떤 싸움에서 이기게 하신다는 말일까요?

> 여호와께서 내 주에게 말씀하시기를 내가 네 (　　　)들로 네 (　　　)이 되게 하기까지 너는 내 (　　　)쪽에 앉아 있으라 하셨도다 여호와께서 시온에서부터 주의 권능의 규를

설명⁺ 그리스도의 왕 직분은 우리 삶에 깊고 광범위한 영향을 미치며, 현재 활동 중인 사탄의 억압에 대항하여 우리를 보호하고 해방시키는 핵심적 역할을 합니다. 그리스도는 사탄의 모든 계략과 속임수를 억제하시며, 우리를 대신하여 영적 전쟁을 수행하실 뿐만 아니라, 죄와 사망의 권세에서 우리를 해방시켜 참된 자유를 누리게 하십니다. 이러한 그리스도의 왕권은 단순한 보호를 넘어서, 우리 삶을 적극적으로 인도하고 영적 승리로 이끄는 역동적인 힘으로써 작용합니다. 더 나아가, 그분의 통치는 개인적 차원을 넘어 사회적, 우주적 차원에서 모든 피조물을 회복시키고 하나님의 본래 의도대로 만물을 새롭게 하는 것을 목표로 합니다. 그리스도의 영원한 왕권 아래에서 우리는 안전할 뿐만 아니라, 하나님 나라의 시민이자 대사로서 새로운 정체성과 목적을 부여받아 이 세상에서 그분의 통치를 대변하고 확장하는 역할을 수행하게 됩니다. 따라서 그리스도의 왕 직분은 우리에게 현재의 보호와 자유, 미래의 소망과 사명을 동시에 제공하는 우리 신앙과 삶의 핵심적 요소입니다.

2. 그리스도께서 구속자로 행하신 왕의 직무는 무엇인지 정리해 봅시다.

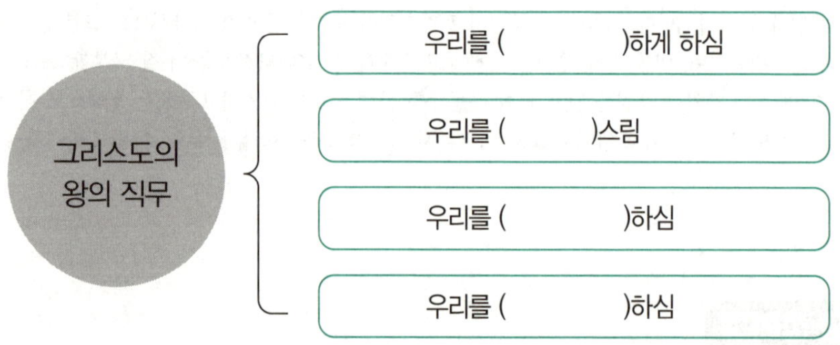

적용과 질문

1. 그리스도께서 우리 삶의 왕이 되신다는 것은 실제로 어떤 의미일까요? 만약에 오늘부터 우리의 왕이 그리스도라면 나의 일상생활은 어떤 변화를 겪게 될까요? 나의 학교생활, 가족 관계, 또는 미래 계획에 어떤 영향을 미칠 수 있을까요? 내 삶에서 그리스도의 왕권을 더 잘 이해하고 실천하기 위해서는 어떤 노력이 필요할까요?

2. 우리는 삶 속에서 불확실성, 경쟁, 그리고 빠른 변화로 인해 많은 불안과 두려움을 느끼며 살아갑니다. 그리스도께서 우리를 보호하시고 우리의 원수를 억제하신다는 진리를 기억한다면, 어떤 담대함을 가질 수 있으며, 어떤 위로를 얻을 수 있을까요?

마무리

여러분, 오늘 우리는 그리스도의 왕 되심에 관하여 깊이 있게 살펴보았습니다. 그리스도께서 우리의 왕이시라는 사실은 단순한 지식이 아닙니다. 우리가 누구의 통치를 받고 살아가느냐에 따라 많은 변화가 일어나기 때문입니다. 우리 모두 스스로에게 물어봅시다. "나는 누구(무엇)의 다스림을 받고 있는가?", "나의 욕심인가, 세상의 가치인가, 아니면 그리스도의 말씀인가?"

물론, 그리스도께 복종한다는 것은 때로 어렵고 불편할 수 있습니다. 하지만 그분의 통치는 우리에게 진정한 자유와 평안을 가져다줍니다. 이번 주, 여러분의 삶의 한 영역을 선택하여, 그것을 그리스도의 다스림에 온전히 맡겨 보세요. 그것이 여러분의 '시간 사용'이 될 수도 있고, '관계'일 수도 있으며, 혹은 '미래에 대한 걱정'일 수도 있습니다. 또한, 우리를 억압하는 두려움, 불안, 중독 등의 문제일 수 있습니다. 그러한 악한 '원수들'을 그리스도께서 정복하실 수 있도록 그분께 맡겨 드리세요. 여러분은 혼자가 아닙니다. 전능하신 왕이 여러분과 함께하시며, 여러분을 보호하시고 인도하십니다.

이 세상은 우리에게 수많은 '왕'을 제시합니다. 돈, 명예, 쾌락, 성공 등이 그것입니다. 하지만 오직 그리스도만이 우리의 참된 왕이 되실 수 있습니다. 그분만이 우리에게 영원한 가치와 목적을 줄 수 있습니다. 우리는 권위를 거부하고 자율성을 추구하는 세상 앞에 만왕의 왕이신 그리스도께 복종할 때 비로소 발견되는 참된 자유를 선언해야 합니다.

다음 과에서는 예수님이 우리의 영원한 구속자로서 선지자, 제사장, 왕의 직분을 위해 낮아지신 상태를 공부하겠습니다. 이를 통해 우리를 위해 자신을 낮추신 그리스도의 놀라운 사랑을 더 깊이 이해하게 될 것입니다. 기대하는 마음으로 준비해 주세요.

그리스도의 낮아지신 상태
(제27문답)

복습하기

지난 과에서 우리는 우리의 구속자이신 예수님께서 영원한 왕으로서 우리를 세상 왕과 다르게 사랑과 봉사로 복종시키시고, 율법을 통해 말씀으로 다스리시며, 방패와 그늘처럼 보호하시고, 악한 세력의 속임수를 억제하심으로 참된 자유와 기쁨을 주시는 분이심을 배웠습니다. 핵심 단어를 기억하여 빈칸을 채워 봅시다.

제 26문 그리스도께서는 왕의 직분을 어떻게 수행하십니까?

How does Christ execute the office of a king?

답 그리스도께서는 우리를 자기에게 (   )시키시며,[1] 우리를 (   )시고[2] 보호하시며,[3] 그리스도와 우리의 모든 원수를 억제하시고 (   )하심으로써 (   )의 직분을 수행하십니다.[4]

Christ executes the office of a king, in subduing us to himself, in ruling and defending us, and in restraining and conquering all his and our enemies.

[1]행 15:14–16 [2]사 33:1–2, 22 [3]사 32:1–2 [4]시 110:1–7; 고전 15:25, 55–57

들어가기

　지금까지 우리는 우리를 위해 일하신 예수님의 놀라운 선지자, 제사장, 왕으로서의 세 가지 직분에 관하여 배웠습니다. 이제 우리는 이 모든 것을 하나로 묶어, 예수님의 구속 사역의 전체 그림을 볼 수 있는 순간에 와 있습니다.

　우주의 창조자이자 주권자이신 분이 자신의 모든 영광을 내려놓고, 우리와 같은 인간의 모습으로 이 땅에 오셨습니다. 그것도 단순한 방문이 아닌, 우리를 구원하시기 위해 자신을 완전히 낮추어 오신 것이었습니다. 이것이 얼마나 놀랍고 감동적인 일인지 깊이 생각해 보셨나요?

　이번 과를 통해 우리는 예수님의 구속 사역이 얼마나 철저하고 완벽한지를 깨닫게 될 것입니다. 그분은 우리의 과거, 현재, 미래의 모든 필요를 채우시기 위해 자신을 온전히 바치셨습니다. 이는 단순한 역사적 사실이 아니라, 우리 각자의 삶에 직접적인 영향을 미치는 살아 있는 진리입니다.

　자, 이제 우리의 마음과 정신을 활짝 열고 이 심오한 진리를 탐구해 봅시다. 문답을 읽으면서, 각 단어의 의미를 곱씹어 보세요. 이 과의 공부가 끝날 때쯤이면, 여러분은 예수님의 사랑과 희생에 관하여 전혀 새로운 차원의 이해와 감사를 갖게 될 것입니다. 다 같이 문답을 읽어 볼까요?

묻고 답하기

<제 27문> 그리스도의 낮아지심이란 어떤 것들을 말합니까?

Wherein did Christ's humiliation consist?

<답> 그리스도의 낮아지심이란, 비천한 상태에서 태어나신 것,[1] 율법 아래 놓이신 것,[2] 이 세상의 여러 비참과[3] 하나님의 진노와[4] 십자가라는 저주받은 죽음을 겪으신 것,[5] 무덤에 묻히신 것,[6] 그리고 얼마간 죽음의 권세 아래 머물러 계셨던 것[7]을 말합니다.

Christ humiliation consisted in his being born, and that in a low condition, made the law, undergoing the miseries of this life, the wrath of God, and the cursed death of the cross; in being buried, and continuing under the power of death for a time..

①눅 2:7; 빌 2:6-8; 고후 8:9 ②갈 4:4 ③사 53:2-3; 히 12:2-3
④마 27:46; 눅 22:44 ⑤빌 2:8 ⑥고전 15:3-4 ⑦행 2:24-27, 31

1. 우리의 구속자이신 예수님께서 선지자, 제사장, 왕이 되시기 위해 낮아지신 상태와 관련한 퀴즈를 풀어 봅시다.

> ① 예수 그리스도는 태어나셔서 어디에 누워 있었나요? (　ㄱ °　)
> ② 예수님은 사람들에게 왕으로서 사랑과 환영을 받으셨다. (O / X)
> ③ 예수님은 사람들의 시기 때문에 살해를 당하셨다. (O / X)
> ④ 예수님이 죽자, 사람들이 시체를 훔쳐 갔다. (O / X)

2. 우리의 구속자이신 예수님의 낮아지심은 어려운 말로 비하(卑下, 자신을 낮춤)라고 합니다. 즉, 그리스도께서 우리에게 오심입니다. 왜 그리스도는 선지자, 제사장, 왕의 직분을 감당하기 위해 자기를 낮추셔야 했을까요?

 그리스도의 낮아지심은 죄와 비참의 상태에 있는 인간이 얼마나 심각한 상황에 있는지를 알려 줍니다. 그리스도께서 우리에게 선지자로서 하나님의 온전하신 뜻을 직접 계시해 주셔야 했고, 제사장으로서 직접 십자가에서 고난을 당하고 죽으셔야 했으며, 영원한 왕으로서 진리로 다스리심을 보여 주셔야 했습니다. 죄로 인하여 하나님과 교제가 끊어진 자들은 하나님의 영원한 진노와 저주 아래에서 고통당하며, 세상에서 사탄의 종으로 온갖 비참을 경험하며 살아갈 수밖에 없습니다. 그리스도는 우리를 구원하시기 위해 선지자, 제사장, 왕의 직분을 '낮아지심의 상태'로 감당하셔야 했습니다.

3. 그리스도의 낮아지심은 우리가 예배 때 신앙고백을 하는 사도신경에 잘 요약되어 있습니다. 빈칸을 채워 봅시다.

"그는 성령으로 □□되어 동정녀 마리아에게서 □시고, 본디오 빌라도에게 □□을 받아 십자가에 못 박혀 □으시고"

핵심 개념 정리 1

잉태, 율법 순종, 세상에서의 고난, 하나님의 진노, 죽음, 장사 되심, 죽음의 권세 아래 머무심

1. 비천한 상태로 태어나심 (잉태)

- 첫아들을 낳아 강보로 싸서 (   )에 뉘었으니 이는 여관에 있을 곳이 없음이러라 (눅 2:17)

- 그는 근본 하나님의 본체시나 하나님과 동등됨을 취할 것으로 여기지 아니하시고 오히려 자기를 비워 (   )의 형체를 가지사 (   )들과 같이 되셨고 (빌 2:6–7)

 예수님은 하나님으로서 모든 영광과 존귀를 받기에 합당한 분이시지만, 시간 속에 들어와 죄 있는 처녀 마리아의 몸에 잉태되어 짐승의 구유에서 태어났습니다.

2. 율법 아래 놓이심

설명 예수님은 율법을 지킬 필요가 없으시지만, 구속자로서 죄인이 감당해야 할 율법의 모든 요구를 우리를 위해
지키셨습니다. 이것은 율법이란 단순히 지키지 않으면 벌받는 것이 아니라, 하나님께서 세우신 완전한 사랑의
목표를 보여 주는 안내서와 같다는 것을 알려 줍니다. 즉, 자녀가 부모를 사랑하기 때문에 부모의 말을 듣는
것과 똑같습니다.

3. 이 세상의 여러 비참을 겪으심 (고난)

설명 예수님의 모든 삶은 고난 그 자체였습니다. 그분은 육체뿐 아니라 영혼의 고통도 당해야 했습니다. 이사야는
예수님께서 당하신 수치와 모멸(업신여기고 얕잡아 봄)이라는 비참을 '멸시'(하찮게 여겨 깔봄당함, 조롱), '간
고'(가난하고 고생스러운 슬픔), '질고'(질병이나 고생스러움)라는 단어로 표현하고 있습니다.

4. 하나님의 진노를 당하심 (진노)

설명 예수님은 죄인인 우리가 겪어야 할 성부 하나님이 내리신 진노의 쓴잔을 친히 받아 마시므로 극심한 영혼의
고통을 당하셨습니다. 무엇보다 하나님에게서 버림받는 고통을 당해야 했습니다.

5. 저주받은 십자가에서 죽임을 당하심 (죽음)

● 그리스도께서 우리를 위하여 (　　　)를 받은 바 되사 율법의 (　　　)에서 우리를 속량 하셨으니 기록된 바 나무에 달린 자마다 (　　　) 아래에 있는 자라 하였음이라 (갈 3:13)

● 믿음의 주요 또 온전하게 하시는 이인 예수를 바라보자 그는 그 앞에 있는 기쁨을 위하여 십자가를 참으사 (　　　　　)을 개의치 아니하시더니 (히 12:2)

설명⁺ 예수님의 시대에 십자가는 죄를 지어서 저주를 받았다는 의미로 받아들여졌습니다. 우리가 받아야 할 부끄러움과 저주의 끔찍한 형벌을 예수님께서 대신 받으신 것입니다. 우리 주님은 십자가에서 이러한 치욕스러움과 고통을 당해야만 했습니다.

6. 무덤에 묻히심 (장사 되심)

● (　　　) 지난 바 되셨다가 성경대로 (　　　) 만에 다시 살아나사 (고전 15:4, 7)

설명⁺ 예수님은 무덤에 묻히심으로써 우리가 당해야 할 죽음의 무서운 삼킴을 대신 받으실 뿐 아니라, 그 죽음을 삼키시기 위해(부활) 무덤에 묻히셨습니다. 이것은 "죽음을 통하여 죽음의 세력을 잡은 자, 곧 마귀를 멸하시며 또 죽기를 무서워하므로 한평생 매여 종노릇하는 모든 자들을 놓아 주려 하심"입니다(히 2:14).

7. 얼마간 죽음의 권세 아래 머물러 계심

● 하나님께서 그를 (　　　)의 고통에서 풀어 살리셨으니 이는 그가 (　　　)에 매여 있을 수 없었음이라 다윗이 그를 가리켜 이르되 내가 항상 내 앞에 계신 주를 뵈었음이여 나로 요동하지 않게 하기 위하여 그가 내 우편에 계시도다 그러므로 내 마음이 기뻐하였고 내 혀도 즐거워하였으며 육체도 희망에 거하리니 이는 내 영혼을 (　　　)에 버리지 아니하시며 주의 거룩한 자로 (　　　)을 당하지 않게 하실 것임이로다 (행 2:24–27)

● 미리 본 고로 그리스도의 부활을 말하되 그가 음부에 (　　　)이 되지 않고 그의 육신이 (　　　)을 당하지 아니하시리라 하더니 (행 2:31)

 우리말 사도신경에는 생략된 말이지만, 대부분의 다른 나라 교회에는 포함된 내용입니다. 이 말은 예수님께서 지옥에 내려가셨다는 말이 아닙니다. 예수님은 우리가 마땅히 받아야 할 형벌과 저주와 고통과 함께 실재하는 마귀의 권세와 죽음의 공포와 죽음 이후에 당할 지옥의 고통을 마지막까지 대신 받으셨다는 뜻입니다 (참고: 하이델베르크 요리문답 제44문답).

적용하기

1. 그리스도의 낮아지심은 그가 모든 면에서 우리를 '대신'하기 위함입니다. 우리의 죄책, 율법의 순종, 저주, 고난, 슬픔, 형벌을 모두 포함합니다. 이 크신 주님의 사랑을 그리스도께서 우리에게 주셨습니다. 우리는 이 사랑을 감사하고, 누리며, 즐거워하고, 안식하기만 하면 됩니다.

2. 그리스도께서 낮아지신 것은 우리가 처한 죄와 비참의 상태가 끔찍함을 깨달아 그것에 머물지 않고, 하나님의 형상이 회복된 왕 같은 제사장으로 살기를 원하셨기 때문입니다. 당신은 삶 속에서 어떤 모습의 선지자, 제사장, 왕으로 살기를 바랍니까?

마무리

여러분, 그리스도께서 겪으신 고난을 깊이 생각해 보십시오. 우주의 창조주께서 성부 하나님의 뜻을 순종하기 위해 자신을 낮추어 가장 비천한 모습으로 오셨습니다. 왜일까요? 바로 여러분과 저의 죗값을 위해서입니다. 우리의 죄, 우리의 실패, 우리의 연약함 때문에 그분은 십자가에서 극한의 고통을 겪으셨습니다.

이제 우리에게 제안이 주어졌습니다. 이 놀라운 사랑에 우리는 어떻게 반응해야 할까요? 단순히 감동받는 것으로 충분할까요? 아닙니다. 우리는 행동으로 옮겨야 합니다.

첫째, 죄의 심각성을 깊이 인식해야 합니다. 그리스도의 고난이 얼마나 컸는지를 볼 때, 우리는 죄가 얼마나 끔찍한 것인지 깨달아야 합니다. 둘째, 우리에게 주어진 자유와 구원을 온전히 누려야 합니다. 그리스도께서 값비싼 대가를 치르시고 우리를 자유롭게 하셨습니다. 이 자유를 헛되이 하지 맙시다. 마지막으로, 이 놀라운 사랑을 다른 이들과 나눠야 합니다. 우리가 받은 은혜를 세상에 전하는 것이 그리스도의 희생에 대한 가장 적절한 응답일 것입니다.

다음 과에서 우리는 높아지신 그리스도에 관하여 배울 것입니다. 그때까지 이 도전적인 질문들을 가지고 깊이 묵상해 보시기 바랍니다. 여러분의 삶이 그리스도의 놀라운 사랑을 증거하는 살아 있는 간증이 되기를 바랍니다

그리스도의 높아지신 상태
(제28문)

복습하기

지난 과에서 우리는 구속자이신 그리스도께서 우리를 구원하시기 위해 낮아지신 상태에 관하여 공부했습니다. 그리스도는 여자의 몸에서 비천하게 잉태되어 태어나시고, 모든 율법을 순종하시고, 세상에서 고난받으시고, 하나님의 진노를 받으셨으며, 십자가에서 죽으시고, 장사 되어, 죽음의 권세 아래 머무심으로 낮아지셨습니다. 핵심 단어를 떠올리면서 빈칸을 채워 봅시다.

제27문 그리스도의 낮아지심이란 어떤 것들을 말합니까?

Wherein did Christ's humiliation consist?

답 그리스도의 낮아지심이란, (   )한 상태에서 (   )나신 것, [1] (   ) 아래 놓이신 것, [2] 이 세상의 여러 (   )과 [3] 하나님의 (   )와 [4] 십자가라는 저주받은 (   )을 겪으신 것, [5] (   )에 묻히신 것, [6] 그리고 얼마간 죽음의 권세 아래 (   )러 계셨던 것 [7] 을 말합니다.

Christ humiliation consisted in his being born, and that in a low condition, made the law, undergoing the miseries of this life, the wrath of God, and the cursed death of the cross; in being buried, and continuing under the power of death for a time..

①눅 2:7; 빌 2:6-8; 고후 8:9 ②갈 4:4 ③사 53:2-3; 히 12:2-3
④마 27:46; 눅 22:44 ⑤빌 2:8 ⑥고전 15:3-4 ⑦행 2:24-27, 31

들어가기

우리가 알고 있는 예수님의 이야기, 그것은 십자가에서 끝나지 않았습니다. 오히려 그곳에서 더 놀랍고 새로운 장이 시작되었죠. 온 우주를 창조하신 분이 가장 낮은 곳으로 내려오셨다가, 다시 가장 높은 곳으로 올라가셨습니다. 이것이 바로 우리가 이번 과에서 배울 '그리스도의 높아지심'입니다.

이 이야기는 단순한 역사적 사실이 아닙니다. 이는 우리 각자의 삶에 직접적인 영향을 미치는 살아 있는 진리입니다. 예수님의 높아지심은 우리에게 새 생명의 희망과 우리의 가치에 대한 확신과 우리의 미래에 대한 보증을 제공해 줍니다. 더욱 흥미로운 점은, 이 모든 진리가 우리가 늘 고백하는 사도신경 속에 담겨 있다는 것입니다. 우리가 무심코 외웠던 그 말씀들 속에, 이렇게 깊고 풍성한 의미가 숨어 있었다니, 놀랍지 않나요?

자, 이제 우리의 마음과 생각을 활짝 열고, 이 놀라운 진리를 함께 탐구해 봅시다. 문답을 천천히 읽으면서, 각 단어의 의미를 곱씹어 보세요. 이 학습이 끝날 때쯤이면, 여러분은 예수님을, 그리고 여러분 자신을 전혀 새로운 시각으로 바라보게 될 것입니다. 그리스도의 영광스러운 높아지심이 여러분의 삶을 어떻게 변화시킬지, 그 놀라운 발견의 순간을 기대하며 시작하겠습니다! 다 같이 문답을 읽어 볼까요?

묻고 답하기

<제28문> 그리스도의 높아지심이란 어떤 것들을 말합니까?

Wherein did Christ's exaltation?

<답> 그리스도의 높아지심이란 사흘 만에 죽은 자들 가운데서 다시 살아나신 것,[1] 하늘로 올라가신 것,[2] 하나님 아버지의 우편에 앉아 계신 것,[3] 그리고 마지막 날에 세상을 심판하러 오시는 것을 말합니다[4].

Christ exaltation consists in his rising again from the dead on the third day, in ascending up into heaven, in sitting at the right hand of God the Father, and in coming to judge the world at the last day.

[1]고전 15:4 [2]막 16:19; 눅 24:51; 행 1:9 [3]롬 8:34; 엡 1:20 [4]행 1:11; 17:31

1. 그리스도의 높아지심은 우리가 예배 때 신앙고백을 하는 사도신경에 잘 요약되어 있습니다. 빈칸을 채워 봅시다.

> "장사된 지 □□ 만에 죽은 자 가운데서 다시 □□나셨으며 하늘에 오르시어 전능하신 아버지 하나님 □□에 앉아 계시다가, 거기로부터 살아 있는 자와 죽은 자를 □□하러 오십니다."

2. 우리의 구속자이신 그리스도의 높아지심의 상태를 얼마나 잘 알고 있는지 관련된 퀴즈를 풀어 봅시다.

3. 우리의 구속자이신 예수님의 '높아지심'을 어려운 말로는 '승귀'(昇貴, 귀한 신분이 되다)라고 합니다. 그리스도는 왜 선지자, 제사장, 왕의 직분을 감당하기 위해 높아지셔야 했을까요?

설명⁺ 그리스도는 구속자로서 낮아지심에서 멈추지 않으시고, 높아지심을 통해 자신이 하나님의 아들이시라고, 자신이 하나님의 공의를 만족시키시고 사망의 권세를 이기셨다고 선포하심으로써 구속을 완성하셨습니다. 그리스도는 선지자로서 높아지셔서 하나님의 뜻을 완전히 이해하여 진리의 영을 통해 우리에게 전달해 줄 수 있게 되었고, 제사장으로서 하나님과 인간 사이에 완전한 중보자가 되실 수 있게 되었고, 왕으로서 아버지에게 모든 권세를 받아 하나님 나라를 다스리시며 자기 백성을 보호하시고 인도하실 수 있게 되었습니다. 그리스도는 우리를 구원하시기 위해 선지자, 제사장, 왕의 직분을 '높아지신 상태'에서 감당하셔야 했습니다.

핵심 개념 정리 1

부활, 승천, 좌정, 심판

1. 사흘 만에 죽은 자들 가운데서 다시 살아나심 (부활)

● 장사 지낸 바 되셨다가 성경대로 (   ) 만에 다시 살아나사 (고전 15:4)

● 성결의 (   )으로는 죽은 자들 가운데서 (   )하사 능력으로 하나님의 아들로 선포되셨으니 곧 우리 주 예수 그리스도시니라 (롬 1:4)

 그리스도는 약속하신 대로 성령의 능력으로 죽음의 권세를 물리치셨습니다. 금요일 오후에 십자가에 못 박히시고, 그다음 주 첫째 날(주일) 아침에 부활하셨습니다. 이로써 그리스도는 하나님의 아들이시자, 주님이시고, 구원자이심을 스스로 증명하셨습니다(롬 1:3-4). 우리도 예수 그리스도처럼 부활 할 것을 확신시켜 주셨습니다.

2. 하늘로 올라가심 (승천)

- 주 예수께서 말씀을 마치신 후에 하늘로 (   )지사 하나님 우편에 앉으시니라 (막 16:19)

- 그러므로 우리에게 큰 대제사장이 계시니 (   )하신 이 곧 하나님의 아들 예수시라 우리가 믿는 도리를 굳게 잡을지어다 (히 4:14)

 그리스도는 부활 후 40일 만에 하늘로 승천하셨습니다. 승천은 그리스도께서 승리하셨다는 선포와도 같습니다. 우리가 누리게 될 영광스러운 모습입니다. 주님은 그곳에서 하나님께서 선택하신 자들을 기다리고 계십니다.

3. 하나님 아버지의 우편에 앉아 계심 (좌정)

- 누가 정죄하리요 죽으실 뿐 아니라 다시 살아나신 이는 그리스도 예수시니 그는 하나님 (   )에 계신 자요 우리를 위하여 (   )하시는 자시니라 (롬 8:34)

- 그의 능력이 그리스도 안에서 역사하사 죽은 자들 가운데서 다시 살리시고 하늘에서 자기의 (   )에 앉히사 (엡 1:20)

 하나님의 보좌 우편은 그리스도께서 새롭게 앉은 자리가 아닙니다. 이미 세상에 오시기 전에 아버지와 함께 가졌던 영광의 자리입니다. 그 자리는 최고로 높아진 위엄과 명예, 존엄을 보여 줍니다. 그러니 그리스도는 앉아서(sitting) 이 땅의 사역을 마치고 승천하여 쉬고 계신 것이 아닙니다. 그리스도는 그곳에서 자신이 선택하신 자들을 위해 중보하시고, 교회와 우주를 통치하시며 다스리십니다.

4. 마지막 날에 세상을 심판하러 오심 (심판)

- 이르되 갈릴리 사람들아 어찌하여 서서 하늘을 쳐다보느냐 너희 가운데서 하늘로 올려지신 이 예수는 하늘로 (   )심을 본 그대로 (   )시리라 하였느니라 (행 1:11)

- 이는 정하신 사람으로 하여금 천하를 공의로 (   )할 날을 작정하시고 이에 그를 죽은 자 가운데서 다시 살리신 것으로 모든 사람에게 믿을 만한 증거를 주셨음이니라 하니라 (행 17:31)

- 이는 우리가 다 반드시 그리스도의 심판대 앞에 나타나게 되어 각각 (   )간에 그 몸으로 (   )한 것을 따라 받으려 함이라 (고후 5:10)

설명⁺ 지금 하나님 아버지 우편에 앉아 계신 주님은 약속하신 마지막 날에 구름을 타고 영광 중에 세상을 심판하시기 위해 다시 오실 것입니다. 그날은 우리의 구속이 완성되는 날입니다. 그때, 그리스도는 각 사람의 행위대로 선악 간에 심판하실 것입니다. 악인에게는 무서운 심판이지만 우리는 그리스도가 변호사(대언자)가 되시므로 영광의 복으로 인도받을 것입니다(마 25:33-46).

적용과 질문

1. 당신은 인생에서 어려운 일을 당할 때, 어떤 방법으로 그리스도의 다스리심과 보호하심을 누릴 수 있습니까?

2. 그리스도의 높아지심은 그리스도의 낮아지심을 통과함으로써 주어진 영광입니다. 그분의 섬김과 희생, 순종과 봉사를 통해 얻으신 것입니다. 즉, 낮아지심이 없이는 '높아지심'도 없습니다. 그렇다면 우리는 어떻게 살아야 할까요?

마무리

우리는 그리스도의 놀라운 일하심의 정점에 서 있습니다. 그리스도의 부활과 승천, 그리고 그분의 영원한 통치는 단순히 우리가 믿는 교리 정도가 아닙니다. 이는 우리의 삶을 근본적으로 변화시킬 수 있는 살아 있는 진리입니다.

여러분, 잠시 눈을 감고 상상해 보세요. 죽음을 이기신 주님께서 지금 이 순간 여러분을 위해 중보하고 계십니다. 온 우주를 다스리시는 그분이 여러분의 일상에 직접 관여하고 계신 겁니다. 이 사실이 여러분에게 어떤 의미를 줄까요? 이 놀라운 진리를 알게 된 우리는 어떻게 살아야 할까요?

먼저, 우리는 부활의 소망을 가진 사람답게 살아야 합니다. 현재의 어려움이 여러분을 낙담시키려 할 때, 여러분의 미래가 얼마나 영광스러운지를 기억하세요. 이 소망이 여러분의 태도를 어떻게 바꿀 수 있을까요?

다음으로, 우리는 그리스도의 중보를 신뢰하며 살아야 합니다. 여러분의 모든 기도, 심지어 말로 표현하지 못한 탄식까지도 그분이 듣고 계십니다. 이 확신이 여러분의 기도 생활을 어떻게 변화시킬 수 있을까요?

마지막으로, 우리는 다시 오실 그리스도를 기다리는 자세로 살아야 합니다. 그분이 언제 오실지 우리는 모릅니다. 하지만 우리는 항상 준비되어 있어야 합니다. 이 긴박감이 여러분의 일상적인 선택들을 어떻게 바꿀 수 있을까요?

여러분, 이제 우리 앞에 길이 놓여 있습니다. 승리하신 왕의 백성으로서, 우리는 어떤 삶을 선택해야 할까요? 세상의 가치관에 휩쓸려 살 건가요, 아니면 하늘나라의 대사로서 담대히 살아갈 건가요?

다음 과에서는 이 놀라운 구속에 우리가 어떻게 참여할 수 있는지 배우게 될 것입니다. 그때까지 이 도전적인 질문들을 가지고 깊이 생각해 보시기 바랍니다.

가장 낮은 곳으로, 가장 높은 곳으로: 내 삶을 품은 그리스도의 여정

예수님의 삶은 크게 두 부분으로 나눌 수 있습니다. 우리를 위해 가장 낮은 곳까지 내려오신 '낮아지심'과, 다시 가장 높은 영광의 자리에 오르신 '높아지심'입니다. 이 위대한 여정은 복음의 가장 아름다운 이야기이자, 우리 삶 전체를 해석하는 열쇠가 됩니다. 이 진리는 오늘 우리에게 깊은 위로와 능력, 흔들리지 않는 소망을 선물합니다.

1. **내 모든 아픔을 아시는 주님, 나의 깊은 위로가 되십니다.** 하나님이신 예수님은 인간의 몸으로 이 땅에 오셔서, 배고픔과 배신, 억울함과 십자가의 고통까지 모두 겪으셨습니다. 이것은 나의 어떤 슬픔과 절망도 주님께서 이미 알고 계심을 의미합니다. 그분은 멀리서 동정만 하시는 분이 아니라, 내 아픔의 한가운데로 찾아와 함께 울어 주시는 가장 따뜻한 위로자이십니다.

2. **죽음을 이기신 주님, 나에게 새 생명을 주십니다.** 주님은 십자가에서 죽으심으로(낮아지심) 나의 모든 죗값을 치르셨고, 죽음을 이기시고 부활하심으로(높아지심) 우리에게 영원한 생명을 선물하셨습니다. 그분의 죽음으로 나는 용서받았고, 그분의 부활로 나는 새로운 피조물이 되었습니다. 이제 우리는 죄책감에서 벗어나 날마다 새로운 소망으로 살아갈 수 있습니다.

3. **섬기신 주님, 내 삶의 참된 모델이 되십니다.** 세상은 우리에게 더 높은 곳을 향해 올라가라고 말합니다. 그러나 주님은 자기를 비워 종의 모습으로 가장 낮은 곳까지 내려가셨습니다. 그분의 놀라운 겸손은 가장 영광스러운 삶이 무엇인지 우리에게 보여 줍니다. 자기중심적인 욕심을 버리고 다른 사람을 섬기는 길이 가장 가치 있고 아름다운 길임을 배우게 됩니다.

4. **하늘 보좌에 계신 주님, 나의 영원한 소망이 되십니다.** 부활 후 승천하신 주님은 지금도 온 세상을 다스리시며 우리를 위해 기도하고 계십니다. 이것은 우리의 최종 목적지가 이 땅이 아닌 영원한 하늘나라임을 확증해 줍니다. 이 소망이 있기에 우리는 현실의 어려움에 좌절하지 않으며, 그분의 통치 아래서 담대하게 살아갈 힘을 얻습니다.

5. **나의 중보자이신 주님, 담대한 기도를 가능하게 하십니다.** 우리의 대제사장이신 예수님께서 하나님 보좌 우편에서 우리를 위해 기도하시기에, 우리는 언제든 은혜의 보좌로 나아갈 수 있습니다. 주님의 '낮아지심'으로 하나님께로 가는 길이 열렸고, 주님의 '높아지심'으로 우리의 부족한 기도조차도 그분을 통해 하나님께 드려진다는 확신을 갖게 됩니다.

결론적으로, 그리스도의 '낮아지심'은 우리의 가장 깊은 절망까지 함께하시는 그분의 사랑을 보여 줍니다. 그리고 그분의 '높아지심'은 우리를 가장 높은 영광으로 이끌어 가실 것이라는 소망을 보여 줍니다. 이 위대한 진리는 과거의 사건에 머무르지 않습니다. 오늘 나의 고난을 위로하고 삶의 방향을 이끌며, 하나님과의 관계를 살아 있게 하는 역동적인 능력입니다.

인터 미션 4

구속자 예수 그리스도(제20-28문답) 마인드맵

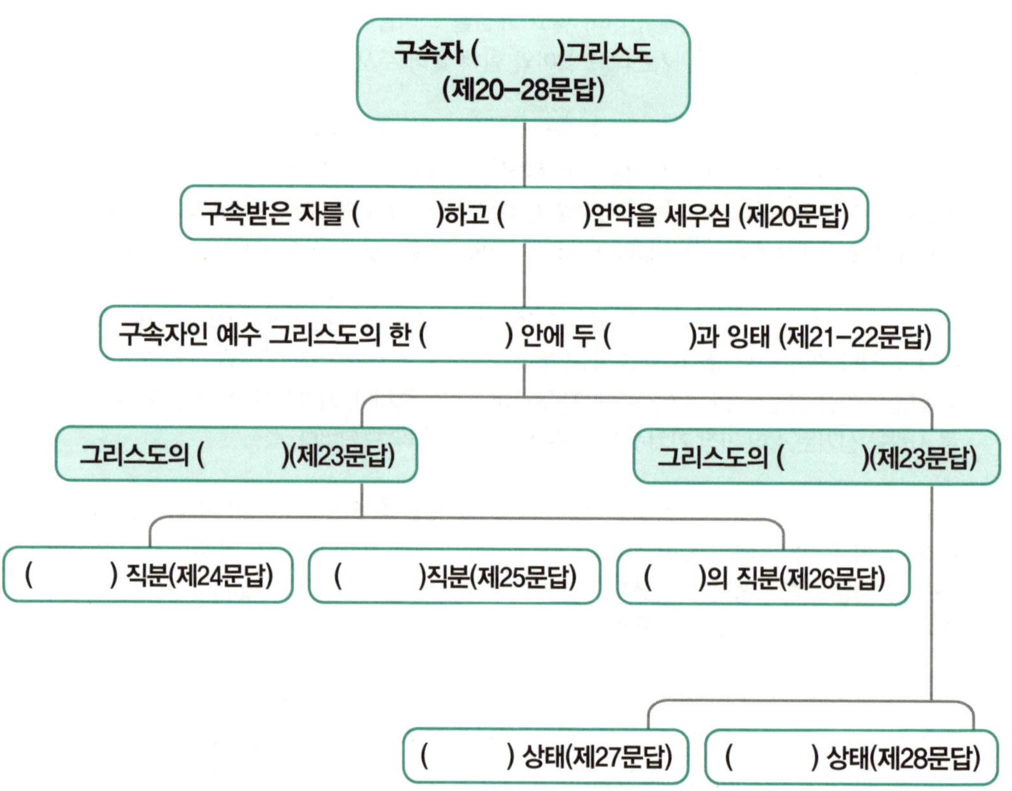

하나님의 구원 계획은 그분의 무한한 사랑과 지혜를 보여 줍니다. 인류가 죄와 비참의 상태에 빠졌음에도 불구하고, 하나님은 모든 이를 (ㅁ ㅁ)에 내버려두지 않으셨습니다. 대신, 그분은 영원 전부터 자신의 선하고 기쁘신 (ㄸ)에 따라 일부를 (ㅅ ㅌ)하여 구원하기로 결정하셨고, 이들을 위해 (ㅇ ㅎ) 언약을 맺으셨습니다(제20문답).

이 구원 계획의 중심에는 주 예수 (   )가 계십니다. 그는 하나님의 영원한 아들로서 선택된 자들의 (ㅇ ㅇ)한 구속자가 되셨습니다. 그리스도는 완전한 (ㅅ)성과 (ㅇ)성을 동시에 지닌 존재로서, 영원히 참(ㅎ ㄴ ㄴ)이시면서 동시에 참(ㅅ ㄹ)이십니다(제21문답). 이 신비로운 성육신은 (ㅅ ㄹ)의 능력으로 이루어졌습니다. 그리스도는 처녀 마리아에게서 태어나 참인간의 (ㅁ)과 (ㅇ ㅎ)을 취하셨지만, 동시에 완전히 (ㅈ) 없는 상태를 유지하셨습니다(제22문답).

구속자로서 그리스도는 세 가지 중요한 직분을 수행하십니다. 선지자, 제사장, 그리고 왕입니다(제23문답). (ㅅ ㅈ ㅈ)로서 그리스도는 하나님의 (ㄸ)을 우리에게 계시하십니다. 그는 (ㅁ ㅆ)과 (ㄴ ㄹ)을 통해 우리의 구원을 위한 하나님의 계획을 밝히 보여 주십니다(제24문답). (ㅈ ㅅ ㅈ)으로서 그리스도는 자신을 희생 제물로 드려 하나님의 (ㄱ ㅇ)를 만족시키시고 우리를 하나님과 (ㅎ ㅎ)시키셨습니다. 더불어 그는 지금도 하늘에서 우리를 위해 끊임없이 (ㅈ ㅂ)하고 계십니다(제25문답). (ㅇ)으로서 그리스도는 우리를 다스리시고 (ㅂ ㅎ)하시며, 모든 원수를 (ㅈ ㅂ)하십니다. 그는 우리를 자신에게 복종시키시고, 우리의 삶을 (ㅌ ㅊ)하시며, 모든 (ㅇ ㅎ)으로부터 우리를 지키십니다(제26문답).

제5부
그리스도께서 하신 일에 참여하는 방법
(제29-38문답)

우리 주 예수 그리스도께서 이루신 구속의 역사는 그분의 사역으로 끝나지 않습니다. 성령님께서는 그리스도의 모든 공로가 우리의 것이 되도록 효과적으로 적용하십니다. 그리스도의 중보 사역을 통해 성취된 모든 것이 마치 우리가 직접 행한 것처럼 전가되는 것입니다. 성령님은 그리스도의 구속을 우리 삶에 생생히 적용하시며, 우리는 성령님의 효과적인 부르심을 통해 그리스도의 구속에 참여하게 됩니다. 이러한 영적 과정을 거쳐 우리는 그리스도의 구속이 가져온 풍성한 은혜와 모든 유익을 누리게 됩니다. 이 땅에서, 죽을 때, 부활 때의 유익입니다. 이 놀라운 구원의 여정에서 우리는 삼위일체 하나님의 조화로운 사역을 목격하게 됩니다. 성부 하나님의 계획, 성자 예수님의 구속, 그리고 성령님의 적용이 완벽하게 어우러져 우리의 구원을 이루어 가는 것입니다.

구속에 참여하는 방법(제29-31문답)	효과적 부르심에 동반되는 유익(제32-38문답)	
1) 성령님의 효과적 적용(제29문답)	1) 이 땅에서 받는 유익(제32문답)	2) 죽을 때 받는 유익(제37문답)
2) 그리스도와의 연합(제30문답)	① 의롭다 하심(제33문답)	3) 부활 때 받는 유익(제38문답)
3) 효과적 부르심(제31문답)	② 양자 삼으심(제34문답)	
	③ 거룩하게 하심(제35문답)	
	④ 그 외 여러 가지(제36문답)	

우리가 구속에 참여하는 방법
(제29-30문답)

복습하기

지난 과에서 우리는 구속자이신 그리스도께서 우리를 구원하시기 위해 높아지신 상태에 관하여 공부했습니다. 그리스도는 죽음으로써 죽음을 이기시고 약속대로 사흘 만에 다시 살아나셨습니다. 그리고 하늘에 올라 승리를 선포하셨으며, 하나님 아버지 보좌 우편에 앉으셨습니다. 거기서 그분은 우리를 위해 중보하시고, 교회를 다스리시며, 마지막 날 심판을 위해 다시 오심으로 높아지셨습니다.

자, 지난 문답의 핵심 단어를 떠올리면서 빈칸을 채워 봅시다!

제 28문 그리스도의 높아지심이란 어떤 것들을 말합니까?

Wherein did Christ's exaltation?

답 그리스도의 높아지심이란 사흘 만에 (   )은 자들 가운데서 (   ) 살아나신 것,① 하늘로 (   )가신 것,② 하나님 아버지의 (   )에 앉아 계신 것,③ 그리고 마지막 날에 세상을 심판하러 (   )시는 것을 말합니다.④

Christ exaltation consists in his rising again from the dead on the third day, in ascending up into heaven, in sitting at the right hand of God the Father, and in coming to judge the world at the last day.

들어가기

지금까지 우리는 예수 그리스도의 놀라운 구속 사역에 관하여 배웠습니다. 그분의 낮아지심과 높아지심, 그리고 선지자, 제사장, 왕의 직분에 관하여 알아보았습니다. 이제 더 깊은 질문으로 들어가려 합니다. "이 모든 것이 나와 무슨 상관이 있을까?"

여러분, 이 질문은 우리 신앙의 핵심을 건드리는 아주 중요한 것입니다. 예수님의 구원 사역이 아무리 위대하고 놀랍다 해도, 그것이 우리의 삶과 연결되지 않는다면 무슨 의미가 있겠습니까? 이번 과에서 우리는 바로 이 연결고리를 찾아 나서려고 합니다. 어떻게 우리가 예수님께서 이루신 이 놀라운 구원에 참여할 수 있는지, 그리고 이것이 우리의 일상에 어떤 변화를 불러올 수 있는지 알아보겠습니다.

자, 이제 스물아홉 번째 문답을 함께 읽어 볼 텐데요. 이 문답을 단순한 글자로 보지 마세요. 이 문장 안에 숨겨진 보물을 찾는다는 마음으로 천천히, 그리고 깊이 있게 읽어 봅시다.

묻고 답하기

제 29문 우리는 어떻게 그리스도께서 값을 치르고 사신 구속의 참여자가 됩니까?

How are we made partakers of the redemption purchased by Christ?

답 우리는 그리스도께서 값을 치르고 사신 구속을 성령님께서[1] 우리에게 효과적으로 적용해 주심으로써[2] 구속의 참여자가 됩니다.

We are made partakers of the redemption purchased by Christ, by the effectual application of it to us by his Holy Spirit.

①딛 3:5–6 ②요 1:11–12

1. 죄와 비참 가운데 있는 우리가 멸망으로부터 구원받을 방법은 무엇일까요?

  ① 열심히 기도하면서, 하나님께서 우리를 불쌍히 여겨 주시기를 징징대 본다.
  ② 착한 일을 아주 많이 해서 내 주변 사람들이 놀랄 정도로 착하게 산다.
  ③ 예배에 빠지지 않고, 헌금도 많이 하고, 목사님에게서 칭찬을 많이 받는다.
  ④ 이왕이면 하나만 선택하지 말고, 모두 다 해 본다.

핵심 개념 정리 1

성령님의 역사

1. 성경은 죄와 비참 가운데 있는 우리가 오직 예수 그리스도를 믿음으로만 구원받을 수 있다고 가르칩니다. 로마서 10장 13절에 따르면, "주 예수의 이름을 부르는 자는 구원을 얻으리라"라고 말합니다. 하지만 우리는 죄를 지음으로 인해 영적인 죽음에 이르렀고, 육체의 죽음을 맞이하게

되었습니다. 어떻게 죽은 자와 같은 우리가 스스로 예수님을 믿을 수 있었을까요?

- 우리를 구원하시되 우리가 행한 바 의로운 (   )로 말미암지 아니하고 오직 그의
  (   )하심을 따라 (   )의 씻음과 (   )의 새롭게 하심으로 하셨나니 우리 구주
  예수 그리스도로 말미암아 우리에게 그 (   )을 풍성히 부어 주사 (딛 3:5–6)

설명 하나님은 우리의 연약함을 아시고서 성령님을 통해 놀라운 은혜를 베푸셨습니다. 우리 스스로는 결코 예수
님을 믿고 구원에 이를 수 없습니다. 오직 성령님의 역사가 있어야만 가능합니다. 성령님의 역사는 다음과 같
습니다. 성령님은 성부 하나님께서 미리 선택하신 자들에게 성자 예수 그리스도의 구속을 적용하십니다. 따
라서 우리가 예수님을 믿는다는 것은 성령님께서 우리 안에 역사하시는 증거입니다. 또한 우리의 노력이나 결
심이 아닌, 전적인 하나님의 은혜입니다.

핵심 개념 정리 2

구속을 효과적으로 적용해 주심

1. 성령 하나님은 그리스도가 이루신 구속을 성부 하나님이 선택하신 자들에게 때, 장소, 상황,
   형편 등을 고려하여 효과적으로 적용하십니다.

- 자기 땅에 오매 자기 백성이 영접하지 아니하였으나 (   )하는 자 곧 그 이름을
  (   )자들에게는 하나님의 (   )가 되는 권세를 주셨으니 (요 1:11–12)

설명 구원은 우리의 노력과 열심, 결단, 끈질긴 인내로 얻는 것이 아닙니다. 성령 하나님께서 그리스도의 모든 사역
을 우리에게 적용하실 때 비로소 구원이 이루어집니다. 성부 하나님은 성자 하나님을 보내십니다. 성자 하나
님은 성부 하나님께서 맡기신 모든 구속을 이루십니다. 성령 하나님은 성자 하나님께서 이루신 구속을 우리
에게 적용하십니다. 이렇게 우리의 구원은 삼위 하나님의 일하심을 통해서 완성됩니다. 성령님은 우리 안에
거하시면서 다음과 같은 일을 하십니다. 우리를 거듭나게 하시고, 예수 그리스도를 주로 고백하게 하시고, 거
룩한 삶의 열매를 맺게 하십니다. 결론적으로, 우리의 구원은 삼위일체 하나님의 조화로운 역사를 통해 온전
히 이루어집니다.

이어서 그리스도께서 우리를 위해 이루신 구속을 성령님께서 어떻게 적용하시는지, 구체적인 방법을 알아봅시다. 문답을 천천히 읽어 볼까요?

제30문 성령님께서는 그리스도께서 값을 치르고 사신 구속을 우리에게 어떻게 적용하십니까?

How does the Spirit apply to us the redemption purchased by Christ?

답 성령님께서는 우리 안에 믿음을 일으키시고, ① 우리를 효과적으로 부르사 그리스도와 연합하게 하심으로써, ② 그리스도께서 값을 치르고 사신 구속을 적용하십니다.

The Spirit applies to us the redemption purchased by Christ, by working faith in us, and thereby uniting us to Christ in our effectual calling.

①요 6:37, 39; 엡 1:13-14; 엡 2:8 ②고전 1:9; 엡 3:17

핵심 개념 정리 1

우리 안에 믿음을 일으키심

1. 성령님은 우리에게 그리스도의 구속을 적용하실 때, 우리 안에 믿음을 일으키십니다.

● 아버지께서 내게 (   ) 자는 다 내게로 올 것이요 내게 오는 자는 내가 결코 내쫓지 아니하리라; 나를 보내신 이의 뜻은 내게 주신 자 중에 내가 하나도 (   ) 아니하고 마지막 날에 다시 (   ) 이것이니라 (요 6:37, 39)

- 그 안에서 너희도 진리의 말씀 곧 너희의 구원의 (   )을 듣고 그 안에서 또한 믿어 약속의 (   )으로 인치심을 받았으니 이는 우리 기업의 보증이 되사 그 얻으신 것을 (   )하시고 그의 영광을 찬송하게 하려 하심이라 (엡 1:13-14)

- 너희는 그 (   )에 의하여 (   )으로 말미암아 (   )을 받았으니 이것은 너희에게서 난 것이 아니요 하나님의 (   )이라 (엡 2:8)

설명⁺ 믿음은 선물입니다. 다시 한번 강조합니다! 우리가 믿음을 갖게 된 것은 우리 스스로 믿기로 결단하거나 선택했기 때문이 아닙니다. 성령님께서 우리에게 믿음을 선물로 주셨기에 우리가 믿을 수 있게 된 것입니다. 성령님은 우리의 눈을 밝혀 그리스도를 알아보게 하시고, 우리의 귀를 열어 그리스도의 말씀을 듣게 하십니다. 이렇게 우리가 복음을 듣고 반응할 때 성령님께서 우리 안에서 역사하셔서 믿음을 갖게 하십니다. 이후 성령님은 우리의 구원을 인 치시고 보증하십니다. 이 과정은 우리의 구원이 처음부터 끝까지 하나님의 은혜로 이루어지며, 구원 사역에 있어 성령님의 역사가 핵심적임을 보여 줍니다.

핵심 개념 정리 2

우리를 효과적으로 부르심

1. 성령님은 그리스도의 구속을 적용하실 때, 우리를 효과적으로 부르십니다.

- 너희를 (   )러 그의 아들 예수 그리스도 우리 주와 더불어 (   )하게 하시는 하나님은 미쁘시도다 (고전 1:9)

설명⁺ 성부 하나님께 선택받은 모든 사람은 예외 없이 예수 그리스도를 구속자로 영접할 수 있도록 초청받습니다. 부르심의 방식은 다양하지만, 그 부르심은 언제나 확실하고 효과적입니다. 따라서 성령님께서 부르신 사람들은 진정한 자유와 기쁨의 소망을 주시는 예수 그리스도를 알아보고 그분께 반응하게 됩니다.

그리스도와 연합하게 하심

1. 성령님은 우리에게 그리스도의 구속을 적용하실 때, 효과적으로 부르신 자들을 그리스도와 연합하게 하십니다.

- (   )으로 말미암아 그리스도께서 너희 (   )에 계시게 하시옵고 너희가 사랑 가운데서 뿌리가 박히고 터가 굳어져서 (엡 3:17)

설명⁺ 성령 하나님은 우리가 믿음을 갖게 될 때 그리스도께서 우리 마음에 거하도록 하십니다. 이는 단순한 지식이나 감정적 경험을 넘어서는 실제적인 '영적 연합'을 의미합니다. 또한 성령님은 우리가 그리스도의 사랑 안에 깊이 뿌리내릴 수 있도록 도우십니다. 이는 우리의 영적 생활이 안정되고 성장할 수 있는 기반을 제공합니다. 결국 우리의 믿음이 성령님께서 붙잡아 주시는 견고한 기초 위에 서 있기 때문에 어떠한 삶의 도전과 시험 가운데서도 흔들리지 않고 굳건히 설 수 있습니다. 이러한 성령님의 역사를 통해서 우리는 그리스도와 깊고 지속적인 연합을 경험합니다.

적용 및 질문

1. 여러분은 신앙생활 함에 있어서 믿음이 약합니까? 강합니까? 만약 내가 약한 믿음을 가지고 있다면 어떻게 해야 할까요? 또, 강한 믿음을 소요하기 위해서는 어떤 노력이 필요할까요?

2. 성령님께서 우리 안에 믿음을 일으키신다는 것은 우리 구원에 있어 인간의 역할과 하나님의 역할에 대해 무엇을 시사하나요? 이 진리가 당신의 전도 방식이나 타인의 구원을 위한 기도에 어떤 영향을 미칠 수 있을까요? 내가 사랑하는 사람에게 예수님을 소개하기 위해서는 어떻게 해야 할까요?

마무리

여러분, 사랑의 하나님은 죄와 비참에 빠진 우리를 그냥 내버려두지 않으셨습니다. 구속자께서 성취하신 모든 일을 우리의 것으로 만들기 위해 성령 하나님은 이를 적용하십니다. 우리 편에서는 그리스도의 구속에 '참여'하는 것이고, 성령 하나님 편에서는 그리스도의 구속을 '적용'하시는 것입니다. 우주를 창조하신 하나님께서 죄로 인해 절망에 빠진 우리를 구원하시기 위해 영원 전부터 계획을 세우셨다는 사실이 얼마나 놀라운지 모릅니다. 이 놀라운 진리는 우리에게 세 가지를 도전합니다.

첫째, 깊은 겸손입니다. 우리의 구원이 전적으로 하나님의 은혜라는 사실 앞에서, 우리의 교만은 설 자리가 없습니다. 이 겸손이 여러분의 대인 관계에 변화를 가져다줄 것입니다. 둘째, 넘치는 감사입니다. 매 순간 성령님께서 우리를 그리스도와 연합시키고 계신다는 사실을 기억하세요. 이 감사가 여러분의 일상에 기쁨을 가져다줄 것입니다. 셋째, 적극적인 참여입니다. 하나님의 구원 계획에 동참한다는 것은 수동적인 자세로는 불가능합니다. 우리는 이 진리를 삶으로 살아 내야 합니다.

자, 이 놀라운 은혜를 알게 된 우리는 이제 어떻게 살아가야 합니까? 그럼에도 세상의 가치관에 타협하며 살아갈 건가요? 아니면 이 은혜에 합당한 삶을 담대히 살아갈 건가요?

다음 과에서 우리는 '효과적 부르심'에 관하여 더 깊이 탐구해 보려고 합니다. 그때까지 이 도전적인 질문들을 진지하게 고민해 보시기 바랍니다.

효과적 부르심과 그 유익
(제30-31문답)

복습하기

지난 과에서 우리는 주 예수 그리스도께서 성취하신 구속을 성령님께서 우리에게 어떻게 적용해 주셨는지에 관하여 공부했습니다. 성령님은 우리 안에 믿음을 일으키시고, 우리를 효과적으로 부르사, 그리스도와 하나 되는 연합을 통해 그리스도께서 값을 치르고 사신 구속에 참여하게 하십니다. 이제 핵심 단어들을 떠올리면서 빈칸을 채워 봅시다.

제 29문 **우리는 어떻게 그리스도께서 값을 치르고 사신 구속의 참여자가 됩니까?**

How are we made partakers of the redemption purchased by Christ?

답 **우리는 그리스도께서 (   )을 치르고 사신 (   )을 (   )님께서[1] 우리에게 (   )적으로 (   )해 주심으로써[2] 구속의 참여자가 됩니다.**

We are made partakers of the redemption purchased by Christ, by the effectual application of it to us by his Holy Spirit.

[1] 딛 3:5-6 [2] 요 1:11-12

 성령님께서는 그리스도께서 값을 치르고 사신 구속을 우리에게 어떻게 적용하십니까?

How does the Spirit apply to us the redemption purchased by Christ?

 성령님께서는 우리 안에 (   )을 일으키시고, [1] 우리를 (   )으로 부르사 그리스도와 (   )하게 하심으로써, [2] 그리스도께서 값을 치르고 사신 구속을 (   )하십니다.

The Spirit applies to us the redemption purchased by Christ, by working faith in us, and thereby uniting us to Christ in our effectual calling.

[1]요 6:37, 39; 엡 1:13–14; 엡 2:8 [2]고전 1:9; 엡 3:17

들어가기

이번 과에서 우리는 지금까지 배운 예수님의 구속 사역, 그것이 어떻게 우리의 실제 삶과 연결되는지 알아보려고 합니다. 전능하신 하나님의 영이신 성령님께서 직접 우리를 부르신다는 것이 얼마나 놀라운 일인지 모릅니다. 이 부르심에 우리가 응답할 때, 성령님은 우리에게 큰 유익을 주십니다. 우리가 이 세상을 사는 동안에(제32-36문답), 삶을 마치고 죽을 때(제37문답), 부활할 때(제38문답)까지 큰 유익을 주십니다. 그래서 우리는 하나님께서 시기별로 우리에게 어떤 놀라운 선물을 준비하셨는지 함께 발견해 나가려고 합니다. 이는 단순한 지식이 아닙니다. 우리의 삶을 완전히 변화시킬 힘 있는 진리입니다.

자, 이제 서른한 번째 문답을 함께 읽어 볼까요? 이 문답을 단순한 글자로 보지 마세요. 이것은 여러분의 인생을 변화시킬 수 있는 열쇠와도 같습니다. 천천히, 깊이 있게, 그리고 큰 소리로 읽어 봅시다.

묻고 답하기

<제31문> 효과적 부르심이란 무엇입니까?

What is effectual calling?

<답> 효과적 부르심이란 성령 하나님의 사역으로서,① 우리의 죄와 비참의 상태를 확실히 알게 하시고,② 그리스도에 관한 지식으로 우리의 지성을 밝혀 주시며,③ 우리의 의지를 새롭게 하셔서,④ 복음이 우리에게 값없이 주신 예수 그리스도를 받아들이도록 우리를 설득하시고 능력을 주시는 것입니다.⑤

Effectual calling is the work of God's Spirit, whereby convincing us of our sin and misery, enlightening our minds in the knowledge of Christ, and renewing our wills, he does persuade and enable us to embrace Jesus Christ, freely offered to us in the gospel.

①살후 2:13-14 ②행 2:37 ③행 26:18 ④겔 36:26-27 ⑤요 6:44-45; 빌 2:13

1. 다음에서, 누가 성령님의 효과적 부르심을 받은 사람일까요?

① 친한 친구가 교회에 한 번만 가자고 너무 졸라서 같이 따라간 사람

② 교회 안 가면 하나님에게서 벌받을까 봐 무서워하는 사람

③ 설교를 들으면 마음이 움직이는 사람

④ 예수님이 안 믿어지지만 믿기 위해서 노력하는 사람

설명 성경은 일반적으로 부르심을 말할 때 잃어버린 자를 구원하기 위해 불러 주시는 하나님의 '초청'으로서 복음 전파를 말합니다(마 9:13; 막 2:17). 하지만 부르심에 응답하는 자는 하나님의 선택을 받은 자라는 측면에서 일반적으로 그냥 '부르심'이 아니라 '효과적 부르심'이라고 부르는 것입니다. 성경에서는 이들을 '부르심을 받은 자'(고전 1:24; 히 9:15), '구원을 받은 우리'(고전 1:9), '미리 정하신 그들'(롬 8:30), '복음으로 부르사'(살후 2:13-14) 등으로 다양하게 표현합니다.

죄와 비참의 상태를 확실히 알게 하심

1. 성령님은 가장 먼저 우리가 어떤 상태에 놓여 있는지를 보게 합니다. 여러분은 혹시 왜곡된 자기 자신을 보고 있지 않나요?

- 주께서 사랑하시는 형제들아 우리가 항상 너희에 관하여 마땅히 하나님께 감사할 것은 하나님이 처음부터 너희를 택하사 (   )의 (   )하게 하심과 진리를 (   )으로 구원을 받게 하심이니 이를 위하여 우리의 복음으로 너희를 부르사 우리 주 예수 그리스도의 영광을 얻게 하려 하심이니라 (살후 2:13–14)

- 그들이 이 말을 듣고 마음에 (   )려 베드로와 다른 사도들에게 물어 이르되 형제들아 우리가 (   )할꼬 하거늘 (행 2:37)

셜명 죄를 지어 타락한 모든 인류는 하나님과의 교제가 끊어져 죄와 비참 가운데 살게 되었습니다. 그들은 하나님의 진노와 저주 아래 모든 비참과 죽음, 그리고 영원한 지옥의 고통을 피할 수 없는 상태에 놓여 있습니다(제20문답). 하지만 모든 사람이 이 사실을 알고 인정하는 것은 아닙니다. SNS에서도 대개 자기 모습을 다 드러내지 않지요. 죄는 우리의 마음과 생각을 어둡게 하여 비참과 고통에서 벗어나는 방법을 모르게 만들기 때문입니다. 결과적으로 구원이 필요한 사람들은 정작 자신에게 구원이 필요하다는 사실조차 모르고 있습니다. 이런 상황에서 성령님은 우리가 삶에서 힘들고 고통받는 이유가 죄와 비참의 상태에 있기 때문임을 깨닫게 하시고, 그리스도를 믿음으로써 참된 행복을 얻을 수 있도록 도와주십니다.

그리스도에 대한 지식으로 우리의 지성(마음, mind)을 밝혀 주심

※ 지성은 마음으로도 번역할 수 있습니다.

1. 효과적 부르심을 입은 사람의 지성은 어떤 변화를 겪게 될까요?

- 그 눈을 뜨게 하여 (   )에서 (   )으로, (   )의 권세에서 (   )께로 돌아오게 하고 (   ) 사함과 나를 믿어 거룩하게 된 무리 가운데서 기업을 얻게 하리라 하더이다 (행 26:18)

 성령님의 부르심을 받은 사람들은 자신이 얼마나 큰 죄인이며 비참한 상태에 있는지를 확실히 알게 됩니다. 이 절망적인 어둠의 상태에서 밝은 빛으로 구원받는 유일한 방법은 우리의 구속자이신 주 예수 그리스도를 믿는 것임을 깨닫게 됩니다. 사탄의 권세에서 해방되고, 죄 사함을 얻는 방법을 알게 됩니다. 성령님께서 우리의 지성에 밝은 빛을 비추셔서 그리스도께서 하신 일이 나를 위해 하신 일임을 알게 해 주기 때문입니다.

핵심 개념 정리 3

우리의 의지를 새롭게 하심

1. 성령님은 우리의 지성뿐만 아니라 의지도 새롭게 할까요? 아니면 의지는 우리가 적극적으로 활용해야 하는 것일까요?

- 또 새 영을 너희 속에 두고 (   ) 마음을 너희에게 주되 너희 육신에서 (   ) 마음을 제거하고 (   ) 마음을 줄 것이며 또 내 영을 너희 속에 두어 너희로 내 율례를 행하게 하리니 너희가 내 규례를 지켜 행할지라 (겔 36:26–27)

 성령님은 우리의 어두운 지성에 밝은 빛을 비추셔서 그리스도를 아는 지식으로 가득 채우고, 우리의 의지를 새롭게 하십니다. 그리스도를 믿고 난 다음에는 인생을 자신의 힘과 노력으로 '살아 내는 것'이라는 오해를 없애십니다. 성령님께서 우리의 굳은 의지(마음)를 새롭게 하지 않으시는 한, 우리는 부드러운 마음, 불붙는 의지를 가질 수 없습니다.

복음이 우리에게 값없이 주신

예수 그리스도를 받아들이도록 우리를 설득하고 능력을 주심

1. 복음은 좋은 소식입니다. 이 좋은 소식이 누구에게나 좋은 소식일까요? 왜 어떤 사람은 반응하지 않을까요?

- 나를 보내신 아버지께서 (   ) 아니하시면 아무도 내게 올 수 없으니 오는 그를 내가 마지막 날에 다시 살리리라 선지자의 글에 그들이 다 하나님의 (   )을 받으리라 기록되었은즉 아버지께 듣고 배운 사람마다 내게로 오느니라 (요 6:44–45)

- 너희 안에서 (   ) 이는 하나님이시니 자기의 (   ) 뜻을 위하여 너희에게 (   )을 두고 (   ) 하시나니 (빌 2:13)

설명 사람들은 종종 성령님의 효과적 부르심을 단순히 그리스도를 믿으라는 조언과 설득이라고 오해할 수 있습니다. 또는 노력에 대한 대가요 보상이라고 생각하는 경우도 있습니다. 그러나 성령님의 효과적 부르심은 모든 사람에게 전해지는 일반적인 메시지와 다르며, 보상도 아닙니다. 하나님께서 선택하신 사람만이 경험하는 특별한 작용입니다. 이 부르심은 성령님의 강력한 내적 힘으로서, 하나님께 선택된 사람들이 그리스도를 받아들일 수 있도록 믿음으로 반응하게 합니다. 따라서 복음에 대한 반응은 인간의 의지가 아닌, 성령님의 힘에 의한 것입니다. 복음은 돈으로 계산하거나 노력으로 평가할 수 없는 값없는 그리스도의 은혜입니다.

이어서 성령님께서 효과적으로 부르신 자는 이 세상에서 어떤 유익을 얻는지 구체적으로 알아봅시다. 제32문답을 천천히 읽어 볼까요?

제 32문 효과적 부르심을 받은 자들은 이 세상에서 어떤 유익을 얻습니까?

What benefits do they that are effectually called partake of in this life?

답 효과적 부르심을 받은 자들은 이 세상에서 의롭다 하심,[1] 양자 삼으심,[2] 거룩하게 하심, 그리고 이 세상에서 이것들에 동반되거나 이것들로부터 나오는 여러 유익을 누립니다.[3]

They that are effectually called do in this life partake of justification, adoption, and sanctification and the several benefits which, in this life, do either accompany of flow from them.

[1]롬 8:30 [2]엡 1:5 [3]고전 1:26, 30

핵심 개념 정리 1

효과적 부르심의 유익

1. 효과적 부르심을 받은 자들은 이 세상을 살면서 다양한 유익을 얻습니다. 이는 성령님께서 그리스도가 하신 일을 시간 안에서 우리에게 구체적으로 적용하시는 방법이기도 합니다. 어떤 유익이 있는지 살펴봅시다.

효 과 적 부 르 심 의 유 익	의롭다 하심(칭의) ➡제33문답	또 미리 정하신 그들을 또한 부르시고 부르신 그들을 또한 (　　　)롭다 하시고 의롭다 하신 그들을 또한 영화롭게 하셨느니라 (롬 8:30)
	양자 삼으심(입양) ➡제34문답	그 기쁘신 뜻대로 우리를 예정하사 예수 그리스도로 말미암아 자기의 (　　　)들이 되게 하셨으니 (엡 1:5)
	거룩하게 하심(성화) ➡제35문답	평강의 하나님이 친히 너희를 온전히 (　　　)하게 하시고 또 너희의 온 영과 혼과 몸이 우리 주 예수 그리스도께서 강림하실 때에 흠 없게 보전되기를 원하노라 (살전 5:23)
	동반되는 유익들 ➡제36문답	너희는 하나님으로부터 나서 그리스도 예수 안에 있고 예수는 하나님으로부터 나와서 우리에게 (　　　)와 (　　　)움과 (　　　)함과 (　　　)함이 되셨으니 (고전 1:30)

 현대를 살아가는 사람들에게 '효과적 부르심'의 유익은 손에 잡히거나 유용한 것처럼 보이지 않을 수 있습니다. 지루한 기독교 용어처럼 느껴질 수도 있죠. 하지만 조금만 생각해 보면, 이것이 얼마나 큰 유익인지 알 수 있습니다. 1. 의롭다 하심: 인정과 수용에 목마른 인간이 하나님께 받아들여지고 인정받는다는 개념입니다. 2. 양자 삼으심: 소외와 버림받음의 한가운데서 가정으로 받아들여지는 안정감을 주는 개념입니다. 3. 거룩하게 하심: 모든 것이 상대화되는 사회에서 구별되고 특별한 존재가 된다는 개념입니다. 우리는 앞으로 이 각각의 개념을 더 자세하게 살펴볼 것입니다.

적용 및 질문

1. 당신의 삶에서 성령님의 효과적 부르심을 경험한 순간이 있었나요? 그 경험이 당신의 삶을 어떻게 변화시켰나요?

2. 우리가 성령님의 효과적 부르심을 하나님의 자녀가 된 것으로 인식한다면, 우리는 다른 사람들을 대할 때도 이 관점을 가지고 대해야 합니다. 예를 들어, 학교나 직장에서 만나는 사람들을 하나님의 형상을 지닌 존재로서 존중하고 사랑으로 대해야 한다는 것입니다. 하나님의 자녀로서의 정체성이 당신의 대인 관계에 어떤 영향을 미치고 있나요? 특히 당신과 의견이 다르거나 갈등 관계에 있는 사람들을 대할 때, 이 정체성을 어떻게 적용할 수 있을까요?

마무리

여러분, 지금 하나님의 구원 계획이 우리 삶에 어떻게 펼쳐지는지, 그 장엄한 드라마의 막이 오르려 합니다. 우리가 절망 속에 있을 때, 전능하신 하나님께서 직접 나서서 우리를 구원하신다는 사실이 얼마나 놀랍습니까? 이것이 단순한 옛이야기나 지식이 아닌, 여러분 한 사람 한 사람의 삶을 변화시키는 실제 현실이라면 어떨까요? 이제 우리 앞에는 도전이 놓여 있습니다. 여러분은 어떻게 반응하며 살아야 하겠습니까?

첫째, 우리는 하나님의 부르심에 귀를 기울여야 합니다. 매일의 삶 속에서 성령님의 음성을 듣고 있나요? 그 음성에 따라 살고 있습니까? 둘째, 우리는 이 세상에서 받은 복을 분명히 인식하고 감사해야 합니다. 의롭다 하심부터 시작해서 우리가 받은 모든 영적 유익을 깊이 묵상해 보세요. 이 묵상에 의한 감사가 여러분의 삶을 변화시킬 수 있습니다. 마지막으로, 우리는 영원의 관점으로 살아야 합니다. 죽음과 부활 이후에 우리를 기다리고 있는 영광을 기억하세요. 이 소망이 여러분의 현재 삶의 선택을 바꿀 수 있을 겁니다. 과연 어떤 변화와 어떤 선택을 이끌어 낼까요?

다음 과에서는 '효과적 부르심'으로부터 나오는 '여러 유익'을 차례대로 알아보겠습니다. 첫 번째로 '의롭다 하심(칭의)'이라는 보물을 파헤치려고 합니다. 그때까지 위의 질문들로 여러분의 마음을 준비해 주세요. 여러분의 삶이 하나님의 은혜를 드러내는 살아 있는 증거가 되기를 바랍니다.

하나님의 구원 이야기가 여러분을 통해 계속 써 내려가기를, 그리고 그 이야기가 세상을 변화시키는 강력한 힘이 되기를 기대합니다. 더욱 놀라운 하나님의 일하심, 구원의 역사를 이루시는 은혜의 하나님을 발견하길 바랍니다. 여러분의 삶이 하나님의 영광을 비추는 빛나는 등불이 되기를 소망합니다!

성령님께서 우리에게

웨스트민스터 소요리문답 30.
류성민
그 리 스 도 께 서 - 값 을 치 르 신 - 값 주
고 사 신 - 구 속 을 성 령 님 - 께 서 - 우 리
에 게 어 - 떻 게 - 어 떻 게 적 용 - 하 시 나 요 - 성 령 님 께 서
- 효 력 있 - 는 - 부 르 심 으 로 -
우 리 안 에 믿 - 음 - 믿 음 일 으 - 키 - 시 - 고 -
그 리 스 도 와 - 연 - 합 - 연 합 시 켜 - 주 - 심 으 로 -
(한 - 몸 - 한 몸 되 게 - 하 -)
- 그 리 스 도 께 - 서 값 주 고 - 사 신 - 구 속 을 -
- 우 리 - 에 게 - 적 용 하 여 주 십 니 다 -

의롭다 하심, 칭의
(제33문답)

복습하기

지난 과에서 우리는 주 예수 그리스도께서 성취하신 구속을 성령님께서 우리에게 적용해 주심에 관하여 공부했습니다. 성령님은 우리 안에 믿음을 일으키시고, 효과적으로 부르셔서, 그리스도와 하나가 되는 연합을 통해 그리스도께서 값을 치르고 사신 구속에 참여하게 하십니다. 이제 핵심 단어들을 떠올리면서 빈칸을 채워 봅시다.

제31문 **효과적 부르심이란 무엇입니까?**

What is effectual calling?

답 효과적 부르심이란 성령 하나님의 사역으로서, ① 우리의 죄와 비참의 상태를 확실히 (   )게 하시고, ② 그리스도에 관한 (   )으로 우리의 (   )을 (   )혀 주시며, ③ 우리의 (   )를 (   )롭게 하셔서, ④ (   )이 우리에게 (   )없이 주신 예수 그리스도를 (   )아들이도록 우리를 (   )하시고 능력을 주시는 것입니다. ⑤

Effectual calling is the work of God's Spirit, whereby convincing us of our sin and misery, enlightening our minds in the knowledge of Christ, and renewing our wills, he does persuade and enable us to embrace Jesus Christ, freely offered to us in the gospel.

①살후 2:13–14 ②행 2:37 ③행 26:18 ④겔 36:26–27 ⑤요 6:44–45; 빌 2:13

제32문 **효과적 부르심을 받은 자들은 이 세상에서 어떤 유익을 얻습니까?**

What benefits do they that are effectually called partake of in this life?

답 **효과적 부르심을 받은 자들은 (　) 세상에서 (　　　) 하심,① (　　) 삼으심,② (　　)하게 하심, 그리고 이 세상에서 이것들에 동반되거나 이것들로부터 나오는 여러 (　　)을 누립니다.③**

They that are effectually called do in this life partake of justification, adoption, and sanctification and the several benefits which, in this life, do either accompany of flow from them.

①롬 8:30 ②엡 1:5 ③고전 1:26, 30

들어가기

　이번 과에서 우리는, 성령님의 효과적 부르심을 받은 자들이 이 세상에서 누리는 첫 번째 유익, '의롭다 하심'에 관하여 살펴보려고 합니다.

　만약, 여러분이 상상할 수 없이 큰 빚을 지고 있다고 해 봅시다. 그 빚이 너무 커서 평생 갚아도 다 갚을 수 없을 정도로요. 그런데 누군가가 나타나 그 빚을 완전히 탕감해 준다고 하는 겁니다. 게다가 그냥 탕감해 주는 것이 아니라, 여러분을 부자로 만들어 준다고 한다면, 믿기 힘들지 않나요? 하지만 이것이 바로 하나님께서 우리에게 주시는 '의롭다 하심', 곧 '칭의'(稱義; 일컬을 칭, 옳을 의)의 은혜입니다.

'Free grace(값없는 은혜)', 이 얼마나 아름다운 표현인가요? 우리가 아무리 노력해도 도달할 수 없는 그 의로움을, 하나님께서 그냥, 거저, 공짜로 주신다는 거예요. 이것이 우리 삶에 어떤 변화를 불러올지 상상이 되나요?

자, 이제 우리는 웨스트민스터 소요리문답 서른세 번째 문답을 통해 이 놀라운 진리의 깊이를 탐구해 보려고 합니다. 이 문답을 읽을 때, 단순히 글자를 읽는 것이 아니라, 여러분의 인생을 바꿀 수 있는 귀한 것을 발견한다는 마음으로 읽어 주세요. 큰 소리로, 천천히, 그리고 깊이 있게 읽어 봅시다. 이 진리가 우리 마음 깊숙이 새겨지기를 바랍니다!

묻고 답하기

제 33문 **의롭다 하심(칭의)이란 무엇입니까?**

What is justification?

답 **의롭다 하심이란 하나님께서 값없이 베푸시는 은혜의 행위로서, 그분이 우리의 모든 죄를 용서하시고,[1] 우리를 의롭다고 여기시며 받아 주시는 것입니다.[2] 이것은 오직 우리의 것으로 돌리시고,[3] 믿음 하나로 받아들여진[4] 그리스도의 '의' 덕분입니다.**

Justification is an act of God's free grace, wherein He pardons all our sins, and accepts us as righteous in His sight, only for the righteousness of Christ imputed to us, and received by faith alone.

①롬 3:24–25; 4:6–8 ②고후 5:19, 21 ③롬 5:17–19 ④갈 2:16; 빌 3:9

1. 단어의 뜻을 보고, 어떤 단어인지 괄호 안에 정답을 맞춰 봅시다.

① 죄인이 의롭다 함을 얻는 것 (ㅊ ㅇ)

② 하나님의 법을 지키는 데 부족하거나 어기는 것 (ㅈ)

③ 그리스도께서 이루신 구속을 적용하시는 분 (ㅅ ㄹ ㄴ)

④ 성령님께서 예수 그리스도의 구속을 우리에게 적용하시기 위해 마음에 일으키는 것 (ㅁ ㅇ)

2. 의롭다 하심(칭의)를 얻기 위해 가장 중요한 것은 무엇일까요?

① 바르고 선하며, 남에게 칭찬받는 좋은 행동을 하는 것

② 내 몸을 갈아 넣는 봉사

③ 성령님께서 일으키신 믿음

④ 하나님을 아는 지식

3. 의롭다 하심(칭의)은 어떤 결과를 가져올까요?

　　① 천국에 갈 수 있는 자격을 얻음
　　② 죄책감에서 해방됨
　　③ 하나님과의 관계가 회복됨
　　④ 위의 모든 것

핵심 개념 정리 1

하나님의 값없는 은혜

1. 하나님은 완전히 의로운 분이십니다. 우리는 의로워져야만 하나님과 가까이할 수 있습니다. 그러나 우리의 힘으로는 이 의로움을 얻을 수 없습니다. 그렇다면 성령님의 효과적 부르심으로 그리스도와 연합된 우리는 하나님에게서 어떻게 의로움을 얻을 수 있을까요?

● 곧 예수 그리스도를 (　　　)으로 말미암아 모든 믿는 자에게 미치는 하나님의 (　　)니 차별이 없느니라 모든사람이 죄를 범하였으매 하나님의 영광에 이르지 못하더니 그리스도예수 안에 있는 속량으로 말미암아 하나님의 (　　　)로 값없이 (　　)롭다 하심을 얻은 자 되었느니라 (롬 3:22-24)

설명+ 성령님께서 우리에게 주시는 선물인 의롭다 하심, 양자 삼으심, 거룩하게 하심은 하나님의 순수한 은혜로 주어집니다. 우리의 노력이나 선행과는 전혀 상관이 없습니다. 우리가 아무리 열심히 일해서 돈이 많다고 해도, 이 선물들을 절대 살 수 없습니다. 그런데 세상은 우리를 어떻게 판단합니까? 우리의 가치를 성적, 직위, 재산 등으로 매기려 합니다. 하지만 하나님은 다르십니다. 그분은 우리를 있는 그대로 사랑하시고, 은혜로 받아 주십니다. 즉, 우리의 진정한 가치는 세상의 기준에 있지 않습니다. 우리의 가치는 하나님과의 관계에 있습니다. 성부 하나님께서 우리를 사랑하시고 선택하셔서 그리스도를 구원자로 보내 주시고 성령님께서 그리스도의 일이 우리의 일이 되게 한 그 일 자체가 우리를 귀중하게 만드는 것입니다. 우리는 더 이상 세상의 기준에 얽매이지 않고, 하나님의 사랑 안에서 자유롭게 살 수 있습니다.

우리의 모든 죄를 용서하심

1. 하나님의 용서는 어떤 모습일까요? 우리 인간의 용서처럼 제한적일까요, 아니면 그 이상의 무엇일까요? 만일 하나님께서 우리 죄의 일부만 용서하신다면, 그것은 어떤 의미일까요? 반대로 우리의 모든 죄를 용서하신다면 그건 또 어떤 의미가 있을까요? 우리의 과거, 현재, 그리고 미래의 죄에서 하나님의 용서는 어디까지 미칠까요?

- 그리스도 예수 안에 있는 (   )으로 말미암아 하나님의 은혜로 값없이 의롭다 하심을 얻은 자 되었느니라 이 예수를 하나님이 그의 피로써 믿음으로 말미암는 화목제물로 세우셨으니 이는 하나님께서 길이 참으시는 중에 전에 지은 (   )를 (   )하심으로 자기의 의로우심을 나타내려 하심이니 (롬 3:24–25)

- 일한 것이 없이 하나님께 의로 여기심을 받는 사람의 복에 대하여 다윗이 말한 바 (   )이 (   )을 받고 (   )가 (   )짐을 받는 사람들은 복이 있고 주께서 그 (   )를 인정하지 아니하실 사람은 (   )이 있도다 함과 같으니라 (롬 4:6–8)

설명 예수 그리스도께서 십자가에서 돌아가신 이유는 우리의 모든 죗값을 완전히 지불하시기 위함이었습니다. 성령님께서 우리를 그리스도와 하나 되게 하심으로써, 우리는 그리스도 안에서 모든 죄에 대한 용서를 받게 됩니다. 이 용서는 정말 완전합니다. 우리의 과거, 현재, 심지어 아직 짓지 않은 미래의 죄까지도 포함됩니다. 예수님께서 우리가 받아야 할 모든 형벌을 대신 감당하셨기 때문에, 우리는 더 이상 그 죄에 대한 벌을 받지 않습니다. 이 놀라운 용서는 전적으로 하나님의 은혜로 이루어집니다. 우리의 어떤 행위나 공로 때문이 아닙니다. 그리고 한 번 용서받은 죄는 완전히 용서된 것이기에, 하나님은 그것을 다시는 기억하지 않으실 것입니다.

우리를 의롭다고 여기시며 받아 주심 (인정과 수용)

1. 하나님께서 우리를 의롭다고 여기신다는 것은 어떤 의미인가요? 이것이 우리와 하나님과의 관계에 어떤 영향을 미치나요?

> ● 곧 하나님께서 그리스도 안에 계시사 세상을 자기와 화목하게 하시며 그들의 죄를 그들에게 돌리지 아니하시고 화목하게 하는 말씀을 우리에게 부탁하셨느니라……하나님이 죄를 알지도 못하신 이를 우리를 (   )하여 (   )로 삼으신 것은 우리로 하여금 그 안에서 하나님의 (   )가 되게 하려 하심이라 (고후 5:19, 21)

설명⁺ '그리스도의 의'가 '우리의 의'가 된다는 것은 그리스도의 의가 우리에게 '전가(impute)' 되었다는 의미입니다. 이것은 세 가지 측면에서 설명할 수 있습니다. 첫째, 의의 교환입니다. 이는 우리의 죄가 그리스도에게 넘겨지고, 그리스도의 완전한 의로움이 우리에게 주어지는 놀라운 교환을 의미합니다. 둘째, 법적 선언입니다. 하나님께서 우리를 의롭다고 선언하시는 것입니다. 이는 우리가 실제로 의롭게 되었다는 선언이며, 하나님 앞에서 우리의 지위를 바꾸는 것입니다. 마지막 세 번째는 선물로서의 의입니다. 우리가 얻은 것이 아니라, 하나님께서 주신 선물입니다. 이는 전적인 은혜의 행위입니다.

2. 하나님께서 우리의 행위나 능력, 노력을 평가하지 않으시고 오직 그리스도로 인해 우리를 받아 주신다는 사실이 우리의 신앙생활에 어떤 영향을 미칠까요?

설명⁺ 우리는 세상에서 끊임없이 비교와 경쟁으로 스트레스를 받고 자존감이 낮아진 채 삶을 살아갑니다. 학교 성적, 업무 성과, SNS '좋아요'를 자기 가치의 판단으로 여기기도 하지요. 하지만 하나님은 우리의 업적이나 능력으로 평가하지 않으십니다. 오직 그리스도의 의로만 평가하십니다. 하나님은 오직 그리스도가 나를 위해 하신 일에 근거해서 나를 의롭다고 여기며 받아 주십니다. 그러므로 우리는 어떤 실패도 두려워하지 않고 그것을 통해 배우고 성장할 수 있습니다. 하나님 앞에서의 확고한 지위는 우리에게 삶의 도전들 앞에 담대함을 갖게 합니다. 또한 우리가 받은 은혜를 기억하여 다른 사람을 더 쉽게 용납하고 사랑할 수 있습니다. 무엇보다 의무감이 아닌, 감사와 사랑에서 나오는 진정한 예배를 드릴 수 있게 됩니다.

오직 믿음으로 받는 그리스도 '의' 덕분

1. 왜 의롭다 함을 받는 데에는 오직 믿음만이 필요한가요? 우리의 행위는 칭의 과정에서 역할이 없나요?

- 사람이 의롭게 되는 것은 율법의 (　　　)로 말미암음이 아니요 오직 예수 그리스도를 (　　　)으로 말미암는 줄 알므로 우리도 그리스도 예수를 믿나니 이는 우리가 율법의 행위로써가 아니고 그리스도를 (　　　)으로써 의롭다 함을 얻으려 함이라 율법의 (　　　)로써는 의롭다 함을 얻을 육체가 없느니라 (갈 2:16)

- 그 안에서 발견되려 함이니 내가 가진 의는 율법에서 난 것이 아니요 오직 그리스도를 (　　　)으로 말미암은 것이니 곧 (　　　)으로 하나님께로부터 난 (　　)라 (빌 3:9)

설명⁺ 하나님 앞에서 우리가 의롭다 함을 받는 것은 율법을 지키는 행위로는 불가능합니다. 왜일까요? 우리 스스로는 하나님의 완전한 기준에 도달할 수 없기 때문입니다. 오직 예수 그리스도의 완전한 사역, 즉 십자가의 능력만이 우리의 구원을 위해 충분합니다. 하지만 이것이 우리의 행위가 전혀 중요하지 않다는 뜻은 아닙니다. 참된 믿음은 반드시 선한 행위로 나타나게 됩니다. 우리의 새로운 정체성은 신분의 변화를 만듭니다. 이는 우리가 받은 구원에 대한 감사의 표현이며, 동시에 우리가 그리스도를 닮아가는 성화의 과정에서 중요한 역할을 합니다. 성경은 우리가 오직 믿음으로 의롭다고 함을 받는다고 가르치면서도, 그 믿음이 우리 삶에서 선한 행위로 나타나야 함을 분명히 합니다. 즉, 우리의 행위는 구원의 조건이 아니라 결과이며, 우리 믿음의 진정성을 보여 주는 증거라고 할 수 있습니다. 이 진리를 깊이 이해할 때, 우리는 더욱 감사하며 하나님을 사랑하고 이웃을 섬기는 삶을 살아갈 수 있습니다.

적용 및 질문

1. '의롭다 하심'은 오직 그리스도를 믿음으로 받은 '의' 덕분입니다. 우리의 모든 죄를 용서해 주시는 나를 있는 모습 그대로 받아 주신다는 사실이 당신의 구원에 대한 확신에 어떤 영향을 미치나요? 이것이 당신의 신앙생활에 어떤 변화를 불러올 수 있을까요?

2. 우리는 매일 아침 거울을 볼 때 "나는 그리스도의 의로 옷 입었고, 하나님께 의롭다 함을
   받은 사람"이라고 자신에게 말해 보는 습관을 가질 필요가 있습니다. 이는 우리의 자존감과
   정체성을 하나님의 은혜에 근거하게 해 줍니다. 당신이 실수하거나 죄를 지었을 때, '의롭다
   하심'의 진리가 어떻게 당신의 감정과 행동에 영향을 미칠 수 있을까요? 구체적인 예를 들어
   설명해 보세요.

마무리

여러분, 우리는 지금 놀라운 진리 앞에 서 있습니다. 우리가 그리스도 안에서 의롭다고 선언받았다는 하나님의 완전하고 값없는 은혜입니다. 세상은 우리에게 끊임없이 외칩니다. "너의 가치를 증명하라!", "더 많은 성과를 내라!", "더 나은 모습을 보여라!" 그러나 하나님 앞에서 우리는 이미 완전히 받아들여졌습니다. 그리스도의 의로 옷 입은 우리를, 하나님은 이미 의롭다고 선언하셨습니다. 따라서 우리는 그리스도 안에서 새로운 정체성을 소유했습니다.

이제 우리에게 도전이 주어졌습니다. 이 놀라운 진리를 알고 있는 우리는 어떻게 살아가야 할까요? 세상의 허망한 기준에서 벗어나, 하나님과의 관계에서 참된 가치를 찾으시겠습니까? 일시적인 성공과 인정이 아닌, 영원한 하나님의 사랑 안에서 안식하시겠습니까? 죄와 비참에서 우리를 구원하신 하나님의 은혜를 매일 기억하며 감사의 삶을 사시겠습니까?

이 도전을 받아들이는 것은 쉽지 않을 것입니다. 세상의 유혹은 강하고, 우리의 옛 습관은 끈질깁니다. 하지만 기억하십시오. 우리는 이미 승리한 자들입니다. 하나님의 은혜로 의롭다 함을 받은 자들입니다.

다음 과에서 우리는 하나님의 자녀로 입양되는 특권에 관하여 배우게 될 것입니다. 그때까지 위의 도전적인 물음들을 가지고서 깊이 묵상해 보기를 바랍니다. 여러분의 삶이 하나님의 놀라운 은혜를 증거하는 살아 있는 간증이 되기를 소망합니다!

칭의, 내 힘이 아닌 은혜로 얻는 참된 자유

'의롭다 하심'(칭의)은 기독교 신앙의 심장과도 같은 진리입니다. 모든 율법의 무거운 짐에서 우리를 풀어주는 가장 복된 소식이기 때문입니다. 칭의란 하나님께서 재판장처럼 우리를 향해 놀라운 선언을 하시는 것입니다. 먼저, 우리의 모든 죄에 대해 '무죄'를 선언하십니다. 더 나아가, 예수님의 완전한 의로움을 우리에게 옷처럼 입혀 주시며, "너는 완전히 의롭다"라고 인정해 주시는 것입니다. 이 진리는 우리 삶을 뿌리부터 바꾸어 놓습니다.

1. **'스스로 증명해야 하는'무거운 짐을 내려놓습니다.** 우리는 더 이상 선한 행동이나 노력으로 하나님의 인정을 받으려고 애쓸 필요가 없습니다. 내 자격 때문이 아니라, 오직 예수님의 완벽한 의가 나를 하나님 앞에 세워 주기 때문입니다. 이것은 '내가 충분히 잘하고 있는가?'라는 끊임없는 불안감에서 우리를 완전히 해방시켜 줍니다.

2. **흔들리지 않는 평안과 담대함을 얻습니다.** 하나님과의 관계는 더 이상 나의 감정이나 상황에 따라 흔들리지 않습니다. 그 관계는 오직 예수 그리스도의 변치 않는 공로 위에 굳게 세워져 있기 때문입니다. 하나님께서 나를 '의롭다'라고 하신 그 선언은 영원하기에, 우리는 세상이 줄 수 없는 깊은 평안 속에서 담대하게 그분께 나아갈 수 있습니다.

3. **넘어져도 괜찮습니다, 다시 일어설 수 있습니다.** 칭의가 우리를 다시는 죄짓지 않는 완벽한 사람으로 만들었다는 뜻은 아닙니다. 우리는 여전히 넘어지고 실패합니다. 하지만 우리의 의로움은 처음부터 나의 노력으로 얻은 것이 아니었기에, 실패했을 때도 절망하지 않을 수 있습니다. 예수님의 의가 여전히 나를 덮고 있음을 믿기에, 우리는 소망 중에 회개하며 다시 일어설 특권을 누립니다.

4. **'의무감'이 아닌 '감사'로 순종하게 됩니다.** 내가 한 일 없이 오직 은혜로 의롭다 하심을 받았다는 사실이 마음에 깊이 새겨지면, 우리 마음은 주님을 향한 감사와 사랑으로 가득 차게 됩니다. 이제 순종은 더 이상 무거운 짐이나 의무가 아니라, 그 놀라운 선물을 주신 하나님을 향한 기쁨의 반응이자 사랑의 표현이 됩니다.

5. **다른 사람을 향해 따뜻한 마음을 품게 됩니다.** 내가 오직 은혜로 용납받았음을 아는 사람은 다른 사람을 쉽게 판단하지 못합니다. 우리 모두가 똑같이 하나님의 은혜가 필요한 연약한 존재임을 알기 때문입니다. 그래서 서로를 비판하는 대신, 약점을 감싸 주고 사랑으로 함께 걸어갈 수 있습니다.

6. **기쁨과 자유가 넘치는 신앙생활이 시작됩니다.** 칭의 교리는 우리를 '율법의 종'에서 '하나님의 사랑받는 자녀'로 살게 합니다. 더 이상 하나님을 두려운 심판관으로만 여기지 않고, 우리를 사랑하시는 아버지로 신뢰하며 기쁨으로 교제하고 자유롭게 예배하게 됩니다. 이것이 바로 칭의받은 사람의 복된 삶입니다.

결론적으로, '의롭다 하심'의 교리는 나의 모든 공로를 내려놓고 오직 하나님의 은혜만을 자랑하게 하는 가장 복된 소식입니다. 이 진리 안에서 우리는 참된 자유와 평안을 누리며, 감사와 기쁨으로 하나님을 섬길 모든 이유와 능력을 발견하게 됩니다.

양자 삼으심, 입양
(제34문답)

복습하기

우리는 지난 과에서 죄인에게 값없이 주시는 은혜인 '의롭다 하심(칭의)'에 관하여 공부했습니다. 죄와 비참의 상태에 있는 우리가 오직 그리스도의 '의' 덕분에 의롭다고 인정받게 되는 은혜입니다. 이 칭의는 오직 은혜, 오직 믿음, 오직 그리스도로 말미암아 우리에게 주어집니다. 이제 핵심 단어들을 떠올리면서 빈칸을 채워 봅시다.

제33문 의롭다 하심(칭의)이란 무엇입니까?

What is justification?

답 의롭다 하심이란 하나님께서 (　)없이 베푸시는 (　　　)의 행위로서, 그분이 우리의 모든 죄를 (　　　)하시고,[1] 우리를 의롭다고 여기시며 (　)아 주시는 것입니다.[2] 이것은 오직 우리의 것으로 돌리시고,[3] (　　　) 하나로 받아들여진[4] 그리스도의 '(　)' 덕분입니다.

Justification is an act of God's free grace, wherein He pardons all our sins, and accepts us as righteous in His sight, only for the righteousness of Christ imputed to us, and received by faith alone.

①롬 3:24-25; 4:6-8 ②고후 5:19, 21 ③롬 5:17-19 ④갈 2:16; 빌 3:9

들어가기

이번 과에서 우리는 성령님의 효과적 부르심을 받는 자들이 이 세상에서 누리는 두 번째 유익, 양자 삼으심에 관하여 살펴보려고 합니다.

여러분, 우리는 모두 소중하고 가치 있는 사람입니다. 하지만 우리는 자신의 가치를 잊고 살아갈 때가 많습니다. 근래에는 점점 더 개인주의화되어 소속감이 부족해서 외로움을 느끼는 사람이 많습니다. 그래서 우리는 지금 우리의 진정한 정체성과 가치에 관해 이야기를 나누려고 합니다. 모두 '입양'을 잘 알고 계시죠? 입양은 혈연관계가 없는 사람을 법적으로 자녀로서 받아들이는 것을 말합니다. 이는 단순한 법적 절차를 넘어 외로움을 걷어 내고 깊은 사랑과 수용의 소속감을 주는 행위입니다. 이 일을 우리 하나님께서 하셨습니다. 하나님께서 죄와 비참 속에서 정체성의 위기를 겪으며 다양한 인정과 수용을 목말라하는 우리를 그분의 자녀로 입양하셨다는 것입니다. 이 진리는 우리의 정체성, 가치, 그리고 삶의 목적에 혁명적인 변화를 불러올 수 있습니다.

함께 이 놀라운 진리를 탐구하면서 하나님의 무조건적인 사랑과 은혜를 새롭게 발견하는 시간이 되길 바랍니다. 자, 제34문답을 큰소리로 또박또박 다 같이 읽어 봅시다.

묻고 답하기

제34문 양자 삼으심이란 무엇입니까?

What is adoption?

답 양자 삼으심이란 하나님께서 값없이 베푸시는 은혜의 행위로서,[1] 우리로 하여금 하나님의 자녀의 수에 들게 하셔서, 하나님의 자녀로서 누릴 수 있는 모든 특권에 대한 권리를 갖게 하시는 것입니다.[2]

Adoption is an act of God's free grace, whereby we are received into the number, and have a right to all the privileges of the sons of God.

[1]요일 3:1 [2]요 1:12; 롬 8:17

1. 하나님의 양자가 된다는 것은 어떤 의미일까요?

　① 자신의 노력으로 하나님의 자녀가 되는 것
　② 예수 그리스도를 믿음으로 하나님의 자녀가 되는 것
　③ 선행을 많이 해서 하나님의 자녀가 되는 것
　④ 율법을 완벽하게 지켜서 하나님의 자녀가 되는 것

2. 양자 삼으심에 관한 OX 퀴즈

　① 하나님의 자녀는 죄를 지어도 상관없다. (O / X)
　② 하나님의 자녀는 성령님의 인도를 받는다. (O / X)
　③ 하나님의 자녀는 영원한 생명을 얻는다. (O / X)
　④ 하나님의 가족이 된 것을 의미한다. (O / X)
　⑤ 하나님의 상속자가 된 것을 의미한다. (O / X)

하나님께서 값없이 베푸시는 은혜

1. 현대 사회에서 한 사람에 대한 사랑과 수용은 대체로 '조건적'입니다. 즉, 그 사람에 대한 인정과 평가가 특정 조건에 따라 이루어집니다. 다음의 예를 보면서 이야기를 나누어 봅시다.

   ① 학업 성취: 우리는 학교에서 좋은 성적을 받아야만 인정받고 사랑받는다고 느낍니다.
   ② 외모 지상주의:
   ③ 경제적 성공:
   ④ SNS의 좋아요 및 팔로우 숫자:

2. 하나님은 우리를 어떻게 사랑하시고 수용해 주실까요? 다음의 말씀을 찾아봅시다.

로마서 5장 8절	죄인임에도 불구하고 우리를 사랑하심
에베소서 1장 5절	
로마서 8장 15절	

셜명⁺ 하나님의 사랑은 세상의 방식과 달리 조건적이지 않고 무조건적입니다. 이것을 이해하는 사람은 자신의 행위나 상황에 따라 이리저리 흔들리지 않습니다. 우리가 어떤 상태에 있든, 우리가 무엇을 했든 상관없이 하나님의 사랑과 은혜로 그분의 자녀가 되기 때문입니다. 하나님은 크신 사랑과 은혜로, 우리가 아직 죄인일 때에도, 자기의 사랑을 확증하시기 위해 기쁘신 뜻에 따라 우리에게 양자의 영을 받게 하셨습니다.

하나님의 자녀의 수에 들어감

1. 우리가 하나님의 자녀로 신분이 바뀌기 전에는 어떤 신분이었나요?

- 전에는 우리도 다 그 가운데서 우리 (　　　)의 (　　　)을 따라 지내며 (　　　)와 (　　　)의 원하는 것을 하여 다른 이들과 같이 본질상 (　　　)의 자녀이었더니 (엡 2:3)

설명⁺ 창조의 상태 때 우리는 '하나님의 형상'을 닮은 고귀하고 아름다운 존재였습니다(제10문답). 하지만 생명의 언약을 어긴 아담 안에 있는 그의 후손은 타락하여 '죄와 비참의 상태'에 있게 되었습니다(제12–17문답). 곧 모든 성품이 부패하여 육체의 욕심을 따라, 마음이 원하는 것을 행하는 '진노받을 자가 된 것입니다(제18문답). 우리는 하나님과 관계가 끊어져 하나님의 저주와 진노 아래에서 마지막 심판을 기다리고 있던 '진노의 자녀'였습니다(제19문답).

2. 우리는 어떻게 해야 하나님의 자녀가 될 수 있을까요?

- 영접하는 자 곧 그 이름을 (　　　) 자들에게는 하나님의 (　　　)가 되는 권세를 주셨으니 (요 1:12)
- 보라 아버지께서 어떠한 (　　　)을 우리에게 베푸사 하나님의 (　　　)라 일컬음을 받게 하셨는가, 우리가 그러하도다 그러므로 세상이 우리를 알지 못함은 그를 알지 못함이라 (요일 3:1)

설명⁺ 성경의 진리는 하나입니다. 우리가 하나님의 자녀가 되는 방법은 예수 그리스도를 영접하고 그분의 이름을 믿는 것입니다. 그런데, 이미 우리가 살펴본 것과 같이 성령님은 우리를 효과적으로 부르셔서 예수 그리스도를 받아들이도록 설득하고 믿음의 능력을 주십니다. 따라서 우리가 하나님의 자녀가 되는 것은 우리의 노력과 자격이 아닌 하나님의 은혜와 사랑의 결과입니다. 우리는 예수 그리스도를 믿고 영접함으로써 이 모든 특권을 누릴 뿐입니다. 우리가 예수를 믿고 영접한다면, 이제 우리는 진노의 자녀가 아니라 하나님의 자녀 된 신분입니다.

3. 우리가 하나님의 자녀가 된다는 말은 다만 개인적인 의미일까요? 그것이 공동체에는 어떤 의미가 있을까요?

- 너희는 그리스도의 (　　　)이요 지체의 각 (　　　)이라 (고전 12:27)

하나님의 자녀의 수에 들게 된다는 것은 한 개인이 성령님께서 주시는 믿음을 통해 하나님과의 관계가 회복되고 영적 가족인 교회 공동체의 일원이 된다는 것을 의미합니다. 이는 구원이 개인적인 경험에 그치지 않고 공동체적 성격을 가짐을 보여 줍니다. 다시 말해, 하나님의 자녀의 수에 들게 된다는 말은 하나님께서 선택하신 자로 인정을 받는다는 뜻입니다. 하나님께서 자신의 선하고 기쁘신 뜻대로 영원 전에 어떤 사람을 자기 자녀로 선택하시고, 구원의 상태에 이르게 하시려고 그리스도와 은혜 언약을 맺으셨기에(제20문답), 그리스도를 믿는 사람들은 그리스도의 몸을 함께 이루며 서로 연결되어 있습니다. 이러한 관점은 신앙생활이 개인주의적이기보다는 공동체 중심적이어야 함을 강조하며, 신자들이 서로 돌보고 격려하며 함께 성장해야 함을 시사합니다. 결국, 하나님의 자녀가 된다는 것은 하나님과의 개인적 관계뿐만 아니라 믿음의 공동체에 참여하여 함께 신앙생활을 해 나가야 한다는 것을 말합니다.

핵심 개념 정리 3

자녀의 모든 특권을 권리로 가짐

1. 입양된 자녀가 누리는 가장 큰 특권은 무엇일까요?

- 보라 아버지께서 어떠한 (   )을 우리에게 베푸사 하나님의 (   )라 일컬음을 받게 하셨는가, 우리가 그러하도다 그러므로 세상이 우리를 알지 못함은 그를 알지 못함이라 (요일 3:1)

- 너희는 다시 무서워하는 종의 (   )을 받지 아니하고 양자의 (   )을 받았으므로 우리가 (   ) (   )라고 부르짖느니라 (요일 3:1)

입양된 자녀가 새로운 가족 관계에서 누리는 가장 큰 특권은 모든 두려움으로부터 보호를 받는다는 것입니다. 죄와 비참의 상태에 있던 진노의 자녀는 하나님으로부터, 세상으로부터, 사람들로부터 거절, 심판, 외로움 등의 두려움을 겪어야 합니다. 하지만 하나님의 양자가 된 신자는 죄에 대한 벌을 받을까 두려워할 필요가 없습니다. 어떤 거절을 당해도 좌절하지 않습니다. 실패에도 낙담하지 않습니다. 세상의 아버지 중에는 나쁜 아버지도 있고 약속을 지키지 않는 아버지도 있지만, 우리 하나님은 자녀에 대한 사랑과 자비와 긍휼을 끝없이 베풀어 주시는 가장 위대한 아버지이시기 때문입니다.

2. 하나님의 자녀 된 특권 중에 가장 영광스러운 일은 예수님과 공동의 상속자라는 지위까지

얻는다는 것입니다. 여러분은 이 특권이 영광스럽습니까?

설명⁺ 우리는 예수님만이 아니라 아버지 하나님의 유일한 상속자로서 누리는 복과 영광을 함께 누리게 됩니다. 우리는 더 이상 죄의 종이 아니라 하나님의 아들딸 지위를 얻었기 때문입니다. 우리가 왕의 입양자로서 왕자가 되었기에, 왕국의 모든 것을 다른 왕자인 예수님과 함께 누리는 것입니다. 이것은 예수님과 정말 친구처럼 가까워진다는 말이기도 합니다. 아버지의 자녀인 형제는 동료이자 친구로서 한 가족이기 때문입니다.

적용 및 질문

1. 하나님의 자녀로 입양되었다는 사실은 여러분이 어려움이나 실패를 겪을 때 어떤 위로와 힘이 될 수 있을까요? 구체적인 상황을 예로 들어 설명해 보세요.

2. 하나님의 자녀로서 가진 특권과 책임이 여러분의 일상생활(예: 학업, 대인 관계, 직장 생활, 가족 관계, 취미 활동 등)에 어떤 영향을 미칠 수 있을까요?

마무리

    여러분, 우리는 참으로 놀라운 진리를 마주하고 있습니다. 하나님께서 우리를 양자 삼으셨다는 사실은 우리의 정체성, 소속감, 그리고 우리가 경험하는 사랑의 본질을 근본적으로 변화시킵니다. 우리는 하나님의 무조건적인 사랑과 은혜로 그분의 영원한 가족이 되었습니다. 우리가 직면하는 많은 문제들—정체성의 혼란, 소속감의 결여, 조건적 사랑의 경험—은 이 근본적인 양자 됨의 진리를 망각한 데서 비롯되곤 합니다. 소외와 거절이 만연한 이 시대에, 우리는 하나님의 가족으로 받아들여졌다는 확신 속에서 깊은 안정감을 누릴 수 있습니다.

    우리가 하나님의 자녀라는 정체성을 깊이 이해하고 받아들일 때, 우리는 이러한 현대적 문제들에 대한 실질적인 해답을 찾을 수 있습니다. 그리고 더욱 의미 있고 풍성한 삶을 살아갈 수 있습니다. 이는 단순한 정서적 위안을 넘어, 우리의 일상적 선택과 관계, 그리고 삶의 방향성에 실제적인 영향을 미칩니다.

    다음 과에서는 하나님께서 우리를 거룩하게 하시는 과정, 즉 '성화'에 관하여 더 자세히 알아보겠습니다. 이는 양자 됨의 은혜에 이어지는 하나님의 지속적인 역사입니다. 그때까지 우리가 하나님의 자녀라는 놀라운 사실을 깊이 묵상하고, 이 정체성에 합당한 삶을 살아가기 위해 보다 구체적인 노력을 해 봅시다.

제28과
거룩하게 하심, 성화
(제35문답)

복습하기

우리는 지난 과에서 하나님을 아버지라고 부를 수 있는 특권인 양자 삼으심(입양)에 관하여 공부했습니다. 가족만이 누릴 수 있는, 자녀만이 누릴 수 있는 모든 특권을 허락하신 하나님의 무조건적인 사랑에 감사와 찬송을 드리셨나요? 다시 한번, 이 놀라운 특권에 관하여 생각해 보면 좋겠습니다. 지난 과에서 배운 내용을 떠올리면서 빈칸을 채워 봅시다.

제34문 양자 삼으심이란 무엇입니까?

What is adoption?

답 양자 삼으심이란 하나님께서 (   )없이 베푸시는 (   )의 행위로서,[1] 우리로 하여금 하나님의 자녀의 (   )에 들게 하셔서, 하나님의 자녀로서 누릴 수 있는 모든 (   )에 대한 (   )를 갖게 하시는 것입니다.[2]

Adoption is an act of God's free grace, whereby we are received into the number, and have a right to all the privileges of the sons of God.

[1]요일 3:1 [2]요 1:12; 롬 8:17

들어가기

이번 과에서 우리는 성령님의 효과적 부르심을 받는 자들이 이 세상에서 누리는 세 번째 유익, '거룩하게 하심(성화)'을 살펴보려고 합니다. '거룩하게 하심'이라는 말이 조금 딱딱하고 어렵게 들릴 수도 있습니다. 높은 수준의 종교에서 사용하는 단어로 보일 수도 있습니다. 풀기 어려운 시험 문제 같기도 하죠. 하지만 거룩은 하나님께서 우리를 위해 주신 사랑의 선물입니다. 이는 단순히 종교적인 특별한 사람에게만 주어지는, 혹은 자기 계발 같은 일시적인 결심을 넘어서는, 누구에게나 가능한 보다 깊고 의미 있는 변화에 관한 것입니다.

만약 여러분이 가장 존경하는 사람을 닮아 간다면 어떤 모습으로 변화해 갈까요? 그 사람의 지혜, 용기, 사랑을 조금씩 배우고 실천할 수 있다면 얼마나 멋질까요? '거룩하게 하심'은 바로 그런 것과 비슷합니다. 우리가 하나님의 성품을 닮아 가는 과정을 말하는 것입니다.

우리는 날마다 거룩함으로 변화됩니다. 이기심, 미움, 질투와 같은 부정적인 감정과 행동에서 벗어나(이것이 바로 "죄에 대하여는 점점 더 죽는다"라는 의미입니다), 사랑, 기쁨, 평화, 인내와 같은 아름다운 성품으로 변화됩니다(이것이 "의에 대하여는 점점 더 살게 하신다"라는 뜻입니다). 가장 놀라운 점은 이 모든 것이 우리의 노력만으로 이루어지는 것이 아니라, 하나님의 은혜로 시작되고 완성된다는 것입니다.

자, 이제 하나님께서 우리를 어떻게 거룩하게 만드시는지, 제35문답을 또박또박 다 같이 읽어 볼까요?

묻고 답하기

 거룩하게 하심(성화)이란 무엇입니까?

What is sanctification?

답 **거룩하게 하심이란 하나님께서 값없이 베푸시는 은혜의 사역으로 서,[1] 우리의 전인(격)이 하나님의 형상을 따라 새롭게 되며,[2] 죄에 대하여는 점점 더 죽고 의에 대하여는 점점 더 살게 하시는 것입니다.[3]**

Sanctification is the work of God's free grace, whereby we are renewed in the whole man after the image of God, and are enabled more and more to die unto sin, and live unto righteousness.

①살후 2:13 ②엡 4:23-24 ③롬 6:4, 6; 8:1

1. 짝꿍을 한 명 정해서 다음의 내용을 중심으로 서로 대화해 봅시다.

　① "지난 1년(1달)간 내 삶에서 가장 크게 변화된 것은 무엇이었나요?" 또는 "내가 생각하는 가장 이상적인 삶은 어떤 모습일까요?"

　② '거룩함'이라는 단어를 들으면 어떤 이미지가 떠오르나요? 그 이미지가 생각나는 이유는 무엇인가요?

2. 거룩함에 관한 OX 퀴즈

　① 거룩함은 특별한 사람만이 가질 수 있는 특별한 상태입니다. (O / X)
　② 거룩함은 하나님의 형상을 회복해 나가는 과정입니다. (O / X)
　③ 거룩함은 율법을 완벽하게 지키는 것을 의미합니다. (O / X)
　④ 거룩함은 하나님과의 친밀한 관계를 통해 이루어집니다. (O / X)
　⑤ 거룩한 삶은 일상생활에서도 가능합니다. (O / X)

하나님께서 값없이 베푸시는 은혜의 사역

1. 효과적 부르심을 받은 자들이 이 세상에서 받는 유익 중 하나인 '성화'는 우리 스스로의 노력으로 가능한 것일까요, 아니면 하나님께서만 하실 수 있는 것일까요?

> ● 주께서 사랑하시는 형제들아 우리가 항상 너희에 관하여 마땅히 하나님께 감사할 것은 하나님이 처음부터 너희를 택하사 성령의 (   )하게 하심과 진리를 믿음으로 구원을 (   )게 하심이니 (살후 2:13)

설명⁺ 의롭다 하심이나 양자 삼으심과 마찬가지로 거룩하게 하심은 오직 하나님의 값없는 은혜로 우리에게 주어지는 선물입니다. 거룩은 더욱 착한 사람이 되는 것과 같은 단순한 도덕적 개선이 아니라, 영적이고 전인격적인 변화입니다. 이는 오직 그리스도의 '의'를 옷 입음으로써만 가능한 일입니다. 하나님은 성령님을 통해서 그리스도 안에서 우리를 거룩하게 하십니다.

전인격이 새롭게 됨

1. 우리 사회는 모든 것을 상대적으로 생각해서 "나에게는 맞지만, 다른 사람에게는 맞지 않을 수 있어"라고 생각합니다. 그래서 자연스럽게, 하나님께서 우리를 자기의 모습으로 새롭게 변화시키는 것은 폭력적이라고 생각할 수 있습니다. 우리는 이에 대해 어떤 답을 할 수 있을까요?

> ● 오직 너희의 (   )이 새롭게 되어 (   )을 따라 (   )와 (   )의 (   )으로 지으심을 받은 (   ) 사람을 입으라 (엡 4:23–24)

 온 인류는 아담의 타락으로 인해 생명의 언약을 지키지 못하고 죄와 비참의 상태에 빠졌습니다. 우리는 창조 시 부여받았던 하나님의 형상을 왜곡하고 훼손했습니다. 그러나 하나님은 자신의 독생자 예수 그리스도를 통해 온전한 하나님의 형상을 다시 보여 주셨습니다. 예수 그리스도의 구속 사역으로 인해, 이제 성령님은 믿음을 통해 우리 안에 하나님의 형상을 회복시켜 주십니다. 이것은 큰 은혜입니다. 그리스도와 연합되어 새롭게 거듭난 사람만이 전인(全人), 즉 지성, 감정, 의지를 포함한 모든 면이 새롭게 되어 상대화되는 사회에서 구별되고 특별한 존재가 되기 때문입니다. 우리는 하나님의 형상을 따라 점진적으로 새롭게 됩니다. 이러한 변화는 단순히 외적 행동의 교정이 아닙니다. 오히려 이는 우리의 내면 깊숙이에서 시작되어 전인격을 변화시키는 근본적이고 전면적인 갱신입니다. 성령님의 능력으로, 우리는 점점 더 그리스도를 닮아 가며, 하나님의 거룩함과 사랑을 더욱 온전히 반영하게 됩니다.

2. 전인격이 새롭게 되는 변화는 갑작스럽게 이루어질까요? 천천히 진행될까요?

- 내가 이미 (   )었다 함도 아니요 (   )히 이루었다 함도 아니라 오직 내가 그리스도 예수께 잡힌 바 된 그것을 (   )으려고 달려가노라 형제들아 나는 (   ) 내가 잡은 줄로 여기지 아니하고 오직 한 일 즉 뒤에 있는 것은 잊어버리고 (   )에 있는 것을 잡으려고 (   )를 향하여 그리스도 예수 안에서 하나님이 위에서 부르신 부름의 (   )을 위하여 달려가노라 (빌 3:12-14)

- 우리가 다 수건을 벗은 얼굴로 거울을 보는 것 같이 주의 영광을 보매 그와 같은 형상으로 (   )하여 영광에서 영광에 이르니 곧 주의 (   )으로 말미암음이니라 (고후 3:18)

 전인격이 새롭게 됨(성화)은 순간적인 사건이 아니라 평생에 걸친 과정입니다. 이는 마치 씨앗이 자라 나무가 되어 가는 과정과 같습니다. 우리는 하루아침에 완전히 성숙한 그리스도인이 되지 않습니다. 대신, 날마다 조금씩 그리스도를 더 닮아 가게 됩니다. 이 과정에는 전진과 후퇴, 성공과 실패가 수없이 반복될 수 있습니다. 그러나 전체적인 방향은 항상 그리스도를 향합니다. 이런 의미에서 빌립보서의 말씀은 성화가 계속 진행 중인 지속적 과정임을 가르쳐 줍니다. 또한 고린도후서 말씀도 우리가 점진적으로 주님의 형상으로 변화되어 간다고 말해 줍니다. 이러한 성경의 예들은 성화가 즉각적인 사건이 아니라 지속적이고 점진적인 과정임을 보여 줍니다. 우리는 이러한 과정에서 인내하며, 성령님의 도우심을 구하고, 날마다 그리스도를 더 닮아 가기 위해 노력해야 합니다.

죄에 대하여는 죽고 의에 대하여는 살게 하심

1. 거룩하게 하심(성화)이 하나님께서 주도하시는 일이라면, 우리는 성화의 과정에서 무엇을 해야 할까요?

> ● 그러므로 우리가 그의 (　　　　)과 합하여 세례를 받음으로 그와 함께 (　　　)되었나니 이는 아버지의 영광으로 말미암아 그리스도를 죽은 자 가운데서 (　　　　)과 같이 우리로 또한 (　　) (　　　) 가운데서 행하게 하려 함이라 (롬 6:4)

설명 거룩하게 하심(성화)은 하나님께서 주도하십니다. 그러나 우리도 이 과정에 적극적으로 참여해야 합니다. 로마서 말씀은 이를 분명하게 가르쳐 줍니다. 우리는 그리스도와 연합된 새로운 정체성을 깊이 인식해야 합니다. 세례는 우리가 그리스도와 함께 죽고 살아났음을 상징합니다. 이에 따라 우리는 "새 생명 가운데 행해야" 합니다. 이는 성령님의 인도하심을 따라 살아가는 것을 의미합니다. 우리는 날마다 성령님의 음성에 귀를 기울이고 순종해야 합니다. 이는 때로 우리의 욕망이나 세상의 가치관과 충돌할 수 있지만, 우리는 그리스도를 따르는 삶을 선택해야 합니다. 우리 삶의 궁극적 목표는 '아버지의 영광'이 되어야 합니다. 성화의 과정은 단순한 도덕적 향상이 아니라, 하나님의 영광을 드러내기 위한 것이기 때문입니다. 그러므로 우리의 모든 생각, 말, 행동이 이를 반영해야 합니다. 결론적으로, 성화는 하나님의 은혜로 시작되고 이루어지지만, 우리의 적극적인 참여와 순종이 필요합니다. 우리는 그리스도와 연합된 새로운 정체성을 바탕으로, 날마다 하나님의 영광을 위하여 새 생명 가운데 살아가야 합니다.

2. 죄에 대하여 점점 더 죽는다는 말은 무엇이 어떻게 된다는 말일까요?

> ● 그러므로 땅에 있는 (　　　　)를 죽이라 곧 음란과 부정과 사욕과 악한 정욕과 탐심이니 탐심은 (　　　) (　　　)니라 (골 3:5)

설명 거룩하게 하심(성화)에서 "죄에 대하여 점점 더 죽는다"라는 말은 "땅에 있는 지체를 죽이라"라는 성경 구절과 연관됩니다. 이는 세상의 가치관과 욕망에서 벗어나, 우리의 옛 본성과 그에 따른 행동을 적극적으로 거부하는 것을 의미합니다. 이 과정은 겉으로 드러나는 행동뿐 아니라, 우리의 마음과 생각에서부터 시작됩니다. 바울이 탐심을 우상 숭배와 동일시한 점은 특히 주목할 만합니다. 이는 하나님 대신 다른 것들을 최고의 가치로 여기는 모든 태도를 가리킵니다. 이러한 '우상'은 물질주의, 성공에 대한 집착, 왜곡된 인간관계 등으로 나타날 수 있습니다. 결론적으로, 죄에 대하여 점점 더 죽는다는 것은 삶의 모든 영역에서 하나님의 뜻을 구하고 따르는 것을 의미합니다. 이 과정을 통해 우리는 그리스도의 형상을 더욱 닮아 가며, 궁극적으로 하나님의 영광을 드러내는 삶을 살게 됩니다.

3. 의에 대하여 점점 더 살게 하신다는 말은 무엇을 어떻게 하신다는 말일까요?

● 너희는 이 세대를 (   )받지 말고 오직 마음을 (   )롭게 함으로 (   )를 받아 하나님의 선하시고 기뻐하시고 온전하신 뜻이 무엇인지 (   )하도록 하라 (롬 12:2)

설명⁺ 거룩하게 하심(성화)에서 "의에 대하여 점점 더 살게 하신다"라는 말은 소극적 의미의 죄 회피를 넘어선 적극적이고 역동적인 의미의 영적 성장을 의미합니다. 그리스도인으로서 우리는 물질주의, 개인주의, 즉각적 만족 추구와 같은 세속적 가치관에 휩쓸리지 않아야 합니다. 대신, 하나님의 기준에 따라 우리의 사고방식, 가치관, 욕망이 근본적으로 변화되어야 합니다. 이는 단순히 종교적 규칙을 따르는 것이 아니라, 각 상황에서 하나님의 뜻을 깊이 고민하고 실천하는 것입니다. 이러한 분별력은 성경 공부, 기도, 영적 스승과의 대화, 그리고 믿음의 공동체(특히 가정과 교회) 안에서의 교제와 나눔을 통해 키울 수 있습니다. 결론적으로, 의에 대하여 점점 더 살게 하신다는 것은 하나님께서 우리로 하여금 하나님의 성품을 더욱 드러내며, 이 세상에서 하나님의 영광을 나타내는 살아 있는 증거가 되게 하신다는 것을 의미합니다.

적용 및 질문

1. 하나님의 형상을 닮아 간다는 것, 전인격에 걸쳐 새롭게 된다는 것, 새 사람이 된다는 것은 무슨 의미일까요? 구체적으로 어떤 것을 말하는 것인지 갈라디아서 5장 19–26절을 읽고서, '육체의 욕심'과 '성령의 소욕'을 비교하여 생각해 보고, 예를 들어 이야기해 봅시다.

2. 이 땅에 사는 동안은 우리에게 남아 있는 죄성이 계속해서 우리를 더럽힐 것입니다. 하나님께서 성화를 이루시니 나는 가만히 있으면 되는 것이 아닙니다. 하나님은 자기 백성에게 끊임없이 죄를 깨닫게 해 주시고, 거룩한 삶이 어떤 것인지 가르쳐 주십니다. 그때 우리는 무엇을 해야 할까요?

마무리

여러분, 우리는 이번 과에서 하나님께서 우리를 얼마나 존귀한 자로서 사랑하고 계신지를 배웠습니다. 하나님은 우리를 온전한 그분의 형상으로 새롭게 하시고, 죄를 죽이며 의에 대하여 살아가는 기쁨과 행복을 주셨습니다. 우리 사회는 끊임없이 자기 계발과 자아실현을 강조하면서 우리를 절망에 빠트립니다. 도덕적 상대주의로 죄에 대한 감각을 무너뜨리고, 자기감정과 자기 기준에 따라 살아가도록 만듭니다. 우리의 현실은 더욱더 물질주의, 이기주의, 개인주의로 넘쳐 납니다. 하지만 우리는 하나님의 은혜로 구별된 특별한 존재입니다. 하나님의 형상을 닮아 가는 존재로 부르심을 받았습니다. 다음과 같은 결단이 우리 가운데 있기를 바랍니다.

"나는 하나님의 은혜로 변화되는 존재임을 인정하고, 내 삶의 모든 영역에서 그분의 형상을 닮아 가기 위해 노력하겠습니다. 세상의 유혹과 도전 앞에서도 굳건히 서서, 죄에 대하여는 단호히 대응하고 의로운 삶을 적극적으로 추구하겠습니다. 이것은 단순히 개인의 성화를 위함이 아니라, 하나님의 사랑과 공의를 이 세상에 드러내기 위함임을 기억하겠습니다."

여러분, 명심하세요. 성화는 하나님의 은혜로 시작되지만, 우리의 적극적 삶의 변화를 요구합니다. 때로는 넘어지고 실패할 수 있습니다. 그래서 좌절하고 타협하고 싶을 때도 있습니다. 그러나 그때마다 우리를 일으켜 세우시는 하나님의 은혜가 있음을 잊지 마세요. 우리의 작은 노력에도 하나님은 기뻐하십니다. 그리고 우리를 도우십니다.

다음 과에서는 제36문답을 살펴보겠습니다. 기대하는 마음으로 다음 학습을 준비해 주시길 바랍니다! 그리고 우리가 지금까지 배운 성화의 과정이 실제로 우리 삶에 어떤 은혜를 가져오는지 거룩한 발걸음을 내디뎌 봅시다.

제29과
이 세상에서 얻는 여러 유익
(제36문답)

복습하기

우리는 지난 과에서 하나님께서 우리를 어떻게 전인격적으로 변화시키시는지에 관하여 공부했습니다. 그동안 죄에 대하여는 점점 더 죽고, 의에 대하여는 점점 더 살게 하시는 은혜를 경험했나요? 죄악 된 습관은 버리고, 공평과 정의와 사랑으로 숨 쉬며 살았나요? 거룩은 지속적이면서도 점진적인 과정임을 꼭 기억하시길 바랍니다. 지난 과에서 배웠던 내용을 떠올리면서 빈칸을 채워 봅시다.

제 35문 **거룩하게 하심(성화)이란 무엇입니까?**

What is sanctification?

답 **거룩하게 하심이란 하나님께서 (　)없이 베푸시는 (　　)의 사역으로서,① 우리의 (　　)(격)이 하나님의 (　　)을 따라 (　)롭게 되며,② (　)에 대하여는 점점 더 죽고 (　)에 대하여는 점점 더 살게 하시는 것입니다.③**

Sanctification is the work of God's free grace, whereby we are renewed in the whole man after the image of God, and are enabled more and more to die unto sin, and live unto righteousness.

①살후 2:13 ②엡 4:23-24 ③롬 6:4, 6; 8:1

들어가기

오늘 우리는 성령님의 효과적 부르심을 받는 자들이 이 세상에서 누리는 유익, 다섯 가지를 살펴보려고 합니다.

여러분이 가장 행복했던 순간은 언제였나요? 어떤 분은 좋아하는 가수의 콘서트나 스포츠 경기를 보고 왔을 때, 또 어떤 분은 힘들게 준비한 시험에서 좋은 성적을 받았을 때, 혹은 사랑하는 가족들과 함께하는 시간이라고 이야기할 수 있겠죠. 하지만 그 행복이 얼마나 오래 갔나요? 며칠? 아니면 몇 주?

우리가 사는 이 세상은 끊임없이 새로운 자극과 성취를 요구합니다. 학교에서는 더 높은 성적을, 사회는 더 큰 성공을 압박합니다. 이런 세상에서 우리는 종종 불안하고, 외롭고, 지치게 됩니다. 하지만 여러분, 일시적인 행복과 끊임없는 압박에서 벗어날 뿐 아니라, 우리의 삶을 완전히 뒤바꿀 힘이 있습니다. 그것은 바로 우리가 하나님의 사랑받는 자녀라는 사실입니다.

오늘 우리가 함께 공부할 웨스트민스터 소요리문답 제36문답은 우리가 이 세상에서 어떤 놀라운 유익을 얻는지, 그리고 그것이 어떻게 우리 삶의 가장 깊은 곳에서 우리를 변화시키는지를 말해 줍니다. 자, 이제 다 같이 또박또박 읽어 봅시다.

묻고 답하기

제36문 이 세상에서 의롭다 하심, 양자 삼으심, 그리고 거룩하게 하심으로부터 함께 얻게 되거나 따라오는 유익들은 무엇입니까?

What are the benefits which in this life do accompany or flow from justification, adoption, and sanctification?

답 이 세상에서 의롭다 하심, 양자 삼으심, 그리고 거룩하게 하심으로부터 함께 얻게 되거나 따라오는 유익들은 하나님의 사랑에 대한 확신, 양심의 평안,[1] 성령님 안에서의 기쁨,[2] 은혜의 증가,[3] 그리고 이 모든 유익 안에서 끝까지 굳게 견디는 것입니다.[4]

The benefits which in this life do accompany or flow from justification, adoption, and sanctification, are, assurance of God's love, peace of conscience, joy in the Holy Ghost, increase of grace, and perseverance therein to the end.

[1] 롬 5:1-2, 5 [2] 롬 14:17 [3] 잠 4:18 [4] 요일 5:13; 벧전 1:5

1. 다음의 질문에 대한 답을 해 봅시다. 그리고 문답에서 말하는 것과 비교해 봅시다.

　① 나의 가장 큰 기쁨: "지금 이 순간, 당신에게 가장 큰 기쁨을 주는 것은 무엇인가요?"
　② 나의 가장 큰 평안: "가장 평안을 느낄 때는 언제인가요?"
　③ 나의 가장 큰 소망: "앞으로의 삶에서 이루고 싶은 가장 큰 소망은 무엇인가요?"

2. 여러 가지 유익에 관한 OX 퀴즈

　① 칭의를 받은 신자는 하나님의 사랑에 대한 확신을 가질 수 있다. (O / X)
　② 양심의 가책으로 괴로워하는 것은 신자가 아닌 사람들의 특징이다. (O / X)
　③ 성령 안에서의 기쁨은 상황에 따라 변하지 않는다. (O / X)

④ 은혜는 한 번 받으면 더 이상 필요하지 않다. (O / X)

⑤ 믿음이 약해질 때도 끝까지 굳게 견딜 수 있는 것은 성령의 역사 때문이다. (O / X)

하나님의 사랑에 대한 확신

1. 하나님께서 의롭다고 칭하신 자녀는 거룩을 향해 살아가는 동안에 이 세상에서 하나님께서 주시는 사랑에 대한 확신을 누릴 수 있습니다. 구체적으로 이 사랑을 어떻게 알 수 있을까요?

- 하나님이 세상을 이처럼 (   )하사 독생자를 주셨으니 이는 그를 믿는 자마다 멸망하지 않고 영생을 얻게 하려 하심이라 (요 3:16)

- 소망이 우리를 부끄럽게 하지 아니함은 우리에게 주신 성령으로 말미암아 하나님의 (   )이 우리 (   )에 부은 바 됨이니 (롬 5:5)

- 내가 (   )하노니 사망이나 생명이나 천사들이나 권세자들이나 현재 일이나 장래 일이나 능력이나 높음이나 깊음이나 다른 어떤 피조물이라도 우리를 우리 주 그리스도 예수 안에 있는 하나님의 (   )에서 (   )을 수 없으리라 (롬 8:38–39)

설명⁺ 하나님은 우리에게 독생자를 주실 만큼 우리를 깊이 사랑하셨습니다. 우리는 예수님의 삶과 죽음, 부활을 묵상함으로써 하나님의 사랑을 가장 깊이 이해할 수 있습니다. 이 과정에서 성령님은 하나님의 사랑을 우리 마음에 부어 주십니다. 성경은 하나님의 변함없는 사랑을 반복해서 강조하고 있습니다. 마치 부모가 자녀에 대한 깊은 사랑과 관심을 보이는 것과 마찬가지입니다. 하나님께서 우리에게 주시는 사랑에 대한 확신은 단순한 감정이나 일시적인 경험이 아닙니다. 이는 말씀의 약속을 믿고, 예수 그리스도를 바라보며, 성령님께서 주시는 위로와 확신을 통해 형성되는 깊은 신뢰입니다.

양심의 평안을 누림

1. 하나님께서 의롭다고 하신 자녀는 거룩을 향해 살아가는 동안에 세상에서 다른 사람과 달리 양심의 평안을 누리게 됩니다. 그것은 구체적으로 무엇을 말하는 걸까요?

> ● 그러므로 우리가 믿음으로 의롭다 하심을 받았으니 우리 주 예수 그리스도로 말미암아 하나님과 (   )을 누리자 또한 그로 말미암아 우리가 믿음으로 서 있는 이 은혜에 들어감을 얻었으며 하나님의 영광을 바라고 즐거워하느니라 (롬 5:1–2)

설명⁺ 하나님의 자녀가 누리는 양심의 놀라운 평안은 하나님과 올바른 관계에서 오는 깊고 변함없는 안식을 의미합니다. 이 평안은 오직 예수 그리스도를 믿는 믿음을 통해서 얻어집니다. 우리는 더 이상 죄의 책임을 져야 할 필요가 없기 때문입니다. 그리스도의 십자가 사역으로 하나님과의 적대적 관계가 끝나고 은혜 안에서 화평을 이루었습니다. 우리의 실수나 실패가 이 관계를 무너뜨리지 않습니다. 그러므로 현재 어려움이나 고난이 있더라도, 우리는 하나님께서 하신 영광스러운 약속을 소망으로 바라볼 수 있습니다. 이 소망이 우리의 현재에 기쁨과 평안을 가져다줍니다. 결론적으로, 하나님께서 주시는 양심의 평안은 예수 그리스도를 통해 이미 주어진 선물임을 알 수 있습니다. 이러한 평안 속에서 우리는 진정한 자유와 기쁨을 누리며, 하나님의 영광을 위해 살아갈 수 있게 됩니다.

성령님 안에서 기쁨을 누림

1. 하나님께서 의롭다고 하신 자녀는 거룩함을 향해 살아가는 동안에 이 세상에서 성령님께서 주시는 기쁨을 누리게 됩니다. 그 기쁨은 구체적으로 무엇을 말하는 걸까요?

> ● 하나님의 나라는 먹는 것과 마시는 것이 아니요 오직 성령 안에 있는 의와 평강과 (   )이라 (롬 14:17)

- 한밤중에 바울과 실라가 (   )하고 하나님을 (   )하매 죄수들이 (   )더라 (행 16:25)

설명 우리는 세상이 주는 기쁨과 비교할 수 없는 성령님께서 주시는 기쁨을 평생 누릴 수 있습니다. 성령님께서 주시는 기쁨은 무엇보다 환경을 초월하는 특성이 있습니다. 바울과 실라가 감옥에 갇힌 극한 상황에서도 하나님께 기도하고 찬송했던 모습이 이를 잘 보여 줍니다. 우리가 어떤 어려움 가운데 있더라도, 이 성령의 기쁨은 우리 안에서 샘솟을 수 있습니다. 더욱이 바울과 실라의 찬송을 다른 죄수들이 들었다는 기록은 이 기쁨이 개인에게뿐만 아니라 타인에게도 영향을 미치는 것임을 보여 줍니다. 우리가 이 기쁨을 누릴 때, 그것은 자연스럽게 주변 사람들에게도 전달되어 그들도 하나님의 은혜를 경험하게 할 수 있습니다. 또한 이 기쁨은 하나님과 올바른 관계에서 오는 의로움의 확신, 그리고 그로 인한 내적 평안을 토대로 합니다. 이는 단순한 감정적 흥분이나 일시적인 만족과는 차원이 다른, 영혼 깊은 곳에서 우러나오는 기쁨입니다. 결론적으로, 성령님께서 주시는 기쁨은 하나님과 올바른 관계, 내적 평안, 그리고 영적 만족에서 오는 깊고 지속적인 기쁨입니다.

핵심 개념 정리 4

은혜의 증가

1. 하나님께서 의롭다고 하신 자녀는 거룩함을 향해 살아가는 동안에 이 세상에서 날마다 새로운 은혜를 경험합니다. 그 은혜는 구체적으로 무엇을 말하는 걸까요?

- 의인의 길은 돋는 (   ) 같아서 크게 (   )나 한낮의 (   )에 이르거니와 (잠 4:18)

설명 하나님의 자녀는 날마다 은혜 아래 살아갑니다. 매일 새롭게 떠오르는 태양의 햇살처럼, 점진적이지만 지속적인 성장을 통해 하나님의 은혜를 경험합니다. 이 은혜의 빛은 날이 갈수록 더 밝게 빛나, 하나님과의 관계가 더욱 친밀해지고 깊어집니다. 은혜는 한낮의 가장 밝은 빛처럼 우리의 삶에 영적 지혜와 분별력을 키워 줍니다. 이러한 은혜의 영향력은 개인의 삶을 넘어 가정과 직장, 사회 등 모든 공동체에서 선한 영향력으로 확장됩니다. 결론적으로, 하나님의 자녀가 경험하는 '날마다 새로운 은혜'는 단순히 외적인 복이 아니라, 우리의 내면이 지속적으로 변화되고 성장하게 됨을 의미합니다.

끝까지 굳게 견딤

1. 하나님께서 의롭다고 하신 자녀는 거룩함을 향해 살아가는 동안에 이 세상에서 어떤 어려움과 고난이 와도 믿음을 끝까지 지키며 견딜 수 있습니다. 왜 그럴까요?

- 내가 하나님의 아들의 이름을 믿는 너희에게 이것을 쓰는 것은 너희로 하여금 너희에게 (   )이 있음을 알게 하려 함이라 (요일 5:13)

- 너희는 (   )에 나타내기로 예비하신 구원을 얻기 위하여 믿음으로 말미암아 하나님의 능력으로 (   )하심을 받았느니라 (벧전 1:5)

설명⁺ 하나님의 자녀가 어떤 어려움에도 믿음을 끝까지 지키며 굳게 견딜 수 있는 이유는 현재의 어려움이 아무리 크더라도, 그것은 일시적이고 영원한 영광스러운 생명에 비하면 순간적임을 굳게 믿기 때문입니다. 그뿐 아니라, 우리 하나님은 자기 자녀를 모르는 체하지 않으시고 능력으로 지키시며 보호하십니다. 간혹 우리의 믿음이 흔들리고 약해질 때, 함께 그리스도를 바라보는 소망을 나누고 격려하는 공동체(가정, 교회)가 큰 힘이 됩니다. 결론적으로, 하나님의 자녀가 어려움과 고난에도 믿음을 지키고 견딜 수 있는 것은 단순히 개인의 의지나 능력 때문이 아닙니다. 이는 영생에 대한 확신이 하나님의 능력으로 보호를 받으며, 구원의 완성을 향해서 믿음의 공동체와 함께 나아가기 때문입니다. 하나님의 자녀는 그렇게 하나님을 소망하고 승리를 맛보며 살아갑니다.

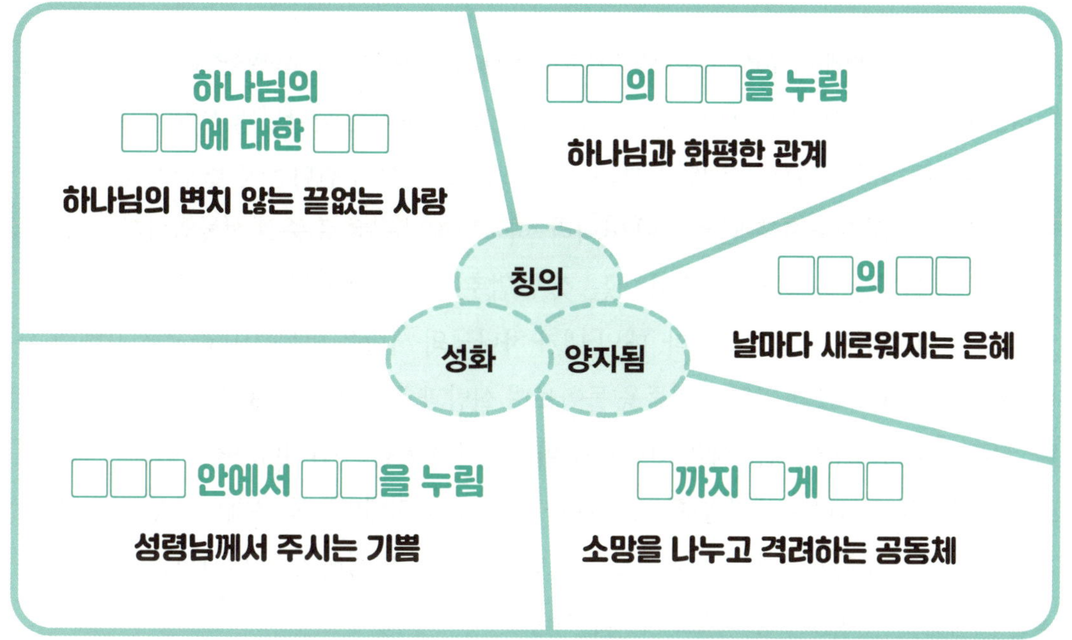

적용 및 질문

1. 여러분의 삶에서 가장 큰 불안이나 두려움은 무엇인가요? 이번 과에서 배운 내용 중 어떤 부분이 이 불안을 극복하는 데 도움이 될 수 있을까요?

2. 하나님께서 주시는 평안과 기쁨을 누리는 사람은 은혜가 계속해서 커져 갑니다. 이것이 바로 영적 성장입니다. 영적으로 성장하면 환경에 관계없이 행복과 감사가 넘치는 삶을 살게 됩니다. 여러분도 이런 경험을 한 적이 있나요?

마무리

여러분, 이번 과에서 우리는 하나님의 자녀로서 누리는 놀라운 특권들에 관하여 배웠습니다. 의롭다 하심, 양자 삼으심, 거룩하게 하심을 통해 우리는 하나님의 사랑에 대한 확신, 양심의 평안, 성령 안에서의 기쁨, 은혜의 증가, 그리고 끝까지 견디는 힘을 얻게 됩니다. 이 모든 것은 우리의 노력으로 얻은 것이 아니라, 하나님께서 은혜로 주신 선물입니다.

이제, 이 놀라운 특권들을 단순히 아는 것에 멈추어서는 안 됩니다. 우리의 일상에서 어떻게 살아 낼 것인가가 중요합니다. 매일 내가 하나님의 사랑을 받는 자녀라고 선포해 봅시다. 하루를 마칠 때 그날 있었던 일들을 돌아보며 실망과 두려움을 떨쳐 내고 평안을 누립시다. 모든 상황을 주관하시는 삼위 하나님을 바라보며 기쁨을 누립시다. 매일 어둠을 몰아내고 따사로움을 선물하는 태양 빛처럼, 은혜가 우리 삶을 지배하도록 은혜의 수단(말씀, 성례, 기도)을 부지런히 사용합시다. 마지막으로 고난과 고통은 영원히 누릴 영광과 비교할 수 없음을 기억하며 하나님의 능력으로 이겨 냅시다.

이 일이 쉽지는 않을 것입니다. 때로는 실패와 좌절 속에서 꽤 오랜 시간을 보낼 수도 있습니다. 그러나 우리는 혼자가 아닙니다. 하나님의 은혜와 성령의 도우심, 그리고 믿음의 공동체가 함께한다는 사실을 기억하시길 바랍니다.

다음 과에서는 하나님의 사랑이 이 세상에서 끝나지 않고 영원까지 이어진다는 놀라운 사실을 배우게 될 것입니다.

구원의 선물, 내 삶을 채우는 하나님의 은혜

하나님의 구원은 단순히 우리를 죄에서 건져 내는 것에서 끝나지 않습니다. 구원에는 우리의 삶을 이전과 비교할 수 없이 풍성하고 아름답게 만드는 놀라운 선물들이 함께 따라옵니다. 이 선물들을 마음에 품을 때, 우리의 신앙 여정은 깊은 안정감과 기쁨, 그리고 흔들리지 않는 소망으로 빛나게 됩니다.

1. 나의 존재를 감싸는 '하나님의 사랑'. 우리는 세상의 평가나 나의 연약함과 상관없이, 하나님의 무조건적인 사랑을 받는 자녀임을 확신합니다. 이 사랑은 우리 존재의 뿌리가 되어, 어떤 상황에서도 담대하게 살아갈 용기를 줍니다. 또한 실패의 상처를 치유하고 다시 나아가게 하는 가장 강력한 힘이 됩니다.

2. 내 영혼의 닻, '흔들리지 않는 평안'. 예수님 안에서 의롭다는 선언을 받은 우리는 더 이상 과거의 죄책감이나 미래의 심판에 대한 두려움에 시달리지 않습니다. 이 깨끗한 양심에서 오는 깊은 평안은 우리 내면의 폭풍을 잠재우고, 하나님과 이웃 앞에 진실하고 자유롭게 설 수 있도록 도와줍니다.

3. 마르지 않는 샘, '성령 안의 기쁨'. 성령님께서 주시는 기쁨은 환경에 따라 변하는 세상의 행복과는 다릅니다. 이것은 구원의 감격과 하나님과의 친밀함에서 샘솟는 그 누구도 빼앗을 수 없는 기쁨입니다. 이 기쁨은 힘든 시간 속에서도 우리에게 감사의 노래를 부르게 하며, 신앙에 생생한 활력을 불어넣습니다.

4. 나를 자라게 하는 '은혜의 성장'. 하나님의 자녀가 된 우리는 그분의 은혜 안에서 가만히 머물러 있지 않고, 날마다 예수님을 닮아 자라납니다. 하나님은 말씀을 통해 우리를 가르치시고, 기도로 우리를 더 깊은 관계로 이끄십니다. 또한 삶의 모든 경험을 사용하셔서 우리를 그분의 형상으로 빚어 가십니다. 이 성장의 과정에서 우리는 죄를 이기고 사명을 감당할 능력을 얻습니다.

5. 나를 놓지 않으시는 '하나님의 영원한 약속(성도의 견인)'. 우리의 구원은 하나님께서 시작하셨고, 하나님께서 완성하실 것입니다. 하나님은 한 번 자녀로 삼으신 사람의 손을 결코 놓지 않으십니다. 견디고 인내하게 하십니다. 천국에 이르기까지 그분의 능력으로 우리를 지키고 이끌어 주십니다. 그래서 내가 연약하여 넘어져도 괜찮습니다. 나보다 강하신 그분의 신실한 손이 나를 붙들고 계시기 때문입니다.

결론적으로, 우리 삶을 바꾸는 이 놀라운 선물들은 각각 따로 움직이는 것이 아니라, 하나로 어우러져 우리를 총체적으로 변화시킵니다. 이 모든 것이 값없이 주어진 하나님의 은혜임을 고백할 때, 우리의 삶은 자연스럽게 감사와 찬양이 넘치고, 세상을 향한 사랑의 섬김으로 나아가게 됩니다.

죽을 때 얻는 여러 유익
(제37문답)

복습하기

우리는 지난 과에서 하나님의 은혜의 선물인 의롭다 하심, 양자 삼으심, 거룩하게 하심을 통해 얻게 되는 유익들에 관하여 공부했습니다. 이를 통해 우리는 하나님의 사랑에 대한 확신, 양심의 평안, 성령 안에서의 기쁨, 은혜의 증가, 그리고 끝까지 견디는 힘을 얻게 됨을 배웠습니다. 한 주간 하나님께서 주시는 삶의 복들을 많이 누리셨나요? 지난 과에서 배웠던 내용을 떠올리며 빈칸을 채워 봅시다.

제 36문 이 세상에서 의롭다 하심, 양자 삼으심, 그리고 거룩하게 하심으로부터 함께 얻게 되거나 따라오는 유익들은 무엇입니까?

What are the benefits which in this life do accompany or flow from justification, adoption, and sanctification?

답 이 세상에서 의롭다 하심, 양자 삼으심, 그리고 거룩하게 하심으로부터 함께 얻게 되거나 따라오는 유익들은 하나님의 (   )에 대한 확신, 양심의 (   ),[1] 성령님 안에서의 (   ),[2] 은혜의 (   ),[3] 그리고 이 모든 유익 안에서 끝까지 굳게 (   )디는 것입니다.[4]

The benefits which in this life do accompany or flow from justification, adoption, and sanctification, are, assurance of God's love, peace of conscience, joy in the Holy Ghost, increase of grace, and perseverance therein to the end.

①롬 5:1-2, 5 ②롬 14:17 ③잠 4:18 ④요일 5:13; 벧전 1:5

들어가기

여러분이 가장 좋아하는 책이나 영화의 결말을 떠올려 보세요. 주인공이 모든 어려움을 이겨 내고 마침내 행복한 결말을 맞이하는 순간, 여러분의 마음은 어떤가요? 기쁨? 안도감? 아니면 뭔가 더 있거나 반전이 있을 것 같은 기대감이 있나요?

우리의 인생도 하나의 이야기와 같아요. 때로는 기쁘고, 때로는 슬프고, 때로는 힘든 순간들로 가득 차 있죠. 하지만 우리의 이야기에는 놀라운 점이 하나 있습니다. 그것은 바로 우리 이야기의 '끝'이 사실은 진정한 '시작'이라는 것입니다.

'죽음'이라는 단어는 많은 사람에게 유쾌하지 않은 두려움과 불안을 줍니다. 그러나 그리스도를 믿는 우리에게 죽음은 어떤 의미일까요? 그것은 정말로 '끝'일까요? 아니면 더 위대한 무언가의 시작일까요?

자, 이제 함께 이 놀라운 '끝'이 아닌 '시작'에 대해 알아봅시다. 죽을 때 우리의 영혼과 몸에 무슨 일이 일어나는지, 그리고 우리가 왜 죽음을 두려워할 필요가 없는지 함께 살펴보겠습니다. 이제 다 같이 웨스트민스터 소요리문답 제37문답을 크게 읽어 봅시다.

묻고 답하기

제37문 신자는 죽을 때 그리스도로부터 어떤 유익들을 얻습니까?

What benefits do believers receive from Christ at death?

답 신자가 죽을 때, 그들의 영혼은 완전히 거룩하게 되어 [1] 즉시 영광으로 들어가며, [2] 그들의 몸은 여전히 그리스도와 연합된 채로 [3] 부활할 때까지 [4] 무덤에서 편히 쉽니다. [5]

The souls of believers are at their death made perfect in holiness, and do immediately pass into glory; and their bodies, being still united to Christ, do rest in their graves till the resurrection.

①히 12:23 ②눅 23:43; 고후 5:1, 6, 8; 빌 1:23 ③살전 4:14 ④욥 19:26-27 ⑤사 57:2

1. 다음 물음에 답하세요.

① 죽지 않고 하나님께서 데려가신 사람은 누구입니까? (ㅇ ㄴ , 창 5:24)
② 마른 뼈가 살아나는 환상을 본 선지자는 누구입니까? (ㅇ ㅅ ㄱ , 겔 37장)
③ 성경에서 최초로 죽은 사람은 누구입니까? (ㅇ ㅂ , 창 4장)
④ 돌에 맞아 죽고, 죽기 전에 그리스도의 환상을 본 인물은 누구입니까? (ㅅ ㄷ ㅂ , 행 7장)
⑤ 예수님께서 죽은 지 4일이나 되었어도 살려 낸 사람은? (ㄴ ㅅ ㄹ , 요 11장)

2. 죽음에 관한 OX 퀴즈

① 신자는 죽으면 곧바로 천국에 가서 하나님과 영원히 함께하게 된다. (O / X)
② 신자의 몸은 죽은 후 부활할 때까지 무덤에서 잠자고 있다. (O / X)
③ 불신자는 죽으면 지옥에 가서 영원한 고통을 받는다. (O / X)
④ 신자의 영혼은 죽을 때 완전히 거룩해진다. (O / X)
⑤ 신자의 몸은 부활할 때 완전히 변화되어 영광스러운 몸으로 변한다. (O / X)

영혼은 완전히 거룩하게 됨

1. 신자가 죽으면 그의 영혼은 어떻게 될까요?

- 하늘에 기록된 장자들의 모임과 교회와 만민의 심판자이신 하나님과 및 (   )하게 된 의인의 영들과 (히 12:23)

설명⁺ 신자가 죽으면 그의 영혼은 죄로부터 완전히 자유로워집니다. 이 세상의 모든 고통, 슬픔, 염려로부터 해방되고 이 세상에서 그가 경험하던 죄의 유혹과 갈등도 더 이상 없게 됩니다. 그때부터 그의 영혼은 낙원에서 하나님과 직접 대면하게 되어 이 땅에서 거울로 보는 것같이 희미하던 관계에서 벗어나 더욱 친밀하게 됩니다. 또한 이 땅에서 경험하지 못한 완전한 교회의 형태를 마주하게 되고, 진정한 천국의 교회인 장자들의 모임에 들어가게 됩니다. 결론적으로 신자는 죽으면 낙원, 즉 아브라함의 품에 안기고(눅 16장, 나사로의 비유) 그의 영혼은 완전히 거룩하게 되어 즉시 영광스러운 상태로 변화됩니다.

몸은 그리스도와 연합되어 부활할 때까지 무덤에서 쉼

1. 신자가 죽으면 그의 몸은 어떻게 될까요?

- 우리가 담대하여 원하는 바는 차라리 몸을 떠나 (   ) (   ) 있는 그것이라 (고후 5:8)

- 그들은 (   )에 들어갔나니 바른길로 가는 자들은 그들의 침상에서 (   ) (   ) (사 57:2)

- 우리가 예수께서 죽으셨다가 다시 살아나심을 믿을진대 이와 같이 (   ) (   )에서 (   )는 자들도 하나님이 그와 (   ) 데리고 오시리라 (살전 4:14)

- 만일 땅에 있는 우리의 장막 집이 무너지면 하나님께서 지으신 집 곧 손으로 지은 것이 아니요 (   )에 있는 (   )한 (   )이 우리에게 있는 줄 아느니라 (고후 5:1)

- 예수께서 이르시되 내가 진실로 네게 이르노니 오늘 네가 (   ) (   ) (   )에 있으리라 하시니라 (눅 23:43)

설명+ 신자가 죽으면 그의 몸은 영혼과 일시적으로 분리되어 땅에 남습니다. 이것은 매장이나 화장과 상관이 없습니다. 성경은 이런 몸의 상태를 "침상에서 편히 쉬는 잠자는 안식 상태"로 비유합니다. 물론, 몸은 자연스럽게 부패 과정을 겪어 흙으로 돌아갑니다. 하지만 몸은 완전히 분해되어 사라지는 것이 아니라, 그리스도와 같이 완전한 모습(손으로 지은 집이 아니라 하늘에 있는 영원한 집)으로 변화할 부활의 때를 기다리는 상태입니다. 결론적으로, 신자가 죽으면 그의 몸은 영혼과 분리되어 무덤에서 잠자는 상태로 미래에 있을 영광스러운 변화를 준비하고 있습니다.

2. 신자가 아닌 사람이 죽으면 어떻게 될까요?

- 또 천국은 마치 바다에 치고 각종 물고기를 모는 그물과 같으니 그물에 가득하매 물 가로 끌어내고 앉아서 좋은 것은 그릇에 담고 못된 것은 내버리느니라 세상 (   )에도 이러하리라 천사들이 와서 의인 중에서 (   )을 (   )라내어 풀무 (   )에 던져 넣으리니 거기서 (   )며 이를 갈리라 (마 13:47–50)

- 그가 (   )에서 (   ) 중에 눈을 들어 멀리 아브라함과 그의 품에 있는 나사로를 보고 불러 이르되 아버지 아브라함이여 나를 긍휼히 여기사 나사로를 보내어 그 손가락 끝에 물을 찍어 내 혀를 서늘하게 하소서 내가 이 불꽃 가운데서 (   )하나이다 (눅 16:23–24)

설명+ 신자가 아닌 사람도 신자와 마찬가지로 죽음과 동시에 영혼과 몸이 분리됩니다. 하지만 신자와 달리, 그들의 영혼은 '하데스' 또는 '음부'라 불리는 곳에서 의식이 있는 채로 고통받으며 그리스도의 재림과 최후의 심판 때를 기다리게 됩니다. 또한 몸은 신자와 마찬가지로 무덤에 있지만, 그리스도와 분리된 채로 안식이 아닌 고통과 불안의 상태로 있게 됩니다.

3. 그리스도께서 우리를 위해 돌아가셨고, 부활하셨습니다. 그런데 우리는 왜 또 죽어야 할까요?

설명 이미 살펴본 것과 같이, 신자의 육체적 죽음은 형벌이 아닙니다. 오히려 완전한 영광으로 들어가는 관문입니다. 우리의 육체적 생명은 성화의 과정을 겪는 시간이었습니다. 이제 죽음은 죄짓는 것을 멈추게 하며 우리를 완전한 거룩함으로 인도합니다. 궁극적으로 무덤에서의 안식은 새로운 하늘과 새 땅에서 받게 될 새로운 몸을 위한 준비 과정입니다. 결론적으로 신자의 죽음은 끝이 아닙니다. 우리는 이미 영적으로 영생을 얻었지만, 죽음을 통해 그 영생의 완전한 실현으로 나아갑니다. 이 모든 것은 하나님의 놀라운 구원 계획의 일부이며, 우리를 거룩함과 영광으로 인도하는 과정입니다.

신자가 죽을 때 얻는 유익	영혼	완전히 ( )하게 됨
		즉시 ( )의 상태로 변화됨
	몸	여전히 ( )와 연합됨
		편히 ( )에서 쉬게 됨

적용 및 질문

1. 현대 사회는 종종 즉각적인 만족과 현세적인 성공을 강조합니다. 그러나 우리가 이 세상에서 삶을 마칠 때 곧바로 "영광으로 들어간다"라는 것을 믿는다면, 현재의 어려움이나 고통이 다르게 보일 수 있습니다. 어떻게 다르게 바라볼 수 있을까요? 이러한 믿음이 여러분의 일상생활의 선택에 어떤 영향을 미칠 수 있을까요?

2. 우리의 몸이 "그리스도와 연합된 채로" 있다는 사실은 여러분의 신체 이미지나 건강 관리 방식에 어떤 변화를 줄 수 있을까요? 이를 바탕으로 현대 사회의 외모 지상주의나 육체 중심적 문화를 어떻게 비판적으로 바라볼 수 있을까요?

마무리

　여러분, 우리는 오늘 신자의 죽음에 관한 놀라운 진리를 배웠습니다. 죽음은 끝이 아닌 새로운 시작이며, 두려움의 대상이 아닌 소망의 문턱임을 알게 되었습니다. 우리는 죽을 때 영혼이 완전히 거룩하게 되어 즉시 영광으로 들어간다는 사실을 배웠는데, 이는 우리가 현재 겪고 있는 모든 영적 투쟁과 불완전함이 순간적으로 해결된다는 놀라운 약속입니다. 동시에 우리의 몸은 그리스도와 여전히 연합된 채로 무덤에서 안식을 취하며 부활의 날을 기다립니다. 이는 우리의 육체적 존재도 중요하며, 궁극적으로 온전한 회복을 경험하게 될 것임을 보여 줍니다.

　이제 우리는 영원한 관점에서 삶을 바라봐야 합니다. 우리의 일상적인 선택과 결정, 우리가 추구하는 가치와 목표에 변화가 있어야 합니다. 즉각적인 만족과 이 세상의 삶을 유일한 기쁨으로 여기지 말아야 합니다. 모든 결정에 영원한 관점을 고려해야 합니다. 그리고 우리가 만나는 모든 사람에게 그리스도에게 있는 소망의 복음을 소개하길 바랍니다. 영원한 형벌, 사망의 심판에서 벗어날 수 있는 유일한 소망인 그리스도를 소개합시다.

　다음 과에서는 웨스트민스터 소요리문답 전반부의 마지막인 제38문답을 살펴보려고 합니다. 신자가 부활할 때에 그리스도로부터 어떤 유익을 얻게 되는지를 공부하게 되는데, 이는 이번 과에서 우리가 배운 내용의 연장선상에 있으며, 우리의 소망이 어떻게 완성되는지를 보여 줍니다. 영광스러운 부활의 약속을 기대하며, 더욱 깊어질 우리 믿음의 여정을 기대해 주시길 바랍니다.

신자의 죽음, 가장 영광스러운 귀향

신자가 죽을 때 어떤 놀라운 유익을 얻게 될까요? 그것을 아는 것은 낯선 길의 끝에 가장 따뜻한 '우리 집'이 있다는 사실을 아는 것과 같습니다. 이 진리는 죽음에 대한 막연한 두려움을 희망의 빛으로 바꾸어 줍니다. 또한 오늘을 살아가는 모든 순간에 영원한 의미를 더해 줍니다.

1. **두려움이 아닌, 평안으로 죽음을 맞이합니다.** 신자에게 죽음은 모든 것의 끝이 아닙니다. 이 땅의 모든 수고를 마치고 아버지의 품으로 돌아가는 영광스러운 시작입니다. 더 이상 패배나 소멸이 아니라, 주님과의 완전한 만남으로 들어가는 '가장 큰 승리'임을 알기에, 우리는 죽음의 공포에서 벗어나 참된 평안을 누릴 수 있습니다.

2. **오늘의 고난을 이겨 낼 힘을 얻습니다.** 지금 우리가 겪는 아픔과 슬픔은 장차 누리게 될 영원한 영광과는 비교할 수 없습니다. 완전한 안식과 치유가 우리를 기다린다는 소망이 있습니다. 이 소망은 현재의 어려움을 믿음으로 이겨 낼 가장 큰 위로와 능력이 됩니다.

3. **무엇이 중요한지 깨닫고, 가치 있게 살아갑니다.** 이 땅의 삶이 영원을 위한 준비 과정임을 알면, 삶의 우선순위가 자연스럽게 바뀝니다. 사라질 세상의 것들에 집착하기보다 영원한 가치를 지닌 사랑, 거룩, 그리고 하나님과의 관계를 더욱 소중히 여기게 됩니다. 하루하루를 더욱 의미 있게 사용하며, 하나님을 기쁘시게 하는 삶을 살고자 노력하게 됩니다.

4. **거룩한 삶을 향한 기쁜 열망이 생깁니다.** 우리는 장차 주님 앞에서 온전히 거룩한 모습으로 서게 될 것입니다. 이 소망은 오늘을 살아가는 우리에게 거룩한 삶을 향한 열망을 줍니다. 죄와 싸우고 성령님을 의지하는 하루하루의 노력이, 장차 누릴 영광을 기쁘게 준비하는 과정이 되는 것입니다.

5. **이별의 슬픔 속에서 참된 위로를 받습니다.** 먼저 주님의 품에 안긴 사랑하는 사람들은 결코 사라진 것이 아닙니다. 우리보다 먼저 '고향 집'에 도착해 영광 가운데 쉬고 있습니다. 우리의 헤어짐은 영원한 이별이 아니며, 주님 안에서 다시 만날 날이 있음을 믿습니다. 이 소망으로 우리는 슬픔 속에서도 서로를 위로할 수 있습니다.

6. **주님 만날 날을 기쁨으로 기다립니다.** 죽음은 드디어 사랑하는 주님의 얼굴을 직접 뵙는 순간입니다. 이 사실을 알기에, 우리는 그날을 두려움이 아닌 설렘으로 기다릴 수 있습니다. 물론 이 땅의 삶도 귀하지만, 우리의 가장 큰 소망은 주님과 영원히 함께하는 것입니다. 이 기다림은 우리의 신앙을 더욱 생생하고 뜨겁게 만듭니다.

결론적으로, 신자의 죽음에 대한 복된 진리는 우리를 죽음의 공포에서 해방시켜 주어 영원한 소망을 품게 합니다. 또한 현재의 삶을 더욱 목적 있고 가치 있게 살도록 이끌며, 고난 속에서는 인내를, 슬픔 속에서는 위로를, 그리고 일상에서는 거룩함을 향한 기쁨의 가장 복된 소식입니다.

부활할 때 얻는 여러 유익
(제38문답)

복습하기

우리는 지난 과에서 누구나 두려워할 뿐만 아니라, 아쉬움과 이별의 고통으로부터 헤어나오기 힘든 '죽음'에 관하여 공부했습니다. 신자에게 죽음은 공포가 아니라 평화입니다. 신자가 죽으면 그 영혼이 완전히 거룩하게 되어 즉시 영광의 상태로 변화되기 때문입니다. 또한 신자의 몸은 부활할 때까지 무덤에서 안식하지만, 여전히 그리스도와 연합되어 있기 때문입니다. 이 고백은 장례식장에서 매번 떠올려야 할 귀중한 진리입니다. 다시 기억을 더듬어 문답을 고백하는 마음으로 빈칸을 채워 봅시다.

제37문 신자는 죽을 때 그리스도로부터 어떤 유익들을 얻습니까?

What benefits do believers receive from Christ at death?

답 신자가 죽을 때, 그들의 영혼은 완전히 (   )하게 되어① (   ) 영광으로 들어가며,② 그들의 (   )은 여전히 그리스도와 (   )된 채로③ (   )할 때까지④ 무덤에서 편히 (   )니다.⑤

The souls of believers are at their death made perfect in holiness, and do immediately pass into glory; and their bodies, being still united to Christ, do rest in their graves till the resurrection.

①히 12:23 ②눅 23:43; 고후 5:1, 6, 8; 빌 1:23 ③살전 4:14 ④욥 19:26−27 ⑤사 57:2

들어가기

잠시 우리 주변을 둘러싼 세상을 생각해 봅시다. 불확실한 미래, 끊임없는 경쟁, 기후 위기, 질병의 위협, 전쟁의 공포, 이념의 갈등, 이 모든 것이 우리를 압도하고 불안하게 만들지 않나요? 우리는 종종 "이게 전부일까?", "내 인생에 어떤 의미가 있을까?"라고 되묻곤 합니다. 그런데 오늘 우리가 함께 공부할 웨스트민스터 소요리문답 제38문답은 이러한 우리의 고민에 대한 놀라운 답변을 제시합니다. 이는 뻔한 이야기가 아니라, 누구도 해결할 수 없는 미래의 문제에 대해 소망과 진정한 행복이라는 답을 제공해 줍니다.

우리의 삶은 지금 보이는 게 전부가 아닙니다. 그리스도 안에 있는 우리의 가치는 세상의 기준으로 평가받을 수 없습니다. 우리 각자에게는 삼위 하나님께서 준비하신 영광스러운 미래가 있으며, 우리의 모든 수고와 고난은 절대 헛되지 않을 것입니다. 부활에 대한 소망은 현재의 어려움을 견디게 하는 힘이 되며, 동시에 우리가 더 나은 세상을 만들어 가게 하는 원동력이 됩니다. 이는 단순히 "나중에는 더 좋아질 거야"라는 막연한 위로가 아니라, 우리의 현재 삶에 깊은 의미와 목적을 부여합니다.

자, 이제 함께 이 놀라운 약속에 관하여 자세히 알아봅시다. 상 권의 마지막 문답입니다. 너무나도 기쁘고 복된 소식입니다. 큰 목소리로 다 같이 읽어 봅시다.

묻고 답하기

제 38문 신자는 부활할 때 그리스도로부터 어떤 유익들을 얻습니까?

What benefits do believers receive from Christ at the resurrection?

답 신자는 부활할 때, 영광 중에 다시 일으킴을 받아,[①] 심판의 날에 공개적으로 인정받고 무죄 선언을 받으며,[②] 영원토록 하나님을 온전히 즐거워하는 완전한 복을 받게 됩니다.[③]

At the resurrection, believers being raised up in glory, shall be openly acknowledged and acquitted in the day of judgement, and made perfectly blessed in the full enjoying of God to all eternity.

①고전 15:43 ②마 10:32; 25:23 ③고전 13:12; 살전 4:17–18; 요일 3:2

1. 예수님께서 부활시키신 사람은 누구일까요?

① 나인 성 과부의 (ㄷ ㅈ) : 누가복음 7장, 예수님께서 행하신 첫 번째 부활 사건입니다. 이 사건은 예수님의 긍휼과 예수님께 생명을 살리는 능력이 있음을 보여 줍니다.

② 야이로의 (ㄸ) : 마가복음 5장과 누가복음 8장, 예수님께서 죽은 지 얼마 되지 않은 이를 살리신 사건입니다. 죽음을 정복하시는 예수님의 권능을 보여 줍니다.

③ (ㄴ ㅅ ㄹ) : 요한복음 11장, 예수님께서 죽은 지 나흘 된 사람을 살리신 사건은 가장 유명한 부활 사건 중 하나입니다. 예수님이 생명의 주이시며 죽음을 이기시는 분임을 분명하게 보여 줍니다.

2. 부활에 대한 OX 퀴즈

  ① 모든 사람은 죽은 후 부활한다. (O / X)
  ② 신자의 부활은 육체의 부활이다. (O / X)
  ③ 부활 후에는 더 이상 죽음이 없다. (O / X)
  ④ 예수님의 부활은 모든 신자의 부활의 보증이다. (O / X)
  ⑤ 부활은 미래에 일어날 사건이다. (O / X)

핵심 개념 정리 1

무덤에서 일으킴받음

1. 신자가 부활하게 되면 몸은 어떻게 될까요?

> ● 죽은 자의 부활도 그와 같으니 (   )을 것으로 심고 썩지 아니할 것으로 다시 (   )아나며 욕된 것으로 심고 (   )스러운 것으로 다시 (   )아나며 약한 것으로 심고 (   )한 것으로 다시 살아나며 육의 몸으로 심고 (   )한 몸으로 다시 살(   )나나니 (   )의 몸이 있은즉 또 (   )의 몸도 있느니라 (고전 15:42–44)

설명+ 신자가 죽으면 영혼과 몸이 분리되어 영혼은 즉시 영광 중에 들어가고, 몸은 그리스도와 연합된 채로 무덤에서 안식하고 있습니다. 그리고 그리스도께서 다시 재림하여 부활의 때가 되면, 몸은 무덤에서 썩지 않을 몸으로 다시 일으킴을 받습니다. 하나님의 영광을 반영하는 완전한 몸이 됩니다. 우리 몸은 강한 것으로 다시 살아나, 모든 약점과 한계를 초월한 능력을 갖춥니다. 그 몸은 신령한 몸으로서, 현재 몸의 물리적 한계를 넘어서는 영적 특성을 가지게 됩니다.

2. 부활하여 입게 될 변화된 몸이 우리에게 주는 의미는 무엇일까요?

- 그러나 우리의 (   )은 하늘에 있는지라 거기로부터 구원하는 자 곧 주 예수 그리스도를 기다리노니 그는 만물을 자기에게 복종하게 하실 수 있는 자의 역사로 우리의 낮은 몸을 자기 (   )의 몸의 형체와 같이 (   )하게 하시리라 (빌 3:20–21)

- 형제들아 자는 자들에 관하여는 너희가 알지 못함을 우리가 원하지 아니하노니 이는 소망 없는 다른 이와 같이 (   )하지 않게 하려 함이라 (살전 4:13)

- 그러므로 우리가 낙심하지 아니하노니 우리의 (   )사람은 낡아지나 우리의 (   )사람은 날로 (   )지도다 (고후 4:16)

설명+ 부활의 몸에 대한 이해는 우리의 현재 삶에 큰 의미를 가져다줍니다. 이는 우리에게 현재의 육체적 고통과 한계가 일시적임을 알려 주는 희망이 되며, 완전한 몸에 대한 약속을 떠올리게 합니다. 또한 사랑하는 이의 죽음 앞에서도 그들이 더 나은 몸으로 부활할 것이라는 확신으로 우리를 위로합니다. 동시에 우리의 현재 몸이 부활할 몸의 씨앗임을 인식하게 하여, 이 몸을 소중히 여기고 잘 돌봐야 할 책임감을 일깨워 줍니다. 이러한 관점은 우리가 잠깐 입고 있는 육체의 아름다움이나 능력보다는 영원한 가치에 더 집중하게 만들어 줍니다. 마지막으로, 미래의 영광스러운 몸이 전적으로 하나님의 은혜로 주어진다는 사실을 기억하며 우리를 겸손하게 만듭니다. 이렇게 부활의 몸에 대한 이해는 우리의 현재 삶에 희망, 위로, 책임감, 영원한 가치, 그리고 겸손을 가져다주어 우리의 삶의 방식을 근본적으로 변화시킵니다.

심판 날에 공개적으로 무죄 선언을 받음

1. 그리스도께서 재림하시면 누구든지 그리스도의 심판대 앞에 서야 합니다. 이때, 신자는 어떻게 될까요?

- 누구든지 사람 앞에서 나를 (   )하면 나도 하늘에 계신 내 아버지 앞에서 그를 (   )할 것이요 (마 10:32)

- 그 주인이 이르되 잘하였도다 착하고 충성된 종아 네가 적은 일에 (   )하였으매 내가 많은 것을 네게 맡기리니 네 주인의 (   )에 (   )할지어다 하고 (마 25:23)

- 이는 우리가 다 반드시 그리스도의 (   ) 앞에 나타나게 되어 각각 (   )간에 그 몸으로 (   )한 것을 따라 받으려 함이라 (고후 5:10)

설명⁺ 신자든 신자가 아닌 사람이든 이미 죽은 신자들은 부활하고, 살아 있는 자들은 즉시 변화될 것입니다. 그리고 모든 사람은 그리스도의 심판대 앞에 서게 됩니다. 이때 각자 선악 간에 그 몸으로 행한 것을 따라 선고를 받습니다. 공의로 심판하시는 하나님 앞에서, 신자는 그리스도께서 변호사가 되어 주셔서 죄를 가리고 변호를 받지만, 신자가 아닌 사람은 스스로 자기 행위(말과 행동)에 따라 영원한 형벌, 사망의 심판을 받습니다. 물론, 신자들도 자기의 행위대로 심판을 받으면 유죄 판결을 받을 것입니다. 그러나 예수 그리스도의 '의'를 전가받은 덕분에 공개적으로 영광과 존귀와 평강이 깃든 영생의 판결을 받게 됩니다. 결론적으로, 그리스도의 심판대 앞에 서는 것은 신자들에게 두려움이 아니라 영광스러운 순간이 될 것입니다. 이는 우리가 현재 겪는 모든 고난과 불완전함이 완전히 해결되고, 하나님과의 관계가 완성되는 순간이 될 것입니다.

핵심 개념 정리 3

하나님을 영원토록 즐거워하는 완전한 복을 받음

1. 신자가 부활할 때 받는 완전한 복은 무엇일까요?

- 우리가 지금은 (   )로 보는 것같이 희미하나 그때에는 얼굴과 (   )을 대하여 (   ) 것이요 지금은 내가 부분적으로 아나 그때에는 주께서 나를 아신 것같이 내가 (   )히 (   )리라 (고전 13:12)

- 그 후에 우리 살아남은 자들도 그들과 함께 구름 속으로 끌어 올려 (   )에서 주를 (   )하게 하시리니 그리하여 우리가 항상 (   )와 함께 있으리라 그러므로 이러한 말로 서로 (   )하라 (살전 4:17-18)

설명⁺ 신자가 성령을 통해 거듭나서 그리스도와 연합된다고 할지라도, 이 땅에서 누리는 하나님과의 교제는 제한적이고 간접적일 수밖에 없습니다. 하지만 부활할 때는 하나님의 얼굴을 대하듯 직접 경험하는 복을 누릴 것입니다. 하나님을 아는 지식도 현재는 부족하고 제한적이며 알 수 없는 것이 너무나 많아 혼란스럽지만, 그때는 완전해질 것입니다. 또한 이 땅에서 경험하는 의심, 두려움, 불안, 고통이 완전히 사라지게 될 것입니다. 그때는 완전한 교회의 연합과 교제를 이룰 것이기 때문입니다. 무엇보다 우리 주님과 항상 함께하기에, 사람의 제일 되는 목적인 하나님을 영원토록 즐거워하는 삶의 완성을 보는 완전한 복을 끊임없이 누릴 것입니다.

신자가 부활할 때 얻는 유익	무덤의 몸	영광 중에 ( )을 받게 됨
	심판	공개적으로 ( )을 받게 됨
	영원한 복	영원토록 ( )을 받게 됨

적용 및 질문

1. 부활과 최후 심판에 대한 믿음이 여러분의 일상에서의 결정과 행동에 어떤 영향을 미칠까요? 구체적인 예를 들어 설명해 보세요.

2. 신자는 부활할 때 "공개적으로 인정받고 무죄 선언"받을 것이라는 믿음이 있습니다. 이 고백은 현재 여러분이 겪고 있는 부당한 대우나 오해에 대한 태도를 어떻게 변화시킬 수 있을까요? 그리고 이러한 믿음이 오히려 현재의 불의에 대해 무관심하게 만들 위험은 없을까요?

마무리

여러분, 이번 과에서 우리는 신자들의 부활과 그 이후의 영광스러운 미래에 관하여 배웠습니다. 신자의 부활은 공상과학 영화에서 볼 수 있는 상상이 아닙니다. 우리의 소망이신 그리스도께서 부활을 통해 똑똑히 보여 주신 현실입니다.

우리가 직면한 현실은 때로 힘들고 고통스러울 수 있습니다. 세상의 불의, 개인적인 실패, 관계의 어려움 등이 우리를 압도할 수 있습니다. 그러나 우리에게는 이 모든 것을 초월하는 소망이 있습니다. 미래에 주실 하나님의 온전한 복을 현실을 뚫고 오신 그리스도를 통해 미리 경험할 수 있게 해 주시기 때문입니다. 이 진리가 여러분의 삶을 변화시키길 바랍니다. 현재의 일시적인 성공이나 실패는 그리 중요하지 않습니다. 우리는 영원한 가치가 있는 일에 더 집중해야 합니다. 특히 사랑하는 이를 잃었을 때, 우리는 다시 만날 날이 있음을 알고 소망을 가질 수 있습니다. 또한 우리는 단순한 생존이나 즐거움을 목적으로 하여 살아가지 않습니다. 하나님의 영광을 위해, 다가올 하나님 나라를 준비하며, 지금 여기에서 그 변화를 시작할 용기를 얻습니다. 이 소망 안에서 담대히 살아갑시다.

다음 책에서는 웨스트민스터 소요리문답의 후반부 "하나님께서 사람에게 요구하시는 의무"에 관하여 배우게 됩니다. 우리가 누릴 영광스러운 미래를 알았으니, 이제 그에 합당한 삶을 어떻게 살아야 할지 배워야겠죠? 하나님의 명령은 단순한 규칙이 아니라, 우리를 진정한 자유와 기쁨으로 인도하는 사랑의 지침입니다.

사람의 제일 되는 목적은 변함이 없습니다. 우리 삶의 목적은 온전히 "삼위 하나님을 영화롭게 하며, 그분을 영원토록 즐거워하는 것"입니다.

인터 미션 5

그리스도께서 하신 일에 참여하는 방법 (제29-38문답) 마인드맵

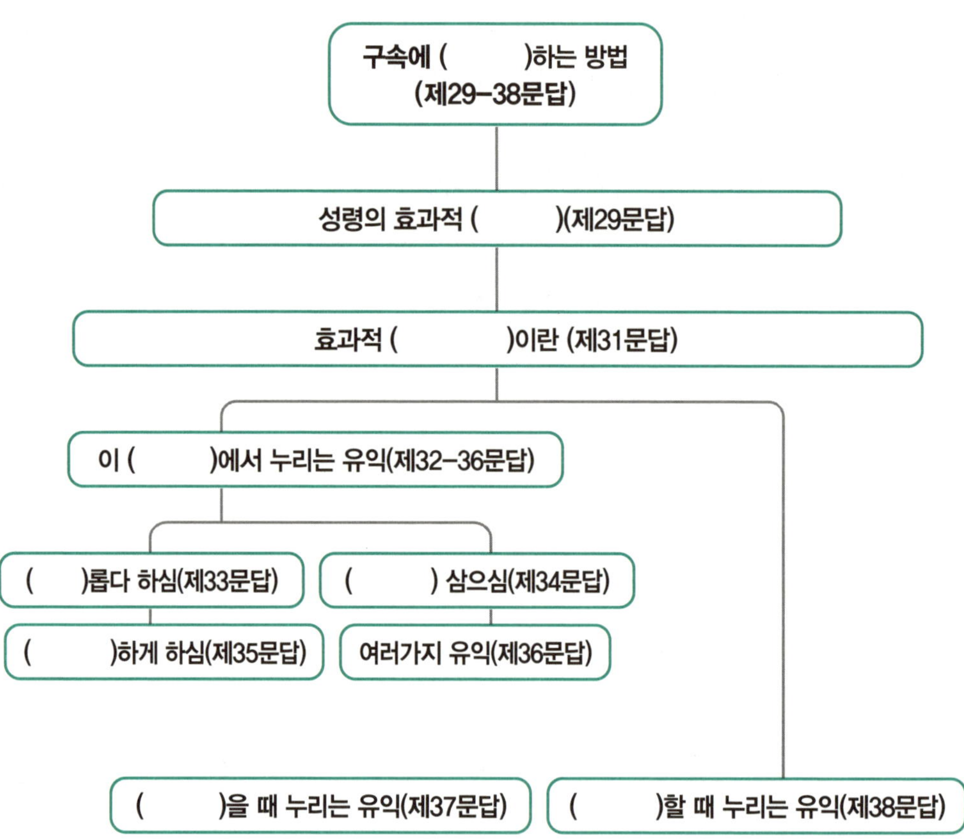

요약·설명해 보기

그리스도의 구속 사역은 선택받은 자들의 구원의 기초가 되지만, 이 구속이 개인에게 적용되는 과정은 성령님의 역사를 통해 이루어집니다. 성령님은 그리스도께서 값을 치르고 사신 구속을 우리에게 (ㅎㄱ)적으로 (ㅈㅇ)하시는 분입니다(제29문답). 이 적용의 핵심은 우리 안에 (ㅁㅇ)을 일으키시고 우리를 그리스도와 (ㅇㅎ)시키시는 것입니다(제30문답).

이 과정을 '효과적 부르심'이라고 부르는데, 이는 단순한 외적 (ㅂㅇ) 선포를 넘어서는 강력한 영적 경험입니다. 성령님은 우리의 죄와 비참의 상태를 깊이 (ㄲ)닫게 하시고, 그리스도에 관한 참된 (ㅈㅅ)으로 우리의 마음을 (ㅂ)히시며, 우리의 (ㅇㅈ)를 새롭게 하셔서 (ㅂㅇ)을 받아들이도록 하십니다(제31문답). 이는 전적으로 하나님의 은혜로운 역사이며, 우리의 구원이 하나님의 주권적인 사역임을 보여 줍니다.

효과적인 부르심을 받은 사람들은 이 세상에서 놀라운 영적 (ㅇㅇ)들을 누리게 됩니다. 이는 크게 ( )롭다 하심(칭의), ( )자 삼으심(입양), ( )하게 하심(성화)으로 요약할 수 있습니다(제32문답). 의롭다 하심은 하나님께서 우리의 모든 죄를 (ㅇㅅ)하시고 그리스도의 의를 우리에게 (ㅈㄱ)하셔서 우리를 의롭다고 선언하시는 (ㅂㅈ)적 행위입니다(제33문답). 양자 삼으심은 우리를 하나님 가족의 일원으로 받아들이시는 것으로서, 이를 통해 우리는 하나님의 (ㅈㄴ)로서의 모든 특권을 누리게 됩니다(제34문답). 거룩하게 하심은 우리의 전인격이 점진적으로 하나님의 형상을 따라 (ㅂㅎ)되어 가는 과정으로, ( )에 대하여는 죽고 ( )에 대하여는 살아가는 삶의 변화를 포함합니다(제35문답).

이러한 구원의 유익들은 우리의 삶에 실제적인 변화를 가져옵니다. 우리는 하나님의 (ㅅㄹ)에 대한 깊은 확신을 갖게 되고, ( )의 평안을 누리며, 성령 안에서 ( )을 경험합니다. 또한 은혜 안에서 지속적으로 성장하며, ( )까지 믿음을 지킬 수 있는 능력을 받게 됩니다(제36문답).

　　구원의 유익은 이 세상에서의 삶에 국한되지 않고 (ㅈ ㅇ) 이후에도 계속됩니다. 신자가 (ㅈ)을 때, 그의 영혼은 즉시 완전한 (ㄱ ㄹ)함에 이르러 하나님의 (ㅇ ㄱ) 가운데 들어가게 됩니다. 비록 육체는 죽지만, 여전히 그리스도와 연합된 상태로 무덤에서 (ㅇ ㅅ)하며 부활의 날을 기다립니다(제37문답).

　　최종적으로, 부활의 날에 신자들은 영광스러운 (ㅁ)으로 일으켜져 (ㄱ ㄱ)적으로 인정받고 (ㅁ ㅈ) 선언을 받게 됩니다. 그리고 영원토록 하나님을 온전히 즐거워하는 완전한 (ㅂ)을 누리게 됩니다(제38문답). 이는 구원의 최종적인 완성이며, 하나님의 구원 계획의 궁극적인 목표입니다.

　　이처럼 그리스도의 구속 사역과 성령의 적용을 통한 구원의 과정은 우리를 죄와 사망에서 구원하여 하나님과의 영원한 교제로 인도합니다. 이는 전적으로 하나님의 은혜로 이루어지는 놀라운 구원의 과정입니다.